刑法谦抑性司法实现

孔祥参 著

法律出版社
LAW PRESS·CHINA
——北京——

图书在版编目(CIP)数据

刑法谦抑性司法实现 / 孔祥参著. -- 北京：法律出版社，2020(2022.1 重印)

ISBN 978-7-5197-4861-6

Ⅰ. ①刑… Ⅱ. ①孔… Ⅲ. ①刑法－研究－中国 Ⅳ. ①D924.04

中国版本图书馆 CIP 数据核字(2020)第157490号

刑法谦抑性司法实现
XINGFA QIANYIXING SIFA SHIXIAN

孔祥参 著

策划编辑 陈 妮
责任编辑 陈 妮 程王刚
装帧设计 李 瞻

出版发行 法律出版社
编辑统筹 法治与经济出版分社
责任校对 周合芝
责任印制 吕亚莉
经　　销 新华书店

开本 710毫米×1000毫米 1/16
印张 16.5 **字数** 263千
版本 2020年8月第1版
印次 2022年1月第2次印刷
印刷 北京虎彩文化传播有限公司

地址：北京市丰台区莲花池西里7号(100073)
网址：www.lawpress.com.cn
投稿邮箱：info@lawpress.com.cn
举报盗版邮箱：jbwq@lawpress.com.cn
销售电话：010-83938349
客服电话：010-83938350
咨询电话：010-63939796

书号：ISBN 978-7-5197-4861-6
定价：89.00元
凡购买本社图书，如有印装错误，我社负责退换。电话：010-83938349

前　　言

20世纪中叶以来,各国针对怎样处理犯罪以及应该采取什么方法和手段来抑制犯罪,掀起了世界性的刑法改革运动。在这次世界性的刑法改革运动中,各国开始纠正刑法万能、迷信刑法的倾向,不再把刑法视为支配和治理的工具,而是把它看作维系法律秩序不得已使用的手段。非犯罪化、非刑罚化、轻刑化等反映刑法谦抑性理念的措施,成为世界各国刑法革新的内容之一,谦抑性作为刑法的基本理念被广泛认可和接受。

但是这一刑法革新运动的持续时间较为短暂,伴随社会的急剧变革,尤其是风险社会的来临,为了应对与全球化、信息化、网络化伴生而来的犯罪问题,在经济犯罪、环境犯罪、医疗犯罪、食品药品犯罪等领域,刑法的保护前置,法益保护的抽象化和普遍化趋势明显。大陆法系国家如日本早已从刑事立法的稳定化转向刑事立法的活性化,近年来的刑事立法主要表现为犯罪化、处罚的早期化与重刑化以及刑法表述的通俗化、具体化。英美法系国家也同样出现了这种趋势。

我国刑法的发展也是如此,刑法修改频繁,综观11部刑法修正案,新增罪名50余个。刑法的扩张似乎已经成为必然,刑法谦抑性在一定程度上被搁置。加之刑法谦抑性理论本身固有的抽象性,这一理论没有发展出对实践具有具体指导作用的基本原则,而刑法谦抑与否也缺乏具体的判定标准,使其逐渐成为一种标签性理论。在谈到刑法谦抑性的基本问题时,一般都是抽象肯定具体否定、理论肯定实践否定。刑法作为保障法和社会治理的手段之一,理应积极回应社会治理的现实需要。但是这种回应是否必要与妥当,是否具有正当性,是否能够有效预防犯罪、实现刑法的功能,都需要我们不断地反思。尤其是,刑法是一把双刃剑,用之不当,则国家和个人两受其害。刑法谦抑性仍然应当作为现代刑法的基本理念,贯穿于刑事立法、司法的始终。因此,有必要回归刑法谦抑性的基本理念本身,充分认识刑法的局限性,科学厘定刑法在社会治理体系中的地位和作用。

有关刑法谦抑性的研究多从立法层面展开,而立法上的谦抑规定只有转化为司法上的谦抑效果才能实现刑法谦抑性的要求。因此,必须重视刑法谦抑性在司法中如何贯彻落实有关问题的研究,这也是本书选取刑法谦抑性的司法实现作为研究主题的原因之一。当然,刑法谦抑性的司法实现是个十分宏大的命题,涉及立法和司法的关系、司法体制、司法人员的认知、民意等众多方面,远超出笔者的研究水平和研究能力。因此,本书主要从刑法教义学角度对刑法谦抑性的司法实现问题进行研究。

刑法的适用其实是刑法不断解释的过程,刑法谦抑性的司法实现从规范意义上看,是刑法教义学问题,是如何解释适用刑法的问题。法律不经解释无以适用,司法的过程就是解释法律的过程。解释法律要坚持法教义学的原理和方法,绝不是脱离具体案件事实和价值中立的说文解字。即便看似明确的法律,在适用于具体案件之时也需要进一步解释。因此,只存在经由法律解释才明确的法律规范,不存在不需要解释就可径行适用的法律规范。例如,我国《刑法》第133条之一规定的危险驾驶罪,从文义上看不可谓不明确,但在司法实践中,一直存在对醉酒型危险驾驶罪处罚范围和处罚方式的争议,因此2017年《最高人民法院关于常见犯罪的量刑指导意见(二)(试行)》规定:对于醉酒驾驶机动车的被告人,应当综合考虑被告人的醉酒程度、机动车类型、车辆行驶道路、行车速度、是否造成实际损害以及认罪悔罪等情况,准确定罪量刑。对于情节显著轻微危害不大的,不予定罪处罚;犯罪情节轻微不需要判处刑罚的,可以免予刑事处罚。可见,不通过体系解释,考察醉酒型危险驾驶罪与《刑法》第13条但书的关系,不通过目的解释考虑醉酒型危险驾驶罪与《刑法》第133条之一保护法益的关系,不通过当然解释分析醉酒型危险驾驶罪与飙车型危险驾驶罪在罪量要素(情节恶劣程度)设定上的差异,就无法理解上述量刑指导意见的规定,更无法将《刑法》第 133 条之一的法律规定准确适用于醉酒型危险驾驶罪的具体案件。在立法上犯罪圈不断扩张,现象性立法和司法解释蔚然成风的当下,不存在独立于司法谦抑的立法谦抑,缺乏谦抑理念的立法可以通过具备谦抑理念的司法实现刑法谦抑性的要求。例如,“口袋罪”刑法谦抑的实现就必须依赖于司法谦抑。相反,如果缺乏司法谦抑,即便是看似明确或谦抑的立法,也难免走向恣意。无论是法律的明确性,还是立法谦抑,都要依赖于司法谦抑,司法谦抑是必要的,是一种具有独立品格的解释学理念。

在立法不断扩张的时代背景下,从司法角度探讨刑法谦抑性的问题显得尤为必要。本书将从刑法谦抑性的基本理论入手,在厘清刑法谦抑性的来龙去脉后,探讨在司法中实现刑法谦抑性的必要性和可能性。在此基础上,立足于刑法谦抑性在司法贯彻中存在的主要问题,从定罪和量刑两个方面对刑法谦抑性的司法实现问题进行研究,贯彻其中的主题词是“刑法谦抑性”和“司法实现”。

笔者认为,在不同犯罪规定模式中,刑法谦抑性的司法实现呈现不同的空间和样态。在大陆法系“立法定性 + 司法定量”的犯罪规定模式中,谦抑性的实现主要依赖于司法;在我国“立法定性 + 定量”的犯罪规定模式中,虽然立法从形式上体现了刑法谦抑性的要求,但是刑法谦抑性的实现仍然需要发挥司法的能动和过滤作用。类型化犯罪行为模式的认定、罪量要素的确定等均是在司法中完成的。刑法谦抑性司法实现的路径主要包括定罪谦抑和量刑谦抑。定罪谦抑要求在犯罪认定中控制犯罪圈的范围,实现一定范围的非犯罪化;量刑谦抑要求将刑罚限定在能够实现刑法目的的最小刑罚量,实现轻刑化和非刑罚化。定罪谦抑是刑法谦抑性司法实现的基础,无论是从犯罪论体系出发,还是基于对司法实践的现实考察,对构成要件要素的限制解释、对正当化事由的合理扩张以及对罪量要素的规范适用,都是实现定罪谦抑的应有之义。量刑中对刑法谦抑性的背离主要是因为量刑指导原则和量刑方法的缺失,对预防尤其是基于一般预防的需要超过责任的限制裁量刑罚导致重刑化。要确立以消极责任主义为指导的量刑方法,区分影响责任的量刑情节和影响预防的量刑情节,以责任刑限制预防刑,禁止将犯罪人单纯作为威慑一般人的手段或改造犯罪人的唯一方法而超越责任刑的限制裁量刑罚。

当然,本书对刑法谦抑性司法实现这一问题的研究还只是一个初步的尝试,研究的视角也局限于刑法教义学,没有在更大的社会背景和更多元的视角下对刑法谦抑性的司法实现问题进行综合研究。同时,限于笔者的研究水平和研究能力,即便就本书从刑法教义学的视角对刑法谦抑性司法实现这一问题的研究而言,也存在很多不足,很多问题展开不够、论述不严密,理论架构也存在值得探讨之处,有赖学界人士、读者朋友批评指正。

目录

绪　论

一、刑法谦抑性司法实现问题的研究背景和意义

(一)研究背景

对刑法谦抑性司法实现问题的关注源于对刑事司法实践中个案的反思。2011年5月1日我国开始施行的《刑法修正案(八)》对生产、销售假药罪进行了修正,取消了基本犯中“足以严重危害人体健康”的要件,删除了基本犯单处罚金刑的规定,将罚金刑的规定方式由比例罚金制修改为无限额罚金制。我国《刑法》修正后,司法实践中出现了大量这类销售假药罪的案例。[1]

案例一:曹某某在某地以30元的价格将标识Vigour[2]的药片一片销售给高某某,经鉴定,上述药品为假药,曹某某认罪态度较好,判处拘役4个月,并处罚金人民币2万元。

案例二:王某某在某地以90元价格将“德国黑金刚”两盒、“黑金”1盒销售给赵某某,经鉴定,上述药品为假药,王某某认罪态度较好,判处拘役6个月,并处罚金人民币5万元。

案例三:李某某在某地以30元价格将“银伟哥”一片销售给杜某某,经鉴定,上述药品为假药,李某某认罪态度较好,积极缴纳罚金,判处拘役1个月,

---

〔1〕 参见孔祥参、刘芳:《论销售假药罪的重刑化倾向及其司法消解》,载《政治与法律》2013年第8期。该文对司法实践中销售假药罪的司法判决情况进行了实证研究。

〔2〕 实际上该药品属于未经批准进口的药品,根据2019年8月26日第二次修订前的《药品管理法》第48条的规定,“必须批准而未经批准生产、进口”的药品属于假药。

并处罚金人民币5000元。

案例四:孙某与焦某经预谋后在药房内分别以30元、20元的价格向白某销售美国“伟哥王”及“鹿鞭藏虫草”各1盒,经鉴定,上述药品为假药,孙某认罪态度好,焦某所起作用较轻,判处孙某拘役6个月,并处罚金人民币3万元;判处焦某拘役5个月,并处罚金人民币3万元。

上述4个案例中,销售假药的行为,情节均较为轻微,对如此轻微的行为入罪判处实刑,并处高额罚金刑的依据何在?[1] 这一问题是立法的修正造成的,还是司法适用造成的,需要认真研究。

司法上犯罪圈的扩大和重刑化不是孤立的个案,[2] 如备受关注的王力军非法经营罪一案,原审法院认为,“被告人王力军违反国家法律和行政法规规定,未经粮食主管部门许可及工商行政管理机关核准登记并颁发营业执照,非法收购玉米,非法经营数额218,288.6元,数额较大,其行为构成非法经营罪。鉴于被告人王力军案发后主动到公安机关投案自首,主动退缴全部违法所得,有悔罪表现,对其适用缓刑确实不致再危害社会,决定对被告人王力军依法从轻处罚并适用缓刑”。[3] 此案涉及对我国《刑法》第225条非法经营罪兜底条款即第4项的理解问题,将未办理粮食收购许可证收购玉米的行为认定为非法经营罪显然是不妥当的。

另外,对刑法谦抑性司法实现问题的关注,还源于司法实践中个别案例引发的对刑法司法解释扩张的思考。从新刑法颁行以来,我国刑法司法解释呈现出一种异乎寻常的繁荣状态,刑法司法解释数量之多,涉及范围之广,解释内容之丰富,已有大大超越刑法——这一解释对象本身之势(甚至司法解释的个别规定已经完全突破刑法的限制,规定了全新的内容)。[4] 从1997

---

〔1〕 罚金刑的数额是以5000元作为起点,一般都在销售额的100倍以上。

〔2〕 如许霆盗窃金融机构案,电影《我不是药神》原型陆勇销售假药案,天津赵春华经营打气球项目非法持有枪支案等。

〔3〕 该案一审判决后,王力军未上诉,检察机关也未抗诉,判决发生法律效力。后最高人民法院指令内蒙古自治区巴彦淖尔市中级人民法院再审,再审改判无罪。具体案情及论述参见《最高人民法院发布第十九批指导性案例》,载《人民法院报》2018年12月20日,第3版。

〔4〕 参见陈刚:《刑法司法解释问题研究》,中国政法大学出版社2014年版,第2页。

年10月1日新刑法生效到2013年7月20日之间，最高人民法院、最高人民检察院（以下简称“两高”）共发布近300个刑法司法解释。如果将“两高”有关规范性文件和最高人民法院研究室和最高人民检察院政策研究室的“答复”等指导性文件也计入统计范围，截至2019年2月20日，“两高”发布的司法解释及指导性文件已有530件左右。因司法解释在适用中具有一体遵循的法律效力，指导性文件是司法机关办理案件的重要参考其规定将直接影响刑事司法运行的实际效果。而刑法司法解释具有不断扩大犯罪成立范围和一定程度的重刑化倾向，存在刑法工具主义问题，具有政策回应型特征。[1]这些问题并非鲜见，需要给予充分关注。

谦抑性作为现代刑法的基本理念，体现并实现于刑法运行的全部过程。刑法谦抑性的实现既与刑事立法有关，更与刑事司法有关。刑事司法中犯罪圈的扩大和重刑化倾向背离了刑法谦抑性的要求。这与对刑法谦抑性如何在司法中贯彻的研究不足有关，现有研究大多是“宏大叙事”，无法为刑事司法实践提供明确、具有可操作性的指导规则，未能在犯罪论和刑罚论中确定刑法谦抑性发挥作用的机理和技术路径，致使刑法谦抑性逐渐沦为一种标签性理论，存在抽象肯定、具体否定，理论上肯定、实践中否定等一系列问题，亟待进一步研究解决。

（二）研究意义

基于现代法治人权保障的根本要求和对刑法功能两重性的现实考量，谦抑性作为现代刑法的基本理念，贯穿于刑事立法、司法乃至刑事政策的制定等刑法运行的全过程和各方面。刑法作为对公民权利和自由具有最严重侵害可能性的公法，谦抑性能否得到贯彻，既关乎人权保障，也会对国家治理体系和治理能力现代化产生重大影响。治理中过度依赖刑法必然损害其他治理体系的构建，不利于治理能力的提高。因此，对刑法谦抑性如何在司法中实现进行研究具有重大的理论意义和实践价值。

---

〔1〕 对于司法解释的有关问题，将在第三章进行论述。关于政策回应型司法解释的论述，参见刘思萱：《论政策回应型司法解释》，载《法学评论》2013年第1期。参见李翔：《论刑事司法政策司法解释过度化的弊端及其反思》，载《法治研究》2014年第8期。

就理论意义而言,系统梳理刑法谦抑性的基本内涵和思想渊源,明确谦抑性在刑法之中的功能和定位,构建谦抑性在司法中实现的规范化路径,具有重大理论价值。刑事立法的谦抑并不必然带来司法的谦抑。就谦抑性在刑法中的贯彻而言,理论上可能存在4种情况:立法谦抑但司法不谦抑的刑法运行样态;立法谦抑、司法也谦抑的刑法运行样态;立法不谦抑但司法谦抑的刑法运行样态;立法不谦抑、司法也不谦抑的刑法运行样态。因此,必须加强对刑法谦抑性如何在司法上实现等问题的研究,厘清在我国立法定性、定量的犯罪规定模式以及司法三段论的刑法适用过程中,在司法中贯彻刑法谦抑性的必要性和可能性。无疑,在我国刑事立法扩张及其扩张方式导致犯罪圈不断扩大,以及罪刑结构发生调整的实际情况下,探讨如何从司法上消解立法扩张及其扩张方式所带来的问题,对刑法谦抑性如何在司法上贯彻等理论和现实问题进行研究,从而分析研究谦抑性在司法中实现的机理和技术路径,具有重大的理论意义。

就实践意义而言,刑法谦抑性首先不是一个理论问题,而是一个实践问题,刑法是否谦抑将直接影响犯罪圈的划定和刑罚的配置及裁量。司法实践中犯罪圈的扩大和重刑化倾向,与对刑法谦抑性在司法中的实现等问题研究不足有关。加强对谦抑性在司法中实现的机理和技术路径的研究,是为了在司法实践中确保刑法运行的谦逊克制,解决谦抑性的适用难题。司法实践中,在认定行为是否构成犯罪时,往往无法在犯罪论中找到出罪或无罪的依据,谦抑性在犯罪认定中缺乏发挥作用的机理和技术路径;在裁量刑罚中,也缺乏判定量刑是否谦抑的标准,对实现量刑谦抑的理论依据和具体方法研究不足。因此,对司法中刑法谦抑性实现问题的研究,将有助于解决谦抑性在司法贯彻中出现的各种问题,为司法中的谦抑性适用提供理论依据和技术支撑。本书将尽力提炼谦抑性在司法中存在的问题,探索解决问题的方法论,希望抛砖引玉,促进对刑法谦抑性在司法中实现等相关问题的进一步深入研究。

二、刑法谦抑性司法实现问题的研究现状

(一)总体性研究

通常认为,刑法谦抑性问题最早是由日本学者于20世纪二三十年代提出的,宫本英修在其所著《刑法纲要》中提出“谦抑主义”的用语,刑法的谦抑性大体相当于法谚 Minimacurat praetro。[1] 日本学者平野龙一首先对谦抑性问题进行了系统化研究,认为刑法的谦抑性包括刑法的补充性、不完整性和宽容性。[2] 之后,学者对刑法谦抑性的适用范围也作了研究,认为谦抑应当是贯穿于全部刑事法领域的基本理念。[3] 德国刑法理论中一般将谦抑作为辅助性原则理解,我国学者将德文 Subsidiaritätsprinzip 翻译成辅助性原则,同时认为也可以翻译成谦抑原则。[4] 德国学者罗克辛教授认为:“法益保护并不会仅仅通过刑法得到实现,而必须通过全部法律制度的手段才能发挥作用。在全部手段中,刑法甚至只是应当最后予以考虑的保护手段,也就是说,只有在其他解决社会问题的手段——例如民事诉讼,警察或者工商管理规定,非刑事惩罚,等等——不起作用的情况下,它才能允许被使用。”[5] 意大利学者杜里奥·帕多瓦尼(Durio Padovani)对刑法的独立性、分散性和辅助性进行了论述,认为“为了能理性防止在刑法方面滥用立法权,必须对实际上是否必要规定刑事制裁进行评估,或者说必须坚持人们所说的‘(刑法)辅助性原则’(这项原则的主要内容为,不在不用刑事措施就不足以有效地处罚和预防某种行为时,就不允许对该行为规定刑事制裁)”。[6]

我国刑法理论界对谦抑性的研究始于20世纪80年代,由甘雨沛、何鹏教授介绍到我国。以“刑法+谦抑”为主题词在中国知网检索1979年1月1日至2019年11月1日的研究文献,共获得1898篇,其中,硕博士学位论文

---

〔1〕 参见[日]宫本英修:《刑法大纲》,弘文堂1935年版,第16页。

〔2〕 参见[日]平野龙一:《刑法总论Ⅰ》,有斐阁1972年版,第44页。

〔3〕 参见[日]小暮得雄:《刑法入门》,有斐阁1979年版,第11页。

〔4〕 参见王世洲:《刑法的辅助原则与谦抑原则的概念》,载《河北法学》2008年第10期。

〔5〕 [德]罗克辛:《德国刑法学总论》(第1卷),王世洲译,法律出版社2005年版,第23页。

〔6〕 [意]杜里奥·帕多瓦尼:《意大利刑法学》,陈忠林译,法律出版社1998年版,第3~4页。

672 篇。以刑法谦抑作为主题词,在万方数据检索 1979 年至 2019 年的研究文献,共获得 1799 篇。对这些研究文献进行大体梳理,除武汉大学万选才的博士学位论文《刑法谦抑的司法实现》[1]外,尚未出现以刑法谦抑性在司法中实现为核心的规范性研究,仅在刑法谦抑性有关研究成果中出现部分与司法中谦抑性实现相关的内容。代表性的研究成果主要有:张明楷的《论刑法的谦抑性》、[2]陈兴良的《刑法谦抑的价值蕴含》、[3]储槐植与何群的《刑法谦抑性实践理性辨析》、[4]马克昌的《我国刑法也应以谦抑为原则》、[5]莫洪宪与王树茂的《刑法谦抑主义论纲》、[6]刘艳红的《"风险刑法"理论不能动摇刑法谦抑主义》、[7]傅建平的《刑法谦抑性的理论根基与价值》、[8]时延安的《刑法的谦抑还是刑罚权的谦抑——谦抑观念在刑法学场域内的厘清与扬弃》、[9]石聚航的《刑法谦抑性是如何被搁浅的?——基于定罪实践的反思性观察》等。[10] 另外,以刑法谦抑性为研究对象的博士学位论文主要有吴富丽的吉林大学刑法学博士学位论文《刑法谦抑的实现论纲》、王明星的武汉大学博士学位论文《刑法谦抑精神研究》等有限几篇。以刑法谦抑性为研究对象的专著主要有:熊永明、胡祥福的《刑法谦抑性研究》,其他几部均以博士学位论文为基础修订而成。

(二)相关研究

学界对刑法谦抑性在司法中相关问题的研究,与对谦抑性的总体研究相

---

[1] 事实上,该博士学位论文在对刑法谦抑的基本问题进行分析后,主要从刑法谦抑性实现的司法基础、现实障碍、实现的具体路径(包括刑事和解、非监禁刑、死刑限制等)、实现司法限度等方面进行论证,并不是在规范意义上对刑法谦抑性在司法中实现路径的研究。

[2] 参见张明楷:《论刑法的谦抑性》,载《法商研究(中南政法学院学报)》1995 年第 4 期。

[3] 参见陈兴良:《刑法谦抑的价值蕴含》,载《现代法学》1996 年第 3 期。

[4] 参见储槐植、何群:《刑法谦抑性实践理性辨析》,载《苏州大学学报(哲学社会科学版)》2016 年第 3 期。

[5] 参见马克昌:《我国刑法也应以谦抑为原则》,载《云南大学学报(法学版)》2008 年第 5 期。

[6] 参见莫洪宪、王树茂:《刑法谦抑主义论纲》,载《中国刑事法杂志》2004 年第 1 期。

[7] 参见刘艳红:《"风险刑法"理论不能动摇刑法谦抑主义》,载《法商研究》2011 年第 4 期。

[8] 参见傅建平:《刑法谦抑性的理论根基与价值》,载《华东刑事司法评论》2003 年第 3 期。

[9] 参见时延安:《刑法的谦抑还是刑罚权的谦抑——谦抑观念在刑法学场域内的厘清与扬弃》,载赵秉志主编:《刑法论丛》(第 13 卷),法律出版社 2008 年版,第 156 ~ 170 页。

[10] 参见石聚航:《刑法谦抑性是如何被搁浅的?——基于定罪实践的反思性观察》,载《法制与社会发展》2014 年第 1 期。

比而言,显得薄弱。在中国知网以“刑法谦抑性 + 司法”作为主题词进行模糊检索,只能检索到 58 篇文献,且只有极少数发表在影响力较大的核心期刊,进行精确检索只有 2 篇研究文献。在万方数据以“刑法谦抑性 + 司法”作为关键词进行精确检索,有 22 篇研究文献,进行模糊检索有 32 篇研究文献。对这些文献进行初步分析,较有代表性的有:莫洪宪与王树茂的《刑法谦抑主义论纲》,该文指出,基于刑法的谦抑性,在刑事司法中应该考虑严格“入罪”界限,缩小刑法的规制范围,倡导“非刑罚化”,限制刑罚的适用场合,倡导刑罚的轻缓化,限制刑罚的发动程度。[1] 简爱的《一个标签理论的现实化进路:刑法谦抑性的司法适用》,作者探寻了刑法谦抑性司法适用的原则和标准,认为以利益衡量为中心进行刑法解释是适用谦抑性的有效路径,具体包括谦抑性的介入程度同法益的重要性成反比,与法益的自我保护可能性成正比等。[2] 最新的研究成果是田宏杰的《立法扩张与司法限缩:刑法谦抑性的展开》,作者认为,通往谦抑的刑法现代化之路主要是刑事立法上犯罪化的静态扩张和司法上的动态限缩,在司法上确定前置法定性与刑事法定量相统一的刑法适用解释规则,以实现犯罪认定的司法限缩。[3] 其他关于刑法谦抑性在司法中相关问题的研究,主要存在于学者有关谦抑性的总体论述中,如学者熊永明、胡祥福在所著的《刑法谦抑性研究》一书中,在第五章刑法谦抑性的内容贯彻和第六章刑法谦抑性的内容背离中,分别对刑法谦抑性在司法解释中的贯彻和司法解释对谦抑性的背离等内容作出论述。吴富丽在其所著的《刑法谦抑实现论纲》第五章即刑法谦抑性在刑法运行中的实现中,对司法谦抑和行刑谦抑进行了研究。她认为,司法上的谦抑既包括实体意义上的谦抑也包括程序意义上的谦抑,司法谦抑的基本要求包括刑法适用中的谦抑和事实认定上的谦抑,而刑法适用上的谦抑包括定罪谦抑和量刑谦抑以及司法解释的谦抑等。

---

〔1〕 参见莫洪宪、王树茂:《刑法谦抑主义论纲》,载《中国刑事法杂志》2004 年第 1 期。

〔2〕 参见简爱:《一个标签理论的现实化进路:刑法谦抑性的司法适用》,载《法制与社会发展》2017 年第 3 期。

〔3〕 参见田宏杰:《立法扩张与司法限缩:刑法谦抑性的展开》,载《中国法学》2020 年第 1 期。

(三)片段式研究

对刑法谦抑性在司法中实现的研究成果相对较少,但是对于非犯罪化、轻刑化、非刑罚化等体现刑法谦抑实现途径的内容研究较多。分别以非犯罪化、轻刑化、非刑罚化为主题词在中国知网进行精确检索,共计获取研究文献1749篇。如张明楷的《司法上的犯罪化与非犯罪化》、[1]钊作俊与刘蓓蕾的《犯罪化与非犯罪化论纲》、[2]贾学胜的《非犯罪化与中国刑法》、[3]孙国祥的《论非刑罚化的理论基础及其途径》、[4]游伟的《重刑化的弊端与我国刑罚模式的选择》、[5]梁根林的《非刑罚化——当代刑法改革的主题》、[6]韩春光的《中国传统的"慎刑"思想及其现代价值》等。[7] 其中张明楷教授在《司法上的犯罪化与非犯罪化》中指出,司法上的犯罪化并不必然违反罪刑法定原则,可以通过司法解释、犯罪阻却事由等形式实行非犯罪化。[8] 贾学胜教授在《司法上的非犯罪化的基本问题》中指出,司法上的非犯罪化是犯罪由罪向非罪转变的过渡阶段,是立法上的非犯罪化的经验积累。[9] 梁根林教授指出,"司法实践中用非刑罚处理办法替代刑罚处理轻微犯罪案件的案例凤毛麟角。转换刑法思维的重要方面就是彻底扬弃报应刑观念,张扬刑罚谦抑和刑法经济观念,承认刑罚的最后手段性,根据成本—效益分析选择社会对犯罪的反应方式"。[10]

(四)对既有研究成果的总体评价

有关刑法谦抑性的研究经历了先热后冷再热的过程,20世纪八九十年代,学者对谦抑性的探讨热情较高,在21世纪初关注较少,随着刑法修正案

---

[1] 参见张明楷:《司法上的犯罪化与非犯罪化》,载《法学家》2008年第4期。
[2] 参见钊作俊、刘蓓蕾:《犯罪化与非犯罪化论纲》,载《中国刑事法杂志》2005年第5期。
[3] 参见贾学胜:《非犯罪化与中国刑法》,载《刑事法评论》2007年第2期。
[4] 参见孙国祥:《论非刑罚化的理论基础及其途径》,载《法学论坛》2003年第4期。
[5] 参见游伟:《重刑化的弊端与我国刑罚模式的选择》,载《华东政法学院学报》2003年第2期。
[6] 参见梁根林:《非刑罚化——当代刑法改革的主题》,载《现代法学》2000年第6期。
[7] 参见韩春光:《中国传统的"慎刑"思想及其现代价值》,载《当代法学》2002年第4期。
[8] 参见张明楷:《司法上的犯罪化与非犯罪化》,载《法学家》2008年第4期。
[9] 参见贾学胜、孙春雨:《司法上的非犯罪化的基本问题》,载《法学杂志》2013年第11期。
[10] 参见梁根林:《非刑罚化——当代刑法改革的主题》,载《现代法学》2000年第6期。

的密集颁行,有关刑法谦抑性的研究又有一定程度回热。相关的研究成果或是围绕着刑法谦抑性的思想渊源、具体要求、功能定位、实现方式等问题进行总体性研究,或是针对个罪定罪量刑是否谦抑进行具体研究。总体而言,缺乏有关刑法谦抑性在司法中实现方面的专门研究,对刑法谦抑性在司法中实现问题的规范性研究更是匮乏。如何在刑法体系内,在犯罪认定和刑罚裁量中实现刑法谦抑性?为何刑事司法中出现谦抑性的适用抽象肯定具体否定、理论肯定实践否定等问题,甚至出现谦抑性的搁浅、虚置,无法具体指导司法实践?定罪量刑是否谦抑也缺乏犯罪论和刑罚论体系内的支撑,对定罪和量刑是否谦抑缺乏判断依据。因此,必须进一步明确谦抑性在刑法中的定位,探寻谦抑性在犯罪论和刑罚论中的实现路径,以期更好地在司法中贯彻落实刑法谦抑性的要求,避免刑法谦抑性沦为标签性理论。

三、本书的基本框架

基于刑法限制公权力的本质要求和功能两重性的基本判断,谦抑性成为现代刑法的基本理念。刑法谦抑性由理念变成现实,有赖于立法和司法的共同作用。本书以刑法谦抑性的司法实现为主题,从刑法谦抑性的基本理论、刑法谦抑性在司法中贯彻的必要性和可能性、刑法谦抑性在司法贯彻中存在的问题、司法中实现刑法谦抑性的主要路径即定罪谦抑和量刑谦抑、刑事司法中个罪认定的谦抑性检视等方面展开研究,试图在犯罪论和刑罚论体系内寻找司法上刑法谦抑性实现的理论依据和技术路径。

第一章,刑法谦抑性的基本理论。对刑法谦抑性的基本理论进行梳理是研究谦抑性司法实现的前提。谦抑源于中国古代汉语,将谦抑性引入刑法并进行系统研究的是日本学者。有关谦抑性具体称谓的争论主要是研究角度和探讨问题层面的不同造成的,并不能表达学者对谦抑性认识的本质区别。理论界关于刑法谦抑性内涵的界定,主要有从限制刑法发动的角度、从谦抑性特点的角度以及从文义解释的角度等。对基于不同视角形成的各种观点进行梳理后,可以将谦抑性的基本内涵概括为刑法的补充性、宽容性和经济性。刑法谦抑的思想渊源主要来自近代启蒙思想和古典学派的谦抑思想以及中国古代的慎刑、恤刑思想。近代启蒙思想为谦抑性的诞生奠定了思想基础,古典学派的谦抑思想是刑法谦抑性的直接思想渊源,中国古代的慎刑、恤刑思想与刑法谦抑性在限制严厉的刑罚和刑法宽容性等方面的要求具有一致性。理论界对刑法谦抑性的定位主要有根本原则说、价值说、刑法机能内在限制说、基本原则说等观点;刑法谦抑性在理论定位上应属于刑法的基本理念,贯穿于刑事立法、司法等刑法运行的各个环节和全部过程。

第二章,司法中的刑法谦抑性。立法上的谦抑规定只有转化为司法上的谦抑效果,才能实现刑法谦抑性的要求,在司法中实现刑法谦抑性的主要要求包括定罪谦抑和量刑谦抑两个方面。在司法中贯彻刑法谦抑性的可能性和必要性源于立法关于犯罪的规定模式以及司法三段论的刑法适用过程。刑法谦抑性的司法实现在不同的犯罪规定模式中呈现不同的样态,在“立法定性 + 司法定量”的犯罪规定模式中,刑法谦抑性的实现主要取决于司法;而在“立法定性 + 定量”的犯罪规定模式中,虽然立法从形式上体现了刑法谦抑性的要求,但是立法是否谦抑仍须对刑法规定本身进行考察,类型化犯罪行为模式的认定、罪量要素的确定均是在司法中完成的。司法三段论的适用过程是一个从事实到规范反复印证的过程,作为大前提的刑法规范需要在司法中进行解释,作为小前提的具体刑事案件事实的概括受到司法者认知能力和价值观的影响,而对大前提和小前提进行符合性判断时需要对案件事实进行重新归纳提炼。强调在司法中实现刑法谦抑性的重要性,源于刑事立法的扩张所导致的犯罪圈的扩大,如抽象危险犯和大量行政犯的设立所导致的司法裁量权的扩张,以及除死刑大量废除之外刑罚配置上的趋重化倾向。刑事立法上的这些问题,对在司法中贯彻刑法谦抑性提出了更高要求。

第三章,刑法谦抑性在司法贯彻中存在的问题。司法上对刑法谦抑性的背离,主要存在于犯罪认定和刑罚裁量中。犯罪认定上对刑法谦抑性的背离主要表现为 3 点:一是对兜底条款的扩大解释导致口袋罪的形成。针对刑法中存在的大量兜底条款,不仅没有秉持限制解释的基本立场,反而背离刑法谦抑性的基本理念,不断进行扩大解释,导致口袋罪的形成。二是正当化事由适用困境导致出罪困难。正当化事由承担着出罪功能,但是司法适用中混淆违法阻却与责任阻却,导致正当化事由的出罪功能受到限缩。三是部分犯罪罪量要素的虚无化导致犯罪情节轻微行为入罪。对于没有明确规定罪量要素的部分犯罪未能以总则但书的规定进行限制,导致大量犯罪情节轻微的行为被定罪处刑。刑罚裁量上对谦抑性的背离主要表现为3点:一是刑罚裁量中的重刑化倾向。缓刑的适用率较低并且具有明显的政策性导向,罚金刑的数额较高等。二是混淆定罪情节和量刑情节,二者的混淆导致定罪和量刑的混乱。三是未区分预防刑和责任刑,未树立以责任刑限制预防刑的量刑理念,基于预防尤其是一般预防的需要超出责任的限制,导致量刑过重。

第四章,刑事司法中的定罪谦抑。定罪谦抑是刑法谦抑性司法实现的关键,要求在犯罪认定中将犯罪圈控制在必要的最小范围,实现一定范围的非犯罪化。无论是从犯罪论体系出发,还是基于对司法实践的现实考察,对构成要件要素的限制解释、对正当化事由的合理扩张以及对罪量要素的规范适用,都是实现定罪谦抑的题中之义和必由之路。首先,通过对规范的构成要件要素的限制解释实现对犯罪圈的实质限缩。在对这类需要司法者价值判断的构成要素进行司法诠释时应秉持谦抑理念,对法律的评价要素、经验法则的评价要素和社会的评价要素进行限制解释,在规范的构成要件要素和具体案件事实的符合性判断中贯彻刑法谦抑性要求。其次,通过对正当化事由的合理扩张,实现其出罪的谦抑机能。正当化事由承担着刑法的出罪功能,正确适用正当化事由是刑法谦抑性中非犯罪化的要求。刑法规定的特殊防卫是因缺乏期待可能性而阻却责任的事由,而非基于法益权衡理论阻却不法的事由。我国刑法理论中缺乏对责任阻却正当化事由的研究,导致大量正当防卫案件被错误定性为防卫过当或不属于正当防卫;应充分发挥作为责任阻却事由的特殊防卫的出罪机能。最后,通过对以客观处罚条件为代表的罪量要素的规范解释,实现处罚范围的限缩。在客观处罚条件的认定中,严格区分中立性客观处罚条件与构成要件要素,从实行行为与客观处罚条件具有条件关系、行为人对客观处罚条件的发生具有一般人的经验认识、不得类推适用等方面限制对中立性客观处罚条件的司法认定。政策性客观处罚条件本身体现了刑法谦抑性的要求,要注意政策性客观处罚条件的优先适用地位。

第五章,刑事司法中的量刑谦抑。量刑谦抑是刑法谦抑性对刑罚裁量的具体要求,应将刑罚限定为实现刑罚功能的最小刑罚量,其主要要求为轻刑化和非刑罚化。实现量刑谦抑,要将比例原则、并合主义和责任主义作为具体的量刑指导原则;确立以消极责任主义为指导的量刑方法;区分预防刑与责任刑,将责任刑作为预防刑的限制。具体而言,在法定刑的选择中,要准确识别法定刑升格条件,不能将不能归责于不法行为的结果作为法定刑升格条件,运用同类解释规则限制解释兜底条款,适当放宽减轻法定刑的适用条件。区分影响预防刑的量刑情节与影响责任刑的量刑情节,既不用责任刑否定预防刑,也不使预防刑超越责任刑,不能将犯罪人单纯作为威慑一般人的手段或改造犯罪人的唯一方法而超越责任刑的限制。在责任刑的裁量中合理确定量刑起点,不能将刑法保护范围之外的结果作为责任刑增加的根据,避免对同一情节的重复评价。在预防刑的裁量中要重点考量特殊预防的需要,限制考量一般预防的需要,对影响预防刑的情节进行实质判断。

第六章,刑事司法中个罪认定的谦抑性检视。基于刑法谦抑性在司法中实现的要求,选取危险驾驶罪、销售假药罪和非法经营罪 3 个罪名,对刑法谦抑性在个罪中的实际运行状态进行分析。在对作为抽象危险犯的危险驾驶罪进行分析时,主要针对醉酒型危险驾驶罪展开;在对抽象危险犯的认定中应坚持实质判断的基本立场,坚持行为属性和结果属性的双重危险判断以限缩入罪。浙江省有关醉酒型危险驾驶罪的司法适用呈现较为积极的变化,应进一步限缩醉酒型危险驾驶罪的范围。在销售假药罪中,大量情节显著轻微、危害不大的销售假药行为被定罪,在刑罚的裁量上表现为高额的罚金刑和较低的缓刑适用率,这是由立法修正和司法适用中的犯罪化和重刑化倾向共同造成的,应通过能动司法消解而非扩大立法修正带来的问题,实现刑法谦抑性的要求。就非法经营罪而言,其成为口袋罪主要是司法适用中的扩大化导致的。非法经营罪犯罪圈的扩大背离了该罪的法益保护本质,导致具体适用的混乱,将诸多经营失范行为认定为非法经营罪背离了刑法谦抑性的要求,应从刑法教义学角度对非法经营罪进行合理解释,运用但书条款实现出罪。

第一章　刑法谦抑性的基本理论

思想的进步发展总是根植于经济社会发展的现实需要，尤其是社会的变革与激荡，刑法学也不例外。通常来讲，刑法谦抑性是第二次世界大战后发展勃兴起来并最终形成定论的。第二次世界大战后，在刑法学理论方面，出现了新社会防卫论、目的行为论、人格责任论等重要刑法思想，分别从刑法教义学的角度解释和发展刑法学，刑法学中的责任理论有了全新发展。〔1〕 各国也开始反思和纠正刑法万能的倾向，破除对刑法社会统治力的迷信与过高期待，不再把刑法视为支配的工具和日常使用的统治工具。〔2〕 理论界和实务界对刑法谦抑性达成了基本共识。

第一节　刑法谦抑性概说

一、谦抑的语言学含义

“谦抑”一词，从语言学上来看，其字面的含义为谦虚、抑制。由于“谦抑”一词在日常生活中并不常见，有学者认为“谦抑”是个外来语，汉语中并

〔1〕 参见马克昌：《近代西方刑法学说史》，中国人民公安大学出版社 2007 年版，第 469 页。

〔2〕 德国刑法学家耶塞克曾指出：“不再把刑法视为支配工具和日常使用的统治工具，而是把它看作是为了维护法律秩序不得已的情况下采取的最后手段，这一点现在已成为所有国家修改刑法的一大目标。”参见[德]汉斯·海因里希·耶塞克：《世界性刑法改革运动概要》，载北京政法学院刑法教研室编：《外国刑法研究资料》（第 1 辑），1982 年版，第 162 页。

没有,而是出自日语。[1] 日文中的“谦抑”,相当于汉语的谦虚和节制,意即谦虚有度、谦虚克己。[2]

事实上,虽然《现代汉语词典》没有收录“谦抑”这一词汇,但是这一词汇在汉语中是存在的,而且其使用并不鲜见。如《北史·于谨传》记载:“谨有智谋,善于事上,名位虽重,愈存谦挹。”[3]不仅如此,甚至有研究者提出,现代日语中的“谦抑”源于中国古代汉语;在现代日语中,“谦抑”也不属于日常用语。在《广辞苑》《大辞泉》等具有权威性的日语词辞典中,“谦抑”一词被解释为,“谦逊且抑制自己”或“自我谦虚,控制僭越的言行”。基于辞典的解释,考虑到日语与汉语的语源关系,日语中的“谦抑”一词原本源于汉语。[4]

由此可见,汉语中是存在“谦抑”这个词汇的。但是,在古代汉语中,“谦抑”通常用来形容人谦和处世的态度和品行修养,并没有用来描述事物,与刑法无关,更与刑法谦抑无关。也正是在这个意义上,可以说我国古代并没有刑法乃至法律意义上的谦抑。

“谦抑”这一词汇的本义为“谦卑退让”“谦逊退让”。[5] 将谦抑引入刑法领域,如果仅从中文文义的角度出发,可以简单理解为刑法在社会调控中应谦卑退让,保持克制,蕴含着限制刑法适用范围和处罚程度的意蕴。

二、刑法谦抑具体称谓的争论

刑法在运行中应保持谦抑已经获得学界的广泛认同,也成为影响刑事立

---

〔1〕 有学者认为汉语中没有谦抑这样的词汇,参见邱兴隆:《死刑的价值之维——邱兴隆教授讲座记录》,载东方法眼,http://www.dffyw.com/faxuejieti/xs/200311/20031116213431.htm。梅象华:《继承与超越:刑法不得已原则之于谦抑原则》,载《河北法学》2014年第10期。对此,陈忠林教授也认为,谦抑在汉语词典里查不到,它不是汉语。参见徐卫东、李洁等:《刑法谦抑在中国——四校刑法学高层论坛》,载《当代法学》2007年第1期。

〔2〕 参见许道敏:《民权刑法论》,中国法制出版社2003年版,第115页。

〔3〕 在汉语中,“挹”为“抑”的通假字,参见《辞海》,上海辞书出版社1979年版,第696页。

〔4〕 参见刘淑珺:《日本刑法学中的谦抑主义之考察》,载陈兴良主编:《刑事法评论》(第22卷),北京大学出版社2008年版,第278~315页。刘淑珺在文章中,提出了日语中的“谦抑”来源于汉语的观点。

〔5〕 “谦卑退让”的理解,参见《辞海》,上海辞书出版社1979年版,第400页;“谦逊退让”的理解,参见《辞源》,商务印书馆1983年版,第2911页。

法和司法的一个重要观念。但是关于刑法谦抑的称谓并不统一,不同的学者有着不同的理解和认识,往往采用不同的表达形式。

在我国除少数学者不赞成采用“谦抑”这一称谓外,多数学者都认可这一称谓。如陈忠林教授赞成刑法谦抑的内涵,但不赞成谦抑原则的提法,认为就刑法谦抑原则的基本精神来看,它应该是所有原则的原则,是根本原则,刑法谦抑原则的说法名不副实,应该采用“不得已”的提法。〔1〕 另外,也有学者认为,刑法谦抑的提法不如刑罚权的谦抑更为准确,刑罚权的谦抑主要是在刑法立法和司法解释制定过程中的要求。〔2〕

对此,笔者认为,谦抑的提法能够准确概括出其精神实质,并且,谦抑这一词语在汉语中也是存在的;仅从文义解释的角度,这一词语也基本能反映出谦抑背后所蕴含的刑法精神和基本要求。

关于刑法谦抑的称谓,学界现在使用的主要有“谦抑性”“谦抑原则”“谦抑精神”“谦抑主义”“谦抑观念”等。〔3〕 学者在采用上述概念时一般都没有论及采用该称谓的理由和依据,而对于哪一种称谓更合适,更能表达刑法谦抑的精神、刑法谦抑背后的价值理念和价值内涵,开展的研究并不充分。对此,有学者对刑法谦抑的各种称谓做过详尽分析,得出的结论是“刑法谦抑精

---

〔1〕 参见徐卫东、李洁等:《刑法谦抑在中国——四校刑法学高层论坛》,载《当代法学》2007 年第 1 期。这种观点也得到了一定支持,参见梅象华:《继承与超越:刑法不得已原则之于谦抑原则》,载《河北法学》2014 年第 10 期;梅象华:《刑法不得已原则研究——以界分不法行为为视角》,载《湖南社会科学》2014 年第 1 期;童春荣:《刑法不得已原则之提倡——与刑法谦抑性比较的选择》,载《湖北社会科学》2015 年第 7 期。

〔2〕 参见时延安:《刑法的谦抑还是刑罚权的谦抑——谦抑观念在刑法学场域内的厘清与扬弃》,载赵秉志主编:《刑法论丛》(第 13 卷),法律出版社 2008 年版,第 156 ~ 170 页。时延安教授认为,刑法谦抑既不是刑法的基本价值,也不是刑法的基本原则。谦抑观念应在刑法立法中确定其地位,将之视为刑法立法的原则亦无不可,从立法的角度,实际上是刑罚权配置上的谦抑。司法中的谦抑,实际上是提倡慎重适用刑罚,反对刑罚权的滥用。

〔3〕 采用“刑法谦抑性”这一称谓的,主要有我国刑法学者张明楷、陈兴良、储槐植和日本学者平野龙一等人。参见张明楷:《论刑法的谦抑性》,载《法商研究》1995 年第 4 期;陈兴良:《刑法谦抑的价值蕴含》,载《现代法学》1996 年第 3 期;储槐植、何群:《刑法谦抑性实践理性辨析》,载《苏州大学学报(哲学社会科学版)》2016 年第 3 期;[日]平野龙一编:《现代法Ⅱ——现代法与刑罚》,岩波书店 1965 年版,第 21 ~ 22 页。采用“刑法谦抑原则”这一称谓的主要有马克昌、傅建平和日本学者大谷实等;采用“刑法谦抑精神”学者主要有王明星、徐建锋、吴波、刘斌等人;采用“刑法谦抑主义”这一称谓的,主要有莫洪宪、白承军以及日本学者大塚仁等人;采用“刑法谦抑观念”这一称谓的,主要有梁根林、何慧等人;采用“刑法抑制性”的主要有许道敏等人。

神”的称谓更为合适。[1]

笔者认为，就刑法谦抑的称谓而言，很难也没有必要力求统一的表达方式。一是理论界对刑法谦抑种种称谓的不同，不代表学者对刑法谦抑认识上的本质差异。同一学者在论述刑法谦抑性有关问题时，对一些称谓如“刑法谦抑主义”“刑法谦抑性”等往往也不作明确区分，[2]或者经常将一些称谓混用。[3] 二是试图非常明晰而又令人信服地说明“思想”“精神”“观念”“主义”等词汇的差别，往往只是徒劳罢了。[4] 即便是在作为刑法谦抑这一概念来源的日本，也没有形成统一的称谓，仍然存在诸如“刑法谦抑主义”“刑法谦抑性”“刑法谦抑思想”“手段最后性”“补充性原则”等多种称谓，在刑法学界形成通用称谓的也有两种，即“刑法谦抑主义”“刑法谦抑性”。[5] 由此，如同罪刑法定具有罪刑法定原则、罪刑法定主义等不同称谓一样，对于一个内涵十分丰富、外延极其广泛的概念，在不同层面具有不同的意蕴，进而形成不同的表达是非常正常的。

三、刑法谦抑性的内涵

(一)关于刑法谦抑性内涵界定的不同角度

学界基于不同角度对刑法谦抑性的基本内涵有不同的界定，刑法理论上大致有5种不同的观点。

一是从限制刑法发动的立场来界定刑法谦抑性的基本内涵，认为刑法不能将所有违法行为都作为对象，只有不得已使用刑法的情况下才能发动刑

---

[1] 参见王明星：《刑法谦抑精神研究》，中国人民公安大学出版社2005年版，第10～15页。

[2] 如张明楷教授在论及刑法谦抑性时，也同时使用了谦抑性原则的称谓。学者平野龙一等人也采用这一称谓。参见陈兴良：《刑法谦抑的价值蕴含》，载《现代法学》1996年第3期；张明楷：《论刑法的谦抑性》，载《法商研究》1995年第4期。莫洪宪教授在论及刑法谦抑问题时，直接表述为“刑法谦抑主义，又称刑法谦抑性”。参见莫洪宪、王树茂：《刑法谦抑主义论纲》，载《中国刑事法杂志》2014年第1期。

[3] 如日本的大谷实教授将“谦抑主义”与“谦抑原则”混用，参见甘雨沛：《比较刑法学大全》(下册)，北京大学出版社1997年版，第794页。张小虎教授将“刑法的谦抑性”与“刑法的收缩性、刑法的浓缩机能”等同，参见张小虎：《刑法的基本观念》，北京大学出版社2004年版，第55页。

[4] 参见吴富丽：《刑法谦抑思想论纲》，中国人民公安大学出版社2011年版，第4页。

[5] 参见刘淑珺：《日本刑法学中的谦抑主义之考察》，载陈兴良主编：《刑事法评论》(第22卷)，北京大学出版社2008年版，第278～315页。

法。如日本学者小暮得雄认为,“因为难以否认刑罚具有残酷的本质,那么对其适用的范围就应当尽量加以限制。另外在纯化刑法的内容的同时,还应将刑法的内容限制在必要且合理的最小范围之内。这被称为谦抑思想或谦抑主义”。[1] 大塚仁认为,谦抑主义是指:“要以人道主义为基础,慎重地,而且谦虚地适用刑法。刑法不应以一切违法行为、一切有责行为为当然对象,只限于必要的不得已的范围内才应该适用刑罚。称这种原则为谦抑主义。”[2] 大谷实认为,“所谓谦抑原则是指刑罚不应将所有的违法行为都作为其对象,而应将不得已才使用刑罚的场合作为其对象的原则”。[3]

二是从刑法谦抑的内容出发来界定刑法谦抑性的内涵。关于刑法的谦抑性,日本学者平野龙一指出它具有3个方面的含义:“第一是刑法的补充性。即使是事关市民安全的事项,只有在其他手段如习惯、道德的制裁即地域社会的非正式的控制或民事的规制不充分时,才能发动刑法。……第二是刑法的不完整性。……第三是刑法的宽容性,或者可以说是自由尊重性。即使市民的安全受到侵犯,其他控制手段没有充分发挥效果,刑法也没有必要无遗漏地处罚。”[4]张明楷教授则认为,刑法的谦抑性有两层含义:其一,根据什么具体规则实现刑法的谦抑性,即在具备哪些条件下才发动刑法;其二,要求改变重刑优于轻刑的观念,对于已经确定为犯罪的行为,如果以较轻的刑事责任实现方式足以抑制某种犯罪行为,足以保护合法权益,就不要用较重的刑事责任方式。[5] 学者莫洪宪、王树茂认为,刑法的谦抑性包含3层思想内涵,即刑法调整范围的不完整性、刑法统制手段的最后性、刑罚制裁方式发动的克制性。[6] 蔡道通认为,刑法谦抑的题中之义包括刑法调整范围的

---

〔1〕 李海东主编:《日本刑事法学者》(下),中国·法律出版社、日本国·成文堂1999年版,第224页。

〔2〕 [日]大塚仁:《刑法概说》,冯军译,中国人民大学出版社2003年版,第24页。

〔3〕 [日]大谷实:《刑法总论》,黎宏译,法律出版社2003年版,第4页。

〔4〕 [日]平野龙一编:《现代法Ⅱ——现代法与刑罚》,岩波书店1965年版,第21~22页。转引自张明楷:《论刑法的谦抑性》,载《法商研究》1995年第4期;李海东主编:《日本刑事法学者》(下),中国·法律出版社、日本国·成文堂1999年版,第267页。

〔5〕 参见张明楷:《刑法的基础观念》,中国检察出版社1995年版,第144页以下。

〔6〕 参见莫洪宪、王树茂:《刑法谦抑主义论纲》,载《中国刑事法杂志》2014年第1期。

有限性、刑法的最后手段性、最轻刑罚性。[1]

三是从刑法谦抑性的特点方面诠释其内涵。采用这种方式来界定谦抑性内涵的主要是孙国祥教授。孙教授指出,刑法谦抑性应具有以下特点:其一,反映社会上一般人的刑法要求,也就是说,只有社会上的一般人对某种危害行为有用刑法调整的愿望、要求,顺应这种要求制定的刑法才是合理的。其二,行为构成犯罪的应然性。"罪行之所以是罪行,是因为被称为罪行的错误行为对于社会的安全和福祉构成了直接的和严重的威胁。"易言之,从价值判断层面看,只有行为具有严重的社会危害性时,才能发动刑法予以调整。其三,调整手段的不可替代性。受我国传统的泛刑法化的影响,社会上一般人的刑法调整需要可能是情绪化的产物。实际上,国家控制犯罪的手段应该是多样化的。在多样化的体系中,刑罚只具有"最后"的价值意义。理性的立法应该首先考虑的是用刑法以外的手段(民事的、行政的)对社会关系进行调整,"只有没有替代方法的时候才能考虑采用刑罚"。其四,不过分牺牲公民的自由。贝卡利亚曾经指出,刑法是人们被迫割让自己的一部分自由结晶而成的,每个人都希望交给公共保存的那份自由尽量少些,只要足以让别人保护自己就行了。任何行为的犯罪化,应尽可能少牺牲公民的自由。[2]

四是从文义解释方法出发来分析刑法谦抑性的内涵。如吴富丽认为,在试图揭示概念的内涵时,从文义入手应该是比较稳妥的选择。据此,她认为,从"谦抑"一词的本义出发,刑法谦抑可以表达为:刑法调控权的发动、调控范围的划定、调控方法的选择及刑法运行的各个环节应当具有谦卑、退让的品行。[3] 另外,有些学者对刑法谦抑的内涵界定也侧重文义解释的方法。如甘雨沛先生认为:"刑法的谦抑主义是指'慎重',扩大解释为压缩、简化的含义。"[4]游伟、谢锡美认为:"刑罚谦抑性是指刑法应当秉持谦让、抑制的立

---

〔1〕 参见蔡道通:《刑法谦抑论》,载陈兴良主编:《刑事法评论》(第3卷),中国政法大学出版社1999年版,第336页以下。

〔2〕 参见孙国祥:《WTO语境下刑法观念重构》,载《江海学刊》2002年第5期。

〔3〕 参见吴富丽:《刑法谦抑思想论纲》,中国人民公安大学出版社2011年版,第7页。

〔4〕 甘雨沛:《比较刑法学大全》(下册),北京大学出版社1997年版,第794页。

场,在必要及合理的最小限度范围内予以适用的属性。"[1]也有学者主张理解刑法谦抑性应当从"谦抑"二字入手,认为"谦"和"抑"所针对的对象不同,意义也相应不同。"谦"针对刑法自身,意为谦逊、收敛;"抑"指刑法的作用,针对犯罪则意味着抑制犯罪。那么,"谦抑"即意味着,一方面刑法要收缩其触角,另一方面又要保证有效打击犯罪。[2]

五是从刑法在法律规范体系内的地位和作用的角度来界定刑法谦抑性的内涵。将刑法规范纳入整个法律规范体系之内来考察,如梁根林教授认为:"所谓刑法谦抑,是指刑法应当作为社会抗制违法行为的最后一道防线,能够用其他法律手段调整的违法行为尽量不用较重的刑法手段调整。"[3]屈学武指出:谦抑性原则又称必要性原则,指立法机关只有在该规范确属必不可少——没有可以代替刑罚的其他适当方法存在的条件下,才能将某种违反法律秩序的行为设定成犯罪行为。[4] 陈兴良教授认为,即使行为侵害或威胁了他人的生活利益,也不是必须直接动用刑法。可能的话,采取其他社会手段过于强烈,有代之以刑法的必要时,才可以动用刑法。这叫刑法的补充性或者谦抑性。[5] 莫洪宪和王树茂也指出:"所谓刑法谦抑,是指刑法应当作为社会抗制违法行为的最后一道防线,能够用其他法律手段调整的违法行为尽量不用刑法手段调整,能够用较轻的刑法手段调整的违法行为尽量不用较重的刑法手段调整。"这些观点都是侧重从刑法规范在整个法律规范体系中的地位和作用的角度,来界定刑法谦抑性的内涵。

(二)对不同观点的评析

从以上分析可以看出,刑法理论界对谦抑性内涵界定的区别主要是角度

---

〔1〕 游伟、谢锡美:《非犯罪化思想研究》,载陈兴良主编:《刑事法评论》(第10卷),中国政法大学出版社2002年版,第305页。

〔2〕 叶慧娟:《试论刑法的谦抑性》,郑州大学2003年硕士学位论文,第9页。文中提到鲁篙岳教授持这一观点。

〔3〕 梁根林:《非刑罚化——当代刑法改革的主题》,载北京大学主编:《刑事法治的理念架构》,法律出版社2002年版,第247页。

〔4〕 参见屈学武:《正确理解刑法的谦抑性原则》,载人民网,http://www.people.com.cn/GB/guandian/1035/ 2168803.html,最后访问日期:2019年10月1日。

〔5〕 参见陈兴良:《论刑法的价值构造》,中国政法大学出版社1998年版,第363页。

的不同造成的。从限制刑法发动的角度界定刑法谦抑性的内涵,将刑法的适用限于"必要的不得已范围""必要合理的最小范围",抓住了刑法谦抑性的本质,即保障人权,限制刑法对个人自由的过度干涉。但是持这种观点的学者多认为刑法的谦抑性主要体现在刑事立法上,这就缩小了刑法谦抑性的适用范围,事实上降低了刑法谦抑性在刑法理论体系中的地位和作用。而从刑法谦抑性的内容出发对其内涵的界定,则试图指明刑法谦抑性在限制刑法发动时的具体判定标准,也就是说什么样的刑法是谦抑的。从刑法谦抑性的特点视角对谦抑性内涵的解释,主要试图从刑法谦抑性的特点来揭示谦抑性的基本内涵,实际上也体现出限制刑法发动的本质,但这种观点事实上也主要是从刑事立法的角度进行的分析。从文义解释的角度对刑法谦抑性进行界定,试图通过"说文解字"的方式解释刑法谦抑性的基本内涵,对于刑法谦抑性这样一个具有深厚的思想渊源和理论基础的概念来讲,必然不能有效揭示这一概念的精神实质。但是,这一观点认为,"谦"是指刑法本身要谦逊、内敛;"抑"是指刑法要足以抑制犯罪,满足有效打击犯罪的需要。这一观点与其他角度的界定方式和观点相比,提出了刑法的谦抑性必须以保证有效打击犯罪为前提,并不是指一味地谦虚抑制,限制刑法发动,这一点具有非常重要的积极意义。从刑法规范在法律规范体系内的地位和作用角度来界定刑法谦抑性的内涵,将有害社会的行为治理的需要放入整个法律规范体系内考虑,确定刑法在犯罪规范体系中的最后性和保障性,具有重要意义。

对刑法理论界各种观点进行梳理后发现,在刑法谦抑性这个概念之下,学者论述到的具体内容主要有:补充性、不完整性、宽容性、最后手段性、克制性、经济性等。

(三)本书的观点

刑法谦抑性包括处罚范围的谦抑(罪之谦抑)和处罚程度的谦抑(刑之谦抑)两个方面。刑法谦抑性的本质在于保障人权,限制刑法对个人自由的过度干涉和侵犯,这就要求将刑法限制在必要的最小范围之内。罪之谦抑即刑法在划定犯罪圈时要保持谦逊抑制,将犯罪圈的划定限制在必要的最小范围之内;刑之谦抑即刑法对于划定在犯罪圈之内的犯罪行为的处罚程度要保持谦逊抑制，能采用较轻刑罚时不要采用较重的刑罚。陈兴良教授指出，在某种意义上可以说，刑罚进化历史就是刑之逐渐谦抑的过程。〔1〕张明楷教授指出，对于已经确定为犯罪的行为，要改变重刑优于轻刑的观念，尽量采用足以遏制犯罪的较轻刑罚。〔2〕刑法的谦抑性包含处罚范围和处罚程度的谦抑也得到了众多学者的支持。〔3〕

在确定刑法谦抑性包括处罚范围的谦抑和处罚程度的谦抑后，如何进一步明确刑法谦抑性的具体内涵，如何判定刑法罪之范围和刑之程度是否谦抑？笔者认为，刑法谦抑性的具体内容应该包括：刑法的补充性、刑法的宽容性、刑法的经济性等。

第一，刑法的补充性。即使行为侵害或威胁了他人的生活利益，也不直接动用刑法。可能的话，采取其他社会统制手段才是理想的。可以说，只有在其他社会统制手段不充分时，或者其他社会手段（如私刑）过于强烈、有代之以刑罚的必要时，才可以发动刑法。〔4〕

刑法的补充性强调的是刑法在法律乃至整个国家治理体系中的地位问题。考察法律的演变过程可以发现，刑法在整个法律体系中所占比重逐渐降低，中外概莫能外。刑法的发展表现为一种限缩性，这是将刑法放入整个社会规范体系内进行体系分析得出的结论。

在讨论刑法谦抑性的内涵时提出的刑法的不完整性、刑法的紧缩性、刑法的统制手段最后性等含义，都可以从刑法的补充性中推导出来。刑法具有

---

〔1〕 参见陈兴良：《刑法的价值构造》，中国人民大学出版社 2006 年版，第 323～354 页。

〔2〕 参见张明楷：《论刑法的谦抑性》，载《法商研究》1995 年第 4 期。

〔3〕 傅建平认为，刑法谦抑的价值蕴含包括两方面：一是刑法适用的抑制性，二是刑罚处罚程度的宽和性。参见傅建平：《刑法谦抑的理论根基与价值》，载游伟主编：《华东刑事司法评论》（第 3 卷），法律出版社 2003 年版，第 63～87 页。莫洪宪、王树茂认为，所谓刑法谦抑，是指刑法应当作为社会抗制违法行为的最后一道防线，能够用其他法律手段调整的违法行为尽量不要用刑法调整，能够用较轻的刑法手段调整的违法行为尽量不用较重的刑法手段调整。参见莫洪宪、王树茂：《刑法谦抑主义论纲》，载《中国刑事法杂志》2014 年第 1 期。杨凯认为，刑法谦抑性原则包括必要性原则和最后性原则两个派生原则。前者要求刑法规范是社会调控确实必要的手段，后者要求刑法规范是在其他法律规范不足以进行社会调控时迫不得已才发挥社会调控功能的手段。其判断标准包括犯罪圈与刑事处分两个方面。参见杨凯：《论刑法规范谦抑原则》，载《北方法学》2008 年第 3 期。

〔4〕 参见［日］平野龙一：《刑法总论Ⅰ》，有斐阁 1972 年版，第 47 页。

补充性,刑法的发动以其他法律或统制手段的无效为前提,因而可以顺理成章推导出刑法统制手段的最后性。刑法作为其他法律规范无效时补充适用的法律规范,从中外法律的演进过程来看,以刑罚为主要制裁方式的刑法,经历了从介入国民生活各个角落的全面法——调整一定范围内社会关系的部门法——作为其他部门法实施后盾的保障法这样一个演变轨迹。[1]

第二,刑法的宽容性。刑法的宽容性是指"刑法介入社会生活,介入人类行为领域时,应当有尊重、保护、扩大公民自由、权利的极大同情心、自觉心和责任心,对于人性、人的价值和尊严、人的现实生活和幸福、人的发展和解放给予极大的关注,并以此为自己的发展方向和目标。具体包括刑法发动的善意性、刑法调整范围的现实性和刑法调控强度的人道性"。[2] 刑法的宽容性作为刑法谦抑性的基本内涵之一,最早是在1965年由日本学者平野龙一提出的,这一提法得到了大谷实、大岛一泰、川端博、井田良等人的认同。[3]

刑法是保护与扩大自由的,又通过限制自由的方式保护和扩大自由。[4] 由此,刑法在通过限制自由来保护与扩大自由时应当保持宽容和限制。一方面,法律不理会琐细之事,对于显著轻微的违法乃至犯罪行为,应当考虑社会实际情况,秉持宽容精神,只有在迫不得已必须动用刑法的情况下才发动刑法。另一方面,刑罚与其严厉不如缓和。退一万步讲,即便在不得不适用刑法的情况下,也要求对制裁方式发动的强度保持克制。对于某种犯罪行为,在符合刑法目的的情况下,尽量采用非刑罚处罚方法来实现刑事责任,运用保安处分等矫正措施来教育改善行为人以实现社会防卫的目的。即便在必须适用刑罚的情况下,也应当力求克制、慎重,注意刑罚的轻缓化、文明化,以尽少量的轻缓的刑法来实现刑法的目的。这就要求刑法在运行上对于琐细之事保持宽容,尽量不要将其设定为犯罪,在配置和适用刑罚时要尽量通过罚金刑、非刑罚处罚方法体现出刑法的宽容性。

---

〔1〕 参见张明楷:《刑法格言的展开》,法律出版社2013年版,第297页。

〔2〕 陈正云:《刑法的精神》,中国方正出版社1999年版,第200页。

〔3〕 参见[日]高桥则夫、伊东研祐、井田良、杉田宗久:《刑法总论》,日本评论社2005年版,第15页。

〔4〕 参见张明楷:《刑法格言的展开》,法律出版社2013年版,第171页。

第三,刑法的经济性。刑法的经济性也称刑法的节俭性,“是指国家在动用刑法手段调控社会关系时,应以最小的刑罚成本投入来获取最大的刑罚效益。刑法的经济性是一个关系概念,并不指一味地裁减刑法,而是以最小的刑法资源投入,获取最大的刑法效益”。[1] 这里涉及刑法的经济分析(Economic Analysis of Criminal Law)问题,它要求以最小的刑罚成本获取最大的刑罚效益,其中最小刑罚成本应当是足以遏制犯罪的最小刑罚量。

刑法的经济性源于经济分析法学,是将经济分析法学运用到刑法领域得出的结论。经济分析法学,采用经济方法分析法律问题,推动法学研究从定性分析走向定量分析。一般认为,18 世纪下半叶,贝卡利亚提出的“刑罚与犯罪的均衡性”的原理就包含了某种经济学的观点。[2] 经济分析法学建立在古典经济学“经济人”就是理性人的假定之上,认为人是理性的,追求个人经济利益是人类一切活动的根本,由此形成理性主义行为观,以最大化作为每个经济活动的目标。将这种方法运用到刑法的时候,假设每个犯罪人都具有自由意志,在其是否实施某项犯罪时会考虑到犯罪行为的代价和收益之间的关系。按照经济学理性人的假设,刑罚的代价高于从事犯罪所获得利润和时机价值时,通常情况下就足以遏制犯罪。[3]

刑法的经济性要考虑犯罪成本和刑罚成本的关系。所谓犯罪成本是指犯罪所造成的社会损失,既包括物质上的损害,也包括精神上的损害,而其估算涉及对犯罪危害程度的认识等众多因素。[4] 对犯罪适用刑罚需要在刑事体制运行中投入大量的人力、财力等成本。刑罚是一种社会资源,而这种社会资源是有限有成本的,必须有效地使用。将一些危害行为纳入犯罪,限于

---

〔1〕 陈兴良:《刑法谦抑的价值蕴含》,载《现代法学》1996 年第 3 期。

〔2〕 参见张乃根:《经济分析法学》,上海三联书店 1995 年版,第 4 页。

〔3〕 有关刑法经济性的详细论述,参见陈兴良:《刑法的价值构造》,中国人民大学出版社 2006 年版,第 315 ~ 322 页;陈兴良:《刑法谦抑的价值蕴含》,载《现代法学》1996 年第 3 期。

〔4〕 采用经济分析法学的方式分析刑法问题的困难就在于,与经济现象不同,犯罪所造成的社会损失的确定非常困难,不仅包括物质的,还包括精神的,尤其是一些损害无法用数字来衡量,比如生命。

刑罚作为社会资源的有限性,未必能够使刑法得到良好的实施。[1] 刑法得不到良好的实施,将导致刑法的不确定性,严重影响刑法的目的和刑法机能的实现。

第二节　刑法谦抑性的思想渊源

一般来讲,最初将“谦抑”一词引入刑法学领域的是日本学者宫本英修,他在1926年出版的《刑法学纲要》中最先使用了“谦抑主义”。其后,宫本英修在《刑法学精粹》和《刑法大纲·总论》中都对谦抑主义进行了论述。宫本英修认为,刑罚的运行是有限度的,此即刑罚本身的谦抑性。用刑法谦抑性的理论来限制刑罚的运行,并将谦抑主义视为刑法的根本主义,在刑法中具有根本性的地位,并由此提出可罚的违法性作为限制刑罚适用理论。[2] 但是,关于刑法谦抑性的思想起源,刑法学界具有不同的观点。

一、我国古代的慎刑恤刑思想

我们在谈刑法谦抑的问题时,也有学者认为刑法的谦抑性来源于中国古代的慎刑、恤刑思想。如日本学者小野清一郎在论及宫本英修提出的刑法谦抑主义时认为,谦抑主义在根本上,是可从中国的《尚书·舜典》中看到的东洋刑法思想的无意识表现。[3] 另外,也有学者在谈及刑法谦抑性时,列举中国古代“约法三章”的典故来说明刑法的密度与刑罚的轻重程度应当保持在必要的、不可缺少的限度之内。[4]

一般来讲,我国古代法主要以“严刑峻法”为特点,体现出的共同特征是

---

[1] 如我国《刑法修正案(八)》规定了将醉驾和在道路上追逐竞驶情节严重的规定为危险驾驶罪,对醉驾的查处并不是一种常规司法,而是存在运动式司法的问题,这与警力的配备、司法资源的有限性不无关系。

[2] 参见[日]宫本英修:《刑法大纲》,弘文堂1935年版,第16页。也有日本学者认为谦抑性大致相当于法谚“Minimacurat ppraetro”(法官不拘泥于小事),参见[日]小暮得雄:《犯罪论谦抑的构成》,载《团腾重光博士古稀祝贺论文集》(第2卷),有斐阁1984年版,第2~3页。

[3] [日]小野清一郎:《论宫本教授的主观主义刑法学体系》,载《法学协会杂志》1938年第4期,收录于铃木茂嗣编集:《宫本英修著作集》(补卷),成文堂1995年版,第122页。

[4] 参见[日]小暮得雄等:《刑法入门》,有斐阁1979年版,第13页。

残酷与专断。[1] 关于我国古代刑法是否具有谦抑性的问题，需要系统梳理我国古代法制史。在我国古代刑法历史上并不存在“法”，而统称为“刑”，学者梁治平曾经对中外法文化中“法”的字义做过辨析和比较。梁治平认为，在古代文献中，至少有两个非常重要的字可以训为法：一个是刑，一个是律。而刑、法、律可以互训。我们今天称之为古代法的，在夏、商、周三代是刑，在春秋战国是法，在秦汉以后则主要是律。[2] 中国古代法主要呈现“诸法合一”“以刑统民”的特点，即完全以刑法条文为主，刑法与民法之间的比重呈现一边倒的状态，甚至可以说，中国古代法几乎全都是刑法，而刑罚呈现出残酷性、肆意性等特点。以肉刑为主体的刑罚制度更是在中国刑罚史上盘踞了2000多年。因此，笔者赞同我国古代法以残酷性和专断性为主要特点的观点。

但是，我国古代法中也曾片段性地出现慎刑和恤刑的思想，在严刑峻法为主导地位的时代闪耀着人性的光辉。如《尚书.舜典》中记载“象以刑典，流宥无刑”，其中就包含着慎刑、恤刑思想。[3] 在西周初期，统治者明确提出了“明德慎罚”的思想，主张“祥刑”、“慎刑”和用刑惟中，就是说，刑罚要适中，不可乱罚无辜、杀无辜，以免“怨有同，是丛于阙身”。[4] 对老人和年幼者的恤刑思想也一直贯穿于我国古代刑法。如《尚书・舜典》记载：“惟刑之恤哉”，《尚书・大禹谟》记载：“与其杀不辜，宁失不经。”而到汉代，恤刑范围进一步从老幼犯罪扩大到对疾者和妇女犯罪都有所宽免。[5] 在刑法的地位上，儒家提出“德主刑辅”的治理方略，认为刑法虽必不可少，但是只能作为辅助手段。

由此可以看出，我国古代法中蕴含的慎刑和恤刑的思想，其外在表现和

---

〔1〕 参见张文显：《法理学》，法律出版社1997年版，第107页。

〔2〕 参见梁治平：《法辨——中国法的过去、现在与未来》，中国政法大学出版社2002年版，第59～63页。

〔3〕 所谓慎刑可以理解为慎重适用刑罚的思想，即慎重发动刑罚，能不动用刑罚尽量不动用；所谓恤刑就是在刑罚严厉程度上尽量宽和、体恤。

〔4〕 张智辉：《刑法理性论》，北京大学出版社2006年版，第11页。

〔5〕 参见熊永明、胡祥福：《刑法谦抑性研究》，群众出版社2007年版，第1～27页。

刑法谦抑性具有很大的相似性。儒家“德主刑辅”的思想，在一定程度上也体现了刑法手段的辅助性和最后性特点。因此，可以说，尽管与现代刑法谦抑性限制国家权力、保障公民权利的本质属性不同，我国古代法中的慎刑、恤刑和“德主刑辅”思想在外在表现上和刑法谦抑性具有相似之处。

二、近代启蒙运动中的谦抑思想

刑法谦抑性的思想源自近代欧洲启蒙运动中一些学者的观点和主张。如日本学者西原春夫认为，刑法谦抑主义是作为近代欧洲刑法近代化的一个重要支柱而存在的，它是近代欧洲从18世纪后期开始的启蒙思想的一个重要产物，而启蒙主义思想是针对16～18世纪在欧洲绝对王政时期的比较残虐的刑罚进行批判而提出的一个思想。[1] 谦抑主义主要源于洛克、孟德斯鸠、卢梭等人的思想。

英国哲学家洛克主张严格限制重刑的适用，他指出：“除去那些腐败到足以威胁全体生命和安全的部分；否则任何严峻的刑罚都是不合法的。”[2]将严峻刑罚的发动限制在足以威胁全体生命和安全的部分，主张严格限制重刑范围，反对严峻的刑罚，倾向于轻缓的刑罚。洛克认为：“为了保障个人的权利，以契约所产生的国家法律，受到自然法的制约，各个人都有维护自然法的义务，违反这种义务就应当受到刑罚处罚。但委让给国家的刑罚应限于必要最低限度内，故国家必须预先明示违法义务的种类与对之科处的刑罚。”[3]这实际上是从自然法和社会契约理论推导出的限制国家刑罚权的思想。

孟德斯鸠较为完整地表达了谦抑的刑罚理念并论述了理由。孟德斯鸠认为，刑罚只是防止犯罪的一种措施，是最严厉的措施，应当谨慎使用。这就将刑法的作用放到了社会规范体系范围内进行考虑。同时，就刑罚的有效性而言，他指出，从打击犯罪的有效性来说，在专制国家里，人们畏惧死亡甚于

---

〔1〕 参见徐卫东、李洁等：《刑法谦抑在中国——四校刑法学高层论坛》，载《当代法学》2007年第1期。

〔2〕 [英]洛克：《政府论》（下篇），瞿菊农、叶启芳译，商务印书馆1981年版，第105页。

〔3〕 同上书，第6～7页。

爱惜生活，在共和制国家里，人们害怕丧失其生活甚于畏惧死亡。所以刑罚多而轻，刑罚只要剥夺他们的生活就够了。孟德斯鸠反对适用残酷的刑罚，他指出："酷刑能够有效制止一般邪恶的一些后果，但是它不能惩罚这种邪恶本身。""治理人类不要用极端方法；我们对于自然所给予我们领导人类的手段，应该慎重地使用。"[1]在他看来，株连、拷问、肉刑、报复刑、子罪父坐或者父罪子坐等严刑峻法都是专制主义的产物，是对人格的侮辱，是违反人类理性的，应当坚决废除。[2] 孟德斯鸠的思想为罪刑法定原则的确立及刑罚人道主义的兴起奠定了理论基础，罪刑法定主义和刑罚人道主义中蕴含了刑法谦抑的思想。

法国启蒙思想家卢梭的论述中也体现出刑法谦抑的思想。就刑法的地位而言，他指出："刑法在根本上与其说是一种特别法，还不如说是其他一切法律的制裁力量。"[3]事实上，他指出了刑法是其他法律的保障法。同时，卢梭反对残酷的刑罚，认为"刑罚频繁总是政府衰弱或者无能的一种标志。绝不会有任何一个恶人，是我们在任何事情上都无法使之为善的"。[4] 他认为，严厉的刑罚是无效的，法律的有效性首先取决于人们对法律的尊重。

我们注意到，近代启蒙思想家虽然没有明确提出刑法谦抑性的概念，但是，启蒙思想家代表新兴资产阶级的力量，在反对封建统治的过程中提出的理性主义、社会契约论、人民主权说等，其中无不凝结着限制国家权力、保障公民权利的思想实质，人道的、宽容的刑法观念因而逐渐复苏，开启了刑法谦抑思想，使刑法谦抑的理念得以宣扬。

三、古典学派的刑法谦抑思想

近代欧洲的启蒙思想以社会契约论、理性主义和自然法思想为基础，推动了古典学派的产生。古典学派创立了完整的刑法体系，奠定了现代刑法的

---

〔1〕 [法]孟德斯鸠：《论法的精神》(上册)，张雁深译，商务印书馆 1993 年版，第 85 页。

〔2〕 参见马克昌主编：《近代西方刑法学说史略》，中国检察出版社 1996 年版，第 19 页。

〔3〕 [法]卢梭：《社会契约论》，何兆武译，商务印书馆 1962 年版，第 63 页。

〔4〕 同上书，第 47 页。

基础。古典学派分为旧派和新派,旧派又分为前期旧派和后期旧派。前期旧派从否定封建刑法的干涉性、恣意性、身份性和残酷性出发,论证国家权力源于人民,从而达到限制国家权力,实现刑法的谦抑性、法定性、平等性与人道性的目的。〔1〕其中以贝卡利亚、边沁、费尔巴哈为代表。

贝卡利亚被认为是近代刑法学鼻祖。首先,他从社会契约出发提出从源头上限制刑罚权的观点,认为国家权力是由市民在必要最小限度内提供的自由组成的,"每个人都希望交给公共保存的那份自由尽量少些,只要足以让别人保护自己就行了。这一份最少量自由的结晶形成惩罚权。一切额外的东西都是擅权,而不是公正,是杜撰而不是权利。如果刑罚超过了保护集存公共利益这一需要,它本质上就是不公正的。刑罚越公正,君主为臣民保留的安全就越神圣不可侵犯,留给臣民的自由就越多"。〔2〕其次,贝卡利亚明确提出,刑罚在既定条件下应该是尽量轻微的,他反对残酷的、不人道的刑罚,认为残酷的刑罚违背了公正和社会契约的本质,因而酷刑不应当出现在立法中。他指出:"即使严酷的刑罚的确不是在直接与社会公共福利及预防犯罪的宗旨相对抗,而只是徒劳无功而已。"它也"违背了开明理性所萌发的善良美德"。〔3〕"只要刑罚的恶果大于犯罪所带来的好处,刑罚就能起到它的效果。……除此之外的一切都是多余的,因而也是蛮横的。"〔4〕他还认为,残酷的刑罚对预防犯罪也是没有用处的,历史上任何最新的酷刑都从未使决心侵犯社会的人们回心转意;对人类心灵发生较大影响的,不是刑罚的强烈性,而是刑罚的延续性。〔5〕最后,贝卡利亚将经典力学引入刑法研究,力图赋予刑罚一种可计算性。在贝卡利亚看来,刑罚是制造一种阻力来抵消犯罪的引力,而采用多大的阻力才能抵消某一犯罪的引力可以应用几何学的精确度来解决。他已经不满足于像往常一些刑法学家那样只满足于对刑罚本质、目的和作用的抽象论理,力图找到精确运用刑罚、发挥其最佳效益的规则。刑罚

---

〔1〕参见张明楷:《刑法的基本立场》,中国法制出版社2008年版,第1~2页。
〔2〕[意]贝卡利亚:《论犯罪与刑罚》,黄风译,中国大百科全书出版社1993年版,第9页。
〔3〕同上书,第11页。
〔4〕同上书,第42~43页。
〔5〕参见[意]贝卡利亚:《论犯罪与刑罚》,黄风译,中国大百科全书出版社1993年版,第47页。

不是应当随意“高估冒算”的,任何一种刑罚多一点或者少一点都会对等号后面的结果产生积极或消极的影响。刑罚的效果还在很大程度上取决于它的适用程序和方式,就像一种力在不同条件下会产生不同的作用一样。理性的刑罚不同于基于报复本能的刑罚,它受到人类理性的严格制约,罪刑之间的均衡性正是这种制约的最明显体现。它使刑罚具有可计量的性质,从而为刑法谦抑奠定了基础。[1]

英国著名学者边沁从功利主义出发,论证了国家权力存在的目的、犯罪与刑罚相适应的原则并提出了限制刑罚适用的具体标准等。首先,边沁认为国家权力存在的目的在于保证臣民福利。边沁虽然不赞成社会契约论,把法律限制主权制度看作理论上混乱的结果,但是他认为国家权力必须受其存在目的——保证臣民福利的限制。他提出,公共福利是个人福利的总和,个人利益是唯一现实的利益,所以,必须关注个人,而不是压制个人。[2] 其次,根据功利主义的要求,边沁提出罪刑相适应的观点,即刑罚与犯罪相适应必须具备的特征,认为刑罚应该具有量方面大小的可感受性、本身的平等性、可成比例性与罪的相对性、示范性、经济性、改善性、受人欢迎性等。[3] 边沁通过大量苦与乐的计算,指出某些特定行为的善或者恶,并用这种方法列出一个非常复杂的罪与刑的一览表。他认为,作为制裁内容的苦乐价值是可以计算的,而苦乐的价值大小依据它的强度、持久性、确定性或者不确定性和紧迫性或者遥远性等来确定。因此,犯罪的苦和乐之间是可以权衡轻重的,如果乐的一边重,就将使该行为对有关的个人总数或集体有好的趋势;如果苦的一边重,就将对同一集体有坏的总趋势。再次,在犯罪的遏制上,边沁提出,不应将刑罚作为遏制犯罪的最主要措施,“灾难不同,援助也应不同;成千上万

---

〔1〕 参见陈兴良:《刑法的价值构造》,中国人民大学出版社 2006 年版,第 339 ~ 400 页。

〔2〕 参见[苏联]格拉齐安斯基等:《世界著名思想家评传》,颜品忠、梁建兴等译,商务印书馆 1993 年版,第 266 页以下。转引自张明楷:《刑法的基本立场》,中国法制出版社 2008 年版,第 7 ~ 8 页。

〔3〕 参见[英]边沁:《立法理论——刑法典原理》,孙力等译,中国人民公安大学出版社 1993 年版,第 83 页。

种疾病,成千上万个药方”![1] 为了限制刑罚的适用,他提出在以下4种情况下不得适用刑罚:一是无根据的(groundless),“不存在现实之罪,不具有第一层次或第二层次之恶,或者恶性刚刚超过由附随善性所产生的可补偿性,正如在行使政治或者家庭权力、抵抗更大的恶行以及防卫时所出现的情况那样”。二是无效果的(inefficacious),如果刑罚的适用不会产生好的效果,就不得适用刑罚。三是无必要的(needless),“当通过更温和的手段——指导、示范、请求、缓期、褒奖可以获得同样效果时,适用刑罚就是过分的”。四是太昂贵的(unprofitable),如果刑罚之恶超过执行之恶,该刑罚就是不必要的。[2] 最后,边沁主张限制死刑的适用,他在1831年发表的论文《论死刑》中开宗明义地指出:“死刑——它会被废除吗？我说——会。这一规则会有例外吗？我说,就今后的犯罪而言——不会……”[3] 他认为死刑不是唯一能够抑制杀人欲望的刑罚,对轻微之罪不得适用死刑。[4]

费尔巴哈被誉为近代刑法学之父,他提出的各种刑法理论奠定了现代刑事法治的基础,其刑法谦抑性思想主要体现在罪刑法定主义思想之中。为了避免刑法介入国民生活的各个角落,他主张通过各种手段或方法对国家刑罚权进行限制。正如德国法学家拉德布鲁赫对其评价道,“确立了刑事制裁中的法治思想,对国家的刑罚权加以限制。其限制有三:一是根据法律的限制,明确了无法律则无刑罚的罪刑法定主义原则,国家利用法典不仅保护善良的国民,也保护犯罪人,阐明刑法是犯罪人大宪章的意义。二是根据行为的限制,明确了刑罚的科处应当以行为而不是以行为人为标准,阐明了保障法的安定性、保护个人自由。三是严格区分法与道德,阐明犯罪不是违反道德,而

[1] [英]边沁:《立法理论——刑法典原理》,孙力等译,中国人民公安大学出版社1993年版,第83页。

[2] 参见[英]边沁:《立法理论——刑法典原理》,孙力等译,中国人民公安大学出版社1993年版,第66页以下。

[3] 熊永明、胡祥福:《刑法谦抑性研究》,群众出版社2007年版,第35页。

[4] 参见[英]边沁:《立法理论——刑法典原理》,孙力等译,中国人民公安大学出版社1993年版,第85页以下。

是违反法,尊重立法者良心的自由,法官不是道德的审判者”。[1] 简言之,费尔巴哈确定了罪刑法定主义思想,把法律与道德的区别纳入刑法理论体系中。

为了支撑自己的主张,费尔巴哈提出了心理强制说和权利侵害说。基于心理强制说,费尔巴哈认为,就犯罪的预防而言,必须事先以法律明文规定犯罪的法律后果,使人们能够事先预测犯罪后将会受到的刑罚处罚,认为犯罪所带来的愉快不可能大于犯罪后所带来的受刑罚惩罚的痛。而权利侵害说体现了法律与道德伦理的严格区分。费尔巴哈认为,犯罪的本质是对他人权利的侵害,国家也具有人格、享有权利;刑法的任务是保护权利。刑罚是为了保障法而科处痛苦,因此,为了确定刑罚的概念,必须使之与国家的目的与权力相结合,探明科处刑罚的权力。费尔巴哈将犯罪理解为对权利的侵害,意味着从实质上限定中世纪以来所扩张的、含混的犯罪概念。提倡权利侵害说与强调罪刑法定主义相并列,其意义在于,针对国家权力的恣意与刑法的不安定性,保护个人的自由。从这个意义上说,费尔巴哈的权利侵害说,是启蒙后期自然法思想与政治自由主义的一个表现。[2]

四、本书的观点

笔者认为,就刑法谦抑性的思想渊源来看,法律作为一种社会规范,是社会制度的组成部分之一,必然反映某一时期的社会结构和社会经济发展要求。刑法谦抑性理念的产生也根植于特定的社会历史条件,源于社会经济的发展和由此引发的社会结构的变化。刑法作为国家治理的工具,以限制刑法适用为主要精神的刑法谦抑性的产生,其根本原因在于国家与个人即权力与权利之间对应关系的变化。[3] 在二元制结构中,必须要构筑一套能够保证

---

〔1〕 马克昌主编:《近代西方刑法学说史略》,中国检察出版社1996年版,第95页。另外,日本学者木村龟二也做过类似总结,参见[日]木村龟二:《费尔巴哈》,载木村龟二编:《刑法学入门》,有斐阁1957年版,第50页以下。转引自张明楷:《刑法的基本立场》,中国法制出版社2008年版,第3页。

〔2〕 参见[日]内藤谦:《刑法中的法益概念的历史的展开(一)》,载《东京都立大学法学会杂志》1966年第6卷第2号,第236页。转引自张明楷:《刑法的基本立场》,中国法制出版社2008年版,第5页。

〔3〕 参见俞可平:《马克思的市民社会理论及其历史地位》,载《中国社会科学》1993年第4期。

社会多元性及其必要自由的法律。体现在刑法领域，就要求刑法以人为本，注重人权保障与社会保护的平等地位。[1] 由此，产生了对刑法适用范围和刑罚严厉程度进行限制的刑法谦抑性理论。

现代刑法的谦抑性是从反对封建刑法的残酷性、恣意性、身份性、干涉性的斗争中萌生的，不能说其起源于哪位学者的思想，而是与启蒙主义思想家和刑事古典法学派一系列学者的思想紧密相关的。启蒙主义思想家关于理性主义、自然法思想、社会契约论的思想主张为刑法谦抑性提供了抽象的思想渊源，他们并没有侧重论述刑法的问题，对刑法谦抑性的论述也较为分散。刑事古典法学派学者以启蒙思想为基础，较为详尽地论述了刑法谦抑性的思想，可以说是刑法谦抑性思想的直接渊源。

第三节　刑法谦抑性的理论定位

刑法谦抑性虽然已经得到刑法学界的广泛认同和接受，但是对于刑法谦抑性在刑法理论体系中的定位问题，刑法学界具有不同的主张。在不同的主张中，刑法谦抑性的适用范围或者调控范围有所差异，直接关系到刑法谦抑性的适用范围和贯彻实现问题。

一、刑法谦抑性理论定位的不同观点

（一）根本原则说

这种观点将刑法谦抑性置于刑法根本指导理念的地位，认为刑法谦抑性在刑法理论体系中具有根本性，是现代刑法的一个最基础最根本的理念。在学界首先提出刑法谦抑性问题的日本学者宫本英修就持有该观点，他认为，谦抑主义是与目的刑、规范性责任主义并列的刑法根本原则之一。[2] 日本学者关哲夫同样持该观点，他认为，刑法谦抑思想不仅对刑事立法者，而且对

---

〔1〕 参见傅建平：《刑法谦抑的理论根基与价值》，载游伟主编：《华东刑事司法评论》（第5卷），法律出版社2003年版，第70页。

〔2〕 参见刘淑珺：《日本刑法学中的谦抑主义考察》，载陈兴良主编：《刑事法评论》（第22卷），北京大学出版社2008年版，第275～315页。

刑事解释者也同样具有约束作用,它应是罪刑法定主义原则、法益侵害原则、责任原则的指导原则。日本学者川端博也认为:刑法的发动应当限于采用伦理的制裁或民事的损害赔偿、按照行政程序的制裁等刑法以外的社会治理手段不充分之时,在这个意义上,刑法是保护人民生活利益的"最后的手段"。因而,谦抑主义被认为是刑法的根本原则。[1] 我国台湾地区学者苏俊雄教授也持该观点,他指出:现代刑法思想体系从刑法谦抑的基本理念出发发展出具体的刑法准则,即罪刑法定主义、法益保护主义与责任主义3项基本准则;并且配合产生3项刑法的基本机能,即保障机能、保护机能与规制机能,以及综合派生的保安与教育机能,从而实行刑法在国家法治生活中基本的三大任务,即维护社会秩序、制裁及防止犯罪、保护法益以及社会伦理等行为价值之任务。[2] 我国大陆也有学者持该主张,如陈忠林教授认为:就刑法谦抑原则的基本精神而言,它应当是刑法所有原则的原则,是根本原则。[3]

(二)刑法机能的内在限制原理说

这种观点将刑法谦抑性问题置于刑法的机能中加以论证,将谦抑性作为刑法机能的内在限制。所谓刑法的机能,是指刑法实现与可能发挥的作用,包括显在的机能与潜在的机能。刑法学界关于刑法机能主要有两种不同的观点,分别为三机能说和两机能说。三机能说认为,刑法具有以下3种机能:(1)行为规制机能,指刑法有使对犯罪行为的规范评价具有确定性的机能。其具体内容为,刑法将一定的行为规定为犯罪并给予刑罚处罚,表明该行为是被法律禁止的、不被允许的(评价的机能);同时命令人们作出不实施这种犯罪行为的决定(决定的机能),据此防止犯罪的发生。(2)法益保护机能,是指刑法具有保护法益不受侵害与威胁的机能。犯罪是侵害或者威胁法益的行为,刑法禁止和惩罚犯罪,是保护法益。(3)人权保障机能(或自由保障机能),指刑法具有保障公民个人人权不受国家刑罚权不当侵害的机能。两

〔1〕 参见[日]川端博:《刑法总论讲义》,成文堂1995年版,第55~56页。
〔2〕 参见苏俊雄:《刑法总论Ⅰ》,台北,台湾大地印刷厂股份有限公司1998年版,第3页。
〔3〕 同上。

机能说则认为，刑法具有法益保护和人权保障两种机能。[1] 德国学者罗克辛教授在刑法的法益保护机能中论述了辅助性原则，他指出："法益保护不会仅仅通过刑法得到实现，而是必须通过全部法律制度的手段才能发挥作用。在全部手段中，刑法甚至只是应当最后予以考虑的保护手段，也就是说，只有在解决社会问题的手段——例如民事起诉、警察或者工商管理规定、非刑事惩治，等等——不起作用的情况下，它才被允许使用。人们因此称刑罚是'社会政策的最后手段'，并且将其定义为辅助性的法益保护。因为刑法仅仅保护法益的一个部分，同时，刑法对这个部分的保护也并不总是一般性的，而经常（如财产上）仅仅是对个人的攻击行为才提供保护。所以，在这个范围内，人们也谈论刑法所具有的'零碎'性质。"[2] 也有学者将谦抑性原则放在人权保障机能里加以论述，提出刑法不应将所有的违法行为都作为其对象，而应将不得已才使用刑罚的场合作为其对象，谦抑原则是以刑法的补充性、不完整性和宽容性为内容的刑事立法和刑法解释的原理。[3]

（三）价值说

这种观点认为，谦抑是刑法的价值，在现代刑法中居于根本性地位。陈兴良教授持该观点，他认为，价值的本质根植于主体与客体的关系。因此可以把价值定义为：客体的存在、属性及其变化同主体的结构、需要和能力是否符合、相一致或相接近的性质，如果这种性质是肯定的，便可以认为客体对于主体有价值或者有正价值；如果是否定的，则意味着客体对主体无价值或者

---

〔1〕 参见张明楷：《刑法学》，法律出版社 2011 年版，第 25～26 页。张明楷教授赞成两机能说，认为行为规制机能只是法益保护机能的反射效果。我们注意到日本刑法理论界对于刑法机能的认识也主要体现为这两种学说，两机能说批判规制机能的主要理由是，所谓刑法的规制机能在评价一定的行为无价值，不是以侵害、威胁法益为出发点，而是以违反社会伦理为基础，因此认为规制机能等同于社会伦理机能，是以违反社会伦理为基础的，是对法益保护机能的轻视。参见［日］中山研一：《刑法总论》，成文堂 1982 年版，第 13 页。

〔2〕 德国学者罗克辛所提到的德国刑法中的辅助性原则和刑法谦抑性具有很大的相似性，马克昌教授在论述谦抑性问题时，也认为罗克辛教授所论述的辅助性原则即为刑法谦抑性原则。也有学者认为德国刑法中的辅助性原则和谦抑性原则关系密切，在第二次世界大战后，谦抑原则是朝着辅助性原则发展的。参见［德］克劳斯·罗克辛：《德国刑法学总论》（第 1 卷），王世洲译，法律出版社 2005 年版，第 41～42 页；马克昌：《我国刑法也应以谦抑为原则》，载《云南大学学报（法学版）》2008 年第 5 期；王世洲：《刑法的辅助性原则与谦抑原则的概念》，载《河北法学》2008 年第 10 期。

〔3〕 参见［日］大谷实：《刑法总论》，黎宏译，法律出版社 2003 年版，第 4 页。

有负价值。在此基础上,陈兴良教授认为,谦抑是现代刑法的基本价值之一,在构筑刑法哲学的价值时,应将谦抑、公正、人道并列为现代刑法的价值目标,认为三者构成了刑法的三大支点,也是刑法哲学应当贯穿的3条红线。他认为,刑法的谦抑性又称刑法的经济性或节俭性,指立法者应当力求以最小的支出——少用甚至不用刑罚(而用其他刑罚替代措施),获取最大的社会效益——有效预防和抗制犯罪。陈兴良教授从犯罪范围的谦抑性和刑罚限度的谦抑性,即罪之谦抑和刑之谦抑两个方面论述了刑法谦抑性问题。他认为,国家对社会生活的刑事干预是有限度的,应当尽可能科学地界定犯罪范围;国家刑罚权的行使是有限度的,应当尽量使刑罚节俭,尤其是防止刑罚过剩与刑罚过度。[1]

(四)原则说

这种观点认为谦抑性是刑法的基本原则之一。所谓刑法的基本原则,是指贯穿于全部刑法规范、具有指导和制约全部刑事立法和刑事司法的意义,并体现我国刑事法治基本精神的准则。[2] 关于我国刑法的基本原则,不同的学者有不同的观点,高铭暄、马克昌教授基于我国刑法立法的规定,认为我国刑法的基本原则包括罪刑法定原则、适用刑法人人平等原则和罪责刑相适应原则。张明楷教授认为,刑法的基本原则并不一定仅仅限于刑法明文规定的原则,除刑法明文规定的基本原则外,法益保护与责任主义也是刑法的基本原则。[3] 马克昌教授主张,我国刑法也应以谦抑性为原则,谦抑性是刑法的原则,其内容包括刑法的补充性、片段性和宽容性,体现在立法、司法和行刑3个方面。马克昌教授指出,主张我国刑法应以谦抑性为原则,意思是能不用刑时即不用刑,能不用重刑时即不用重刑,但依法不能不用刑时,就应当用刑,依法不能不用重刑时就应当用重刑。[4] 采用大篇幅讨论谦抑性在我国刑法中理论定位的是熊永明和胡祥福两位学者,他们系统梳理了刑法学界

---

〔1〕 参见陈兴良:《刑法哲学》,中国人民大学出版社2015年版,第1~12、292~354页。

〔2〕 参见高铭暄、马克昌主编:《刑法学》,北京大学出版社、高等教育出版社2011年版,第24页。

〔3〕 参见高铭暄、马克昌主编:《刑法学》,北京大学出版社、高等教育出版社2011年版,第24页;张明楷:《刑法学》,法律出版社2011年版,第49页。

〔4〕 马克昌:《我国刑法也应以谦抑为原则》,载《云南大学学报(法学版)》2008年第5期。

关于谦抑性理论定位的不同观点，提出，谦抑性应为我国刑法的基本原则。他们认为，无论刑事立法的制定、刑事司法的运作，还是刑法解释的维护方面，刑法谦抑性的理念都深入其中，刑法谦抑性宜与罪刑法定、罪刑均衡等刑法原则并列视为刑法的基本原则。并对刑法谦抑性原则进行了解构：第一，刑法谦抑性理论能够体现刑法的指导思想、性质和基本精神；第二，刑法谦抑性理论对整个刑事立法、司法和理论解释具有全方位指导功能。两位学者还论述了刑法谦抑性与刑法的基本原则，即罪刑法定原则、罪刑均衡原则、法益保护原则和责任主义原则的契合性。〔1〕 在日本，将刑法谦抑性作为刑法基本原则的观点得到不少学者的支持，如有学者主张，除谦抑主义之外，可以提升到基本原则的高度来论述的包括罪刑法定主义、法益保护主义和责任主义。〔2〕

(五)其他有关谦抑性理论定位的观点

关于刑法谦抑性的理论定位，除了以上4种主张外，还有一些其他观点。如有学者认为，谦抑性是刑法的基本精神，指出所谓刑法谦抑精神是贯穿于整个刑事领域，国家按照一定的规则，控制刑法调整范围、调整程度以及行刑人性化的一种基本精神。〔3〕 也有学者认为，将谦抑性定位于刑法理念更为适当，谦抑理念引导刑法发展的过程就是谦抑性从内省到外化的过程。谦抑性既不是刑法的特征，也不足以成为刑法的原则。谦抑性对合理地限缩刑罚的追求建立在对现代刑法发展规律的把握之上，在性质上更倾向于有关刑法的法律理念。〔4〕

---

〔1〕 参见熊永明、胡祥福：《刑法谦抑性研究》，群众出版社2007年版，第72~84页；熊永明：《论刑法谦抑性宜为刑法的基本原则》，载《河南省政法管理干部学院学报》2006年第6期；熊永明：《论刑法谦抑性与刑法基本原则之间的契合》，载《云南大学学报(法学版)》2007年第3期。

〔2〕 参见[日]丸山治、本间一野、长井长信、城下裕二、中空寿雅：《刑法的大原则特集》，载《法学seminar》2001年第6期。

〔3〕 参见王明星：《刑法谦抑精神的概念分析》，载《河南师范大学学报(哲学社会科学版)》2009年第2期。参见王明星：《刑法谦抑精神研究》，中国人民公安大学出版社2005年版，第22~46页。

〔4〕 参见简爱：《一个标签理论的现实化进路：刑法谦抑性的司法适用》，载《法制与社会发展》2017年第3期。

二、谦抑性应为刑法的基本理念

对以上各种关于刑法谦抑性理论定位的观点进行分析后，可以发现，就根本原则说和基本原则说而言，根本原则说将谦抑性置于刑法最本源的地位，比基本原则更为重要，该观点认为谦抑性是刑法所有原则的原则，甚至认为罪刑法定主义、法益保护主义与责任主义3项基本准则也是从刑法谦抑的基本理念出发而发展派生出来的。根本原则说和基本原则说的观点都认为谦抑性是刑法的原则，贯穿于刑事立法、司法的全部过程，对整个刑事立法、司法和理论解释具有指导功能。事实上，如果仅从基本和根本的用语来看，“基本”和“根本”没有本质区别，其在汉语中是通用的。〔1〕 但是根本原则说明显过于抬高了谦抑性的地位，将谦抑性置于作为现代刑法基石的罪刑法定原则的上位原则显然是不妥当的。

刑法机能的内在限制原理说，将刑法谦抑性在刑法的法益保护机能或人权保障机能里加以论述，要么将其定义为辅助性的法益保护，认为刑法的法益保护只有在解决社会问题的其他手段不足以保护法益时才能适用；要么认为基于刑法人权保护的机能，只有在不得已的场合下才能使用刑罚，将谦抑性放在刑法机能里论述并不能充分体现谦抑性在现代刑法中应有的地位和作用。

笔者倾向于谦抑性是现代刑法所秉承的一种基本理念。从辞源上来说，“理念”与“观念”是相同的，是看法、思想、思维活动的结果。〔2〕 “理念”是从

---

〔1〕 参见《辞源》（修订本），商务印书馆1979年版，第613、1563页。基本：根本；根本：本下曰根，木下曰本，后比喻事物的本源或关键部分。

〔2〕 观念的释义主要包括，看法、思想。思维活动的结果。观念（希腊文 idea）。通常指思想。有时候亦指表象或客观事物在人脑中留下的概括的形象（参见“表象”）。它在西方各派哲学中有不同含义。(1)自客观唯心主义哲学中，常译作“理念”、“相”或“客观理念”，亦有译为“理式”的。柏拉图用以指永恒不变而为现实世界之根源的独立存在的、非物质的实体。在康德、黑格尔等人的哲学中，指理性领域内的概念。康德称观念为“纯粹理性的概念”，指从知性产生而超越经验可能性的概念，如“上帝”“自由”“灵魂不朽”等。黑格尔认为观念是“自在而自为的真理——概念和客观性的绝对统一”。(2)在主观唯心主义哲学中，通常被归结为主体的感觉与印象或产生世界的创造本原，它是事物的“含义”或“本质”。(3)在英国经验派哲学中，指人类意识或思维的对象，即感觉与知觉。唯物主义的经验论者洛克认为观念来自对外界事物或内心活动的观察；唯心主义的经验论者贝克莱认为外界事物是“观念的集合”或“感觉的组合”。(4)在休谟哲学中，指回忆起来的印象或想象到的印象。参见《辞海》，上海辞书出版社1989年版，第1306页。

希腊文 idea 和 eidos 翻译而来,"idea 和 eidos 就各有好几种意思,除理念外,人们还曾译为观念、概念、理型、原型、范型、模式、模型、榜样、样式、意式、提式,等等"。[1]

柏拉图的理念论将理念问题的研究引向深入。柏拉图在总结前人经验的基础上发展了理念论,他所设想的理念是:独立存在的、单一的、不可见但可从思想上把握的、不变的、神圣的、不灭的、不可分解和自我保持的。[2]"而人应当把纷然杂陈的感官知觉集纳成一个统一体,从而认识理念。"[3]由此,我们可以看出,柏拉图的理念在根本上是一种理论假设,理念是各类事物的本质。最早将"理念"从哲学领域引入法学领域的是康德,康德在对柏拉图的"理念"进行评析后,论述了理念对制定宪法及法律的作用。康德认为,"立法和治理越是与理念一致地建立起来,刑罚当然就会越是稀少"。[4] 黑格尔指出,"理念是任何一门学问的理性"。他认为:"法的理念,即法的概念及其现实化。""理念"实际上是我们对某种事物的观点、看法和信念。这些都是从哲学或法哲学的角度对理念问题进行的探讨。

如果对理念问题作具体化研究,理念其实是一个反映一类事物每个个体或一类现象每种个别现象共性之能力的普遍概念,具体来说,它是诸理性认识及其成果的集大成。[5] 任何制度都需要建立在一定的理念基石之上,任何法律的创制和运行都必然受一定理念的影响和制约。范愉教授认为,理念应该是在制度建立之初事先被确立并表达出来的,能够在实践运作中验证的,应该说,任何制度都必然存在一定的理念支撑。[6]

谦抑应该作为现代刑法的基本理念,贯穿于现代刑法运行的全部过程,构筑现代刑法的基石。不可否认,一项法律以何种理念作为支撑,是由社会

---

[1] 俞宣孟:《本体论研究》,上海人民出版社 1999 年版,第 204 页。

[2] 参见俞宣孟:《本体论研究》,上海人民出版社 1999 年版,第 208 页。

[3] 北京大学哲学系外国哲学史教研室:《西方哲学原著选读》(上卷),商务印书馆 1982 年版,第 75 页。

[4] [德]康德:《纯粹理性批判》,李秋零译,中国人民大学出版社 2004 年版,第 285 页。

[5] 高其才:《现代立法理念》,载《南京社会科学》2006 年第 1 期。

[6] 范愉:《现代司法理念漫谈》,载北大法律信息网,http://article.chinalawinfo.com/ArticleHtml/Article_68749.shtml,最后访问日期:2019 年 1 月 2 日。

发展条件决定的,而不是先天或超验性的东西。刑法的理念当然需要具备客观基础,不是凭空产生和确立的,而是由其产生的社会环境和特定历史条件决定的。与封建刑法的干涉性、恣意性、身份性、残酷性不同,谦抑应该成为现代刑法的基本理念。随着市场经济的发展和启蒙思想家自由、平等、公正等基本精神的传播,社会和国家的分离,对刑法"保障人权"和"限制国家权力"的本质判断,以及对刑罚功能局限性的认识,谦抑在现代刑法中的地位从其产生之日起就已经注定。"谦抑"一词作为一个刑法学概念,最早出现在日本宫本英修1928年所著的《刑法纲要》一书上,至今已有九十多年的历史。刑法谦抑性的思想来源,可以追溯到16~18世纪的启蒙运动时期乃至我国古代的慎刑、恤刑思想。在数百年发展的历程中,虽然学者们对刑法谦抑的称谓乃至定位仍存在一定争议,但是,刑法应保持谦虚抑制,谦抑成为现代刑法的基本理念已经得到中外学者的广泛认同。正如学者所指出的,刑法谦抑已不是适用于刑法某一部分的原理,而是贯穿于全部刑事法领域的基本理念。〔1〕

谦抑应是现代刑法的基本理念,而不是一个空泛的概念。无论是刑事政策的确立还是刑法的制定、司法乃至刑法的执行都体现出谦抑这一刑法基本理念。刑法的一些理论、原则,具体的刑法规则制度都体现着刑法谦抑的理念要求。比如,作为近现代刑法学实现教义学化重要标志的构成要件理论,其目的之一,就是实现犯罪定型化机能,限制刑法处罚范围的无限扩大。对犯罪论体系的功能性研究指出,犯罪论体系本身就具有对刑法恣意的限制功能。此外,刑法重要理论中的形式违法性与实质违法性,可罚的违法性理论,期待可能性理论等都体现着刑法谦抑的基本理念。在刑法的运行实践中,作为指导刑事立法、司法和执行的刑事政策也都体现着刑法谦抑理念。在各国的刑法中,无论是采用"立法定性+司法定量"的规定模式,还是采用"立法定性+定量"的犯罪规定模式,刑法运行中都体现出刑法谦抑理念。将刑法

〔1〕 参见李海东主编:《日本刑事法学者》(上),中国·法律出版社、日本国·成文堂1995年版,第224页。

谦抑性作为刑法的基本理念而非基本原则，主要也是因为刑法谦抑性过于宏大和抽象，确实很难提供具体的可操作的明确指导规则，必须借助于由其发展出的其他相关理论才能切实发挥作用。

第二章 司法中的刑法谦抑性

谦抑性作为现代刑法的基本理念，贯穿于刑法的制定和刑法的适用等刑法运行的全过程和各方面，主要包括立法谦抑和司法谦抑等。刑法谦抑性关于罪之范围和刑之程度的限定要求是通过立法和司法共同实现和贯彻的。

司法亦称法的适用，是指拥有司法权的国家机关及其工作人员，依据法定职权和法定程序将法律规范用于具体案件的专门活动，[1]这是一种广义的司法概念。本书采用狭义的司法概念，司法即审判，[2]司法的过程即司法机关审理和裁判案件的过程。司法在法律的运行中至关重要，它是将纸面上的法变成现实中的法的具体过程，立法只有通过司法才能真正调整社会关系。刑法制定后，刑法规则和价值在适用中才能得以体现，才能转化为调整社会关系的现实力量。因此，刑法谦抑性在司法上的实现至关重要。

立法上的谦抑规定只有转化为司法上的谦抑效果，才能实现刑法谦抑性的要求。狭义的司法主要包括定罪和量刑两个方面，在司法中实现刑法谦抑性，就要将谦抑性的要求贯彻于定罪和量刑两个方面。其中，在定罪上要求合理划定犯罪圈，将犯罪限定在必要的最小范围；量刑上的要求主要表现为轻刑化和非刑罚化，将刑罚限定为实现刑罚功能的最小量。本章主要从犯罪规定模式、演绎逻辑的刑法适用过程和我国刑事立法的扩张等方面分析刑法

---

〔1〕 参见李步云、高全喜主编：《马克思主义法学原理》，社会科学文献出版社 2014 年版，第 230 页。

〔2〕 参见徐昕：《司法过程的性质》，载《清华法学》2010 年第 2 期。

谦抑性在司法中贯彻的必要性和可能性。

第一节 犯罪规定模式与司法中的刑法谦抑性

不同国家的刑事立法对犯罪的规定模式不同,这直接影响刑法谦抑性的实现方式,刑法谦抑性因此在司法上的运行也呈现出不同的空间和样态。

一、两种不同的犯罪规定模式

各国刑法对犯罪成立条件或者规定方式是不同的。犯罪的成立,无非关乎两个问题:定性与定量。目前就世界范围来讲,在罪刑法定原则普遍成为各国刑法基石性原则的大背景下,各国对犯罪的定性问题一般通过成文法立法的方式加以解决,对于定量问题各国刑法却莫衷一是,有些通过司法裁量的方式加以处理,有些则采用刑事立法的方式来解决定量的问题。具体来讲,可以概括为两种犯罪规定模式:"立法定性+司法定量"模式和"立法定性+定量"模式。

(一)"立法定性+司法定量"模式

所谓"立法定性+司法定量"犯罪规定模式,是指犯罪行为由刑事立法确定,立法在设定犯罪的范围即刑法应予禁止的行为的基本范围时,将行为的性质作为区分罪与非罪的界限,而不涉及行为的量。

"立法定性+司法定量"的犯罪规定模式可以说是世界通例。日本、法国、德国以及英国、美国在规定犯罪时,一般均不规定犯罪的"量",只规定犯罪的"质",即仅对行为的性质进行规定,而不涉及行为的"量"。如日本《刑法典》第36章盗窃和强盗罪第235条规定的盗窃,即"窃取他人财物的,是盗窃罪,处十年以下惩役"。第235条之2规定:"侵夺他人不动产的,处十年以下惩役。"[1]日本刑法规定的40多类犯罪对行为的量均未作规定,日本《刑法典》在总则中也没有规定犯罪的一般概念,未对犯罪的"量"作出要求。也就是说,日本刑法中对犯罪仅仅规定了犯罪行为的"质",犯罪行为的"量"是

---

[1] 《日本刑法典》,张明楷译,法律出版社2006年版,第89页。

在司法中确认的。

法国《刑法典》(1810 年)第 319～401 条规定了盗窃罪的相关情况(其中第 385 条已经被废除)。其中,第 379 条规定:“窃取不属于己有之物者,为盗窃罪。”该刑法典在总则部分即第 1 条规定了犯罪的概念:“法律以警察刑处罚的犯罪,为违警罪;法律以矫正刑处罚的犯罪,为轻罪;法律以剥夺生命、身体自由或身份能力之刑处罚的犯罪为重罪。”〔1〕事实上,这仅是从形式上对犯罪进行的分类界定。因此,法国《刑法典》(1810 年)中关于犯罪的规定也不涉及行为的“量”。

联邦德国《刑法典》(1976 年)在总则部分并没有对犯罪概念进行一般性的规定,在具体个罪的规定中,也没有涉及行为“量”的要求,如第 242 条规定:“意图自己不法所有窃取他人动产者,处五年以下自由刑或罚金刑。”〔2〕其仅对单纯盗窃的行为性质作出规定,并没有涉及盗窃数额方面的要求。

(二)“立法定性＋定量”模式

“立法定性＋定量”模式是指刑法在规定犯罪行为的基本范围时,既规定行为的“质”,也规定行为的“量”,是否达到行为的“量”对是否构成犯罪具有重要意义。

对于刑法中规定的行为“量”的要求,储槐植教授将其称为犯罪概念中的“定量要素”,陈兴良教授称之为“罪量因素”,本书称之为“罪量要素”。〔3〕“立法定性＋定量”模式主要出现在我国《刑法》和《俄罗斯联邦刑法典》中。

我国《刑法》在总则关于犯罪的一般概念和分则关于大部分个罪的具体规定中,均规定了罪量要素。《刑法》总则关于犯罪概念的规定采用了混合式的规定方式,既从“法益侵害性”的角度规定了犯罪的实质概念,又从“应受刑罚处罚”的角度规定了犯罪的形式概念。但是我国《刑法》关于犯罪概念同时规定了“情节显著轻微危害不大”作为排除行为犯罪性的情况,这是

〔1〕 储槐植、汪永乐:《再论我国刑法中犯罪概念的定量因素》,载《法学研究》2000 年第 2 期。

〔2〕《德国刑法典》,徐久生、庄敬华译,中国方正出版社 2004 年版,第 119 页。

〔3〕 参见储槐植:《我国刑法中犯罪概念的定量因素》,载《法学研究》1988 年第 2 期;陈兴良:《作为犯罪构成要件的罪量要素——立足中国刑法的探讨》,载《环球法律评论》2003 年第 3 期。

典型的在犯罪规定中加入罪量要素的规定模式。[1]

我国刑法中的罪量要素，还表现在《刑法》分则对有关犯罪的具体规定中。我国《刑法》共规定了469个罪名，[2]其中只有1/3左右没有规定罪量要素，主要集中在故意杀人、强奸、抢劫、绑架以及危害国家安全和公共安全犯罪（如武装叛乱、暴乱罪，放火、爆炸、投放危险物质等犯罪）。这类犯罪仅从其行为性质上就能表明严重的社会危害性，不需要罪量要素。另一类是《刑法》条文中直接将数额作为犯罪成立条件的犯罪，即刑法中的数额犯。据统计，数额较大、数额巨大、数额特别巨大等作为犯罪成立条件共计出现120次左右，虽然所占法条比例和罪名比例不算太高，但是均是常见高发的犯罪，在刑事案件中占比较高，如诈骗类犯罪和盗窃罪等。还有一类是以情节严重、情节特别严重、其他严重情节、造成严重后果等内容为代表的“情节犯”，将严重情节或造成严重后果作为犯罪成立条件的犯罪占到全部刑法罪名的一半左右，比如《刑法》第190条规定的逃汇罪、第193条规定的贷款诈骗罪等。如果作一个系统的统计，那么数额犯和情节犯等规定了罪量要素的犯罪超过我国《刑法》规定的全部罪名的2/3，占有相当大的比例。[3] 对于《刑法》没有规定罪量要素的犯罪，是否存在定量要求，理论上存在不同观点。笔者认为，在分则具体罪名没有明确量的要求时，总则量的要求当然适用，这种量的要求同样应作为具体犯罪的适用性限制。[4]

二、犯罪规定模式对谦抑性司法实现的影响

“立法定性＋司法定量”的犯罪规定模式和“立法定性＋定量”的犯罪规

---

〔1〕 我国《刑法》第13条规定：“一切危害国家主权、领土完整和安全，分裂国家、颠覆人民民主专政的政权和推翻社会主义制度，破坏社会秩序和经济秩序，侵犯国有财产或者劳动群众集体所有的财产，侵犯公民私人所有的财产，侵犯公民的人身权利、民主权利和其他权利，以及其他危害社会的行为，依照法律应当受刑罚处罚的，都是犯罪，但是情节显著轻微危害不大的，不认为是犯罪。”

〔2〕 2017年11月4日，《刑法修正案（十）》实施后，我国刑法共规定469个罪名。

〔3〕 对数额犯和情节犯的界定问题，我国理论界并没有形成一致的看法，通常有广义的情节犯、狭义的情节犯等不同的观点。具体可以参见刘艳红：《情节犯新论》，载《现代法学》2002年第5期；王莹：《情节犯之情节的犯罪体系性定位》，载《法学研究》2012年第2期。

〔4〕 参见谢杰：《“但书”是对抽象危险犯进行适用性限制的唯一根据》，载《法学》2011年第7期。

定模式是两种不同的立法模式选择,有关这两种模式的利弊问题向来具有较大争议。对于“立法定性 + 定量”模式的利弊,理论上主要有 3 种观点:第一种观点认为,刑事立法中,罪量要素作为犯罪成立条件是我国刑法的特殊贡献,认为“把定量要素明确地引进犯罪一般概念中,反映了人类认识发展的时代水平,是世界立法史上的创新”。[1] 第二种观点持完全反对的态度,认为《刑法》中规定罪量要素本质上是对司法权的限缩,由行政机关越俎代庖行使了原本属于司法机关的权力,从而客观上造成了行政权的不当扩张,而这种扩张是不符合宪法原则的。[2] 第三种观点认为,其中有利有弊。[3]

姑且不论“立法定性 + 定量”犯罪规定模式的利弊,仅就两种不同的立法模式对刑法谦抑性的影响而言,表面上看:“立法定性 + 定量”的规定模式,在对犯罪的认定上对代表行为程度的“量”作出限制,以成文法的形式提高了犯罪成立的门槛,将轻微违法行为直接排除在犯罪之外,在立法上缩减了犯罪圈和刑罚处罚范围,是刑法谦抑性的具体体现。“立法定性 + 司法定量”的规定模式,如果仅从立法角度而言,立法只规定了行为性质,但是对行为的“量”也即程度没有作出规定,显然是犯罪圈相对较大,在形式上和刑法谦抑性的要求相背离。

事实上,刑法的运行主要包括立法和司法两个环节,而刑法运行中谦抑性能否得到实现,取决于立法和司法的共同作用。“立法定性 + 司法定量”的规定模式也并非一定不符合刑法谦抑性的要求。其本质上涉及轻微违法或一般违法行为的处理方式问题,“刑法在任何时候都不理会琐细之事,即刑法总是规定和处理最严重的违法行为——犯罪。因此严格来说,应该是刑法不理会琐细之事”。[4] 刑法所要规制的是具有严重法益侵害或侵害危险的行为,而刑法上应予禁止的行为应该是性质上具有值得非难,程度上具有值得与刑法设定的刑事处罚措施相适应之行为,这就不可避免地涉及刑法行为

---

〔1〕 储槐植:《我国刑法中犯罪概念的定量因素》,载《法学研究》1988 年第 2 期;储槐植、汪永乐:《再论我国刑法中犯罪概念的定量因素》,载《法学研究》2000 年第 2 期。

〔2〕 参见欧爱民:《我国犯罪概念的宪法学透视》,载《法商研究》2006 年第 4 期。

〔3〕 参见王尚新:《关于刑法情节显著轻微规定的思考》,载《法学研究》2001 年第 5 期。

〔4〕 张明楷:《刑法格言的展开》,法律出版社 2013 年版,第 166 页。

的两个方面,即刑事行为与非刑事行为的类型这种应予禁止行为的横向范围与应予禁止之纵向范围的设定。其横向范围主要依照行为的性质,应该为刑法所禁止的行为;其纵向的范围就是依行为的程度需要刑法予以禁止的行为。[1] 两种不同的犯罪规定模式,主要涉及的是应予禁止的行为中轻微违法行为的处理方式问题。

在"立法定性 + 司法定量"的犯罪规定模式中,对轻微违法行为是通过司法处理的,也就是说采用这种规定模式的国家,并不能说其刑法不具有谦抑性,只是刑法在规定应予禁止的行为时注重对行为性质的把握,对同一行为中的轻微行为是通过司法解决的。立法上虽然没有规定"量"的要求,但在司法实务中,轻微行为特别是极轻微的行为也不认为是犯罪。以盗窃罪为例,据有关资料反映,1999 年日本总共被检举的人数为 172,147 人,其中 32,759 人由警察以轻微罪处理,有 22,380 人被检察机关作不起诉处理,由法院进行公判的有 31,535 人,由家庭裁判所裁决的有 85,473 人。换言之,由检察机关处理的人数是 22,380 人,其他 116,008 人由法院处理。在这 116,008 人中,被简易裁判所和地方裁判所判处惩役的有 15,337 人,其他 100,671 人均未被判处刑罚。[2] 因此,我们可以看到,采用"立法定性 + 司法定量"的犯罪规定模式,刑法的谦抑性主要是在司法上实现的,可以说立法上扩大犯罪成立范围,司法上限缩犯罪成立范围。

采用"立法定性 + 定量"的犯罪规定模式,首先在立法上就已经对成立犯罪行为的"质"和"量"作出明确要求,在形式上体现出刑法谦抑性的要求。但是,在刑法的实际运行中,是否真正谦抑,仍要对立法本身进行实际考察,有赖于司法中对刑法谦抑性要求的贯彻。

三、刑事司法中对罪量要素的进一步认定

基于本节第二部分的分析,我国刑法在对犯罪规定上采用的是典型的

---

[1] 参见李洁:《论罪刑法定的实现》,清华大学出版社 2006 年版,第 149 ~ 156 页。
[2] 参见王志祥:《犯罪构成的定量因素论纲》,载《河北法学》2007 年第 4 期。

"立法定性+定量"的犯罪规定模式,总体而言,罪量要素体现出刑事立法具有一定的谦抑性。但是单纯从立法关于犯罪的规定模式并不能推导出我国《刑法》是一部体现谦抑性的刑法。相反,我国《刑法》具有一定的重刑化倾向。有学者指出,"20年来的刑事立法,特别是从修订1979年刑法的各种特别刑法和全面修订1979年刑法的1997年刑法,其重要的特点之一,就是重刑化倾向。1979年刑法本来就不是一部轻刑化刑法,并无加重刑罚的必然要求。但经过多次补充、修改之后的1997年刑法,因其修改补充的一个重要内容就是刑罚的加重,导致其成为一部重刑化的刑法"[1]。近年来,我国刑法进入立法活性化时代,犯罪化成为刑事立法的一个重要特征。11部刑法修正案新增罪名近60个,并且90%以上均为行政犯,对罪刑结构也进行了调整,刑罚配置(除死刑的废除外)呈现进一步加重的发展趋势。因此,如何通过司法适当限制立法扩张带来的一些问题,亟待研究解决。

采用"立法定性+司法定量"的犯罪规定模式,其罪量要素要在刑事司法中确认,因此,刑法是否谦抑和刑事司法关系尤为密切。就我国刑法而言,即使采用了"立法定性+定量"的犯罪规定模式,刑法是否谦抑和刑事司法也密不可分,立法规定的罪量要素须在司法中进一步认定。

我国《刑法》关于罪量要素的规定主要为总则第13条的"但书"规定和分则中规定的大量罪量要素,其中具体个罪中罪量要素的规定方式主要有概括式和列举式两种。所谓概括式,是指在《刑法》关于犯罪的规定中以高度概括的语言对罪量要素作出规定,其常用的表述方式是情节严重或情节恶劣、后果严重、数额较大等,这种规定方式大约占了我国刑法全部罪名的1/3左右。所谓列举式,是指在《刑法》条文中明确规定构成犯罪的具体情况。列举式对犯罪的罪量要素规定得较为明确,这类规定方式主要存在于破坏社会主义市场经济秩序罪等犯罪类型中。

首先,就《刑法》总则"但书"的规定而言。总则第13条"但书"高度抽象概括了犯罪的定量要求,即"情节显著轻微,危害不大的,不认为是犯罪",这

---

〔1〕 李洁:《论罪刑法定的实现》,清华大学出版社2006年版,第114页。

一规定以总则的形式限定了犯罪成立的范围,指导司法中对犯罪的认定进行定量的把握,刑事司法中也必须以总则作为指导认定犯罪。但是,对于何为"情节显著轻微、危害不大",是否达到值得科处刑罚作为犯罪处理的程度,事实上是需要在刑事司法中确认的。《刑法》总则的这一规定,对《刑法》分则全部犯罪的认定都具有指导意义,这是毫无疑问的。对于能否直接根据"但书"条款宣告无罪的问题,理论上具有较大争议。通常认为,"但书"的规定虽然制约着司法实践中犯罪的认定,但是不宜直接援引"但书"宣告无罪。对于我国《刑法》中大量没有规定罪量要素的犯罪,除了故意杀人、强奸、抢劫等以行为的性质就足以表明其可罚性,不需要量的限制外,其他没有规定量的要求的行为犯或者抽象危险犯,在认定犯罪时也应以"但书"的规定将情节显著轻微、危害不大的行为排除在犯罪之外。例如,《刑法》第253条规定的私自开拆、隐匿、毁弃邮件、电报罪,[1]根据立法规定,其明显属于行为犯,立法只对行为的性质进行了规定,但是没有规定罪量要素。实践中,邮政工作人员私拆了一封没有重要内容的购物广告邮件,并没有产生任何严重的法律后果,也可以基于"但书"的规定认为该行为并不符合第253条规定的犯罪成立条件。抽象危险犯的问题,《刑法修正案(八)》对生产、销售假药罪进行了修改,删除了基本犯"足以严重危害人体健康"的犯罪成立条件,将其由具体危险犯修改为抽象危险犯。[2] 立法修正后,对于是否只要实施了销售假药的行为,无论数额、情节一律按照犯罪处理,引发了很大的争议,出现了较为严重的犯罪化倾向。直到2014年,最高人民法院、最高人民检察院《关于办理危害药品安全刑事案件适用法律若干问题的解释》(法释〔2014〕14号)第11条第2款明确规定:"销售少量根据民间传统配方私自加工的药品,

---

〔1〕 参见我国《刑法》第253条第1款规定,"邮政工作人员私自开拆或者隐匿、毁弃邮件、电报的,处二年以下有期徒刑或者拘役"。

〔2〕 有关不同观点参见郎胜主编:《中华人民共和国刑法释义》,法律出版社2011年版,第183页;高铭暄、陈璐:《〈中华人民共和国刑法修正案(八)〉解读与思考》,中国人民大学出版社2011年版,第9页;储槐植、李莎莎:《生产、销售假药罪若干问题研究——以〈刑法修正案(八)〉第23条为视角》,载《江西警察学院学报》2012年第1期;刘晓莉:《降低入罪门槛的当代价值探究——以〈刑法修正案(八)草案〉对生产、销售假药罪的修正为视角》,载《政治与法律》2011年第1期;陈兴良:《"风险刑法"与刑法风险:双重视角的考察》,载《法商研究》2011年第4期。

或者销售少量未经批准进口的国外、境外药品，没有造成他人伤害后果或者延误诊治，情节显著轻微危害不大的，不认为是犯罪。”由此可以看出，事实上，对于总则“但书”中“情节显著轻微、危害不大”的规定的判断也有赖于司法，司法上的判断直接影响“情节显著轻微、危害不大”的适用，进而影响到刑法谦抑性在司法中能否得到实现。

其次，对于采用概括方式规定罪量要素的犯罪而言。我国《刑法》分则中规定罪量要素的犯罪大部分采用的是概括式，概括式主要采用了“情节严重”“数额较大”“严重后果”等语言表述方式来表达成立相应犯罪的“量”的要求。如我国《刑法》第 204 条规定的骗取出口退税罪中的“数额较大”和《刑法》第 222 条规定的虚假广告罪中的“情节严重”等，[1]对罪量要素的规定均采用了概括式。

截至 2017 年 11 月 4 日《刑法修正案（十）》公布实施以来，我国《刑法》中的罪名共计 469 个，《刑法》条文共计 452 条。其中规定了大量概括式的罪量要素，具体情况见表 2.1。

表 2.1　我国《刑法》采用概括方式规定罪量要素的情况统计

词语名称	情节严重	情节特别严重	其他严重情节	数额较大	数据巨大	数额特别巨大
出现次数	177	59	45	47	52	25
占刑法条文比例/%	39	13	10	10	12	6

对于何为“数额较大”，何为“情节严重”，仍要在司法中作出具体判断。概括式的规定方式还存在与列举式同时使用的情况，如我国《刑法》第 234 条第 2 款故意伤害罪结果加重犯的规定中，何为“以特别残忍的手段致人重伤造成严重残疾的”也需要司法的二次判断。因此，总体而言，对于采用概括式

〔1〕 我国《刑法》第 204 条第 1 款规定：“以假报出口或者其他欺骗手段，骗取国家出口退税款，数额较大的，处五年以下有期徒刑或者拘役，并处骗取税款一倍以上五倍以下罚金；数额巨大或者有其他严重情节的，处五年以上十年以下有期徒刑，并处骗取税款一倍以上五倍以下罚金；数额特别巨大或者有其他特别严重情节的，处十年以上有期徒刑或者无期徒刑，并处骗取税款一倍以上五倍以下罚金或者没收财产。”第 222 条规定：“广告主、广告经营者、广告发布者违反国家规定，利用广告对商品或者服务作虚假宣传，情节严重的，处二年以下有期徒刑或者拘役，并处或者单处罚金。”

的方式规定犯罪中的罪量要素的,司法上对罪量要素的判断直接影响到刑法谦抑性能否得到贯彻落实。

最后,采用列举式的方式规定罪量要素的,一般是在《刑法》条文中明确规定成罪的具体情况,或者列举符合刑法规范规定之行为类型,但因某种情形而不构成犯罪的情况。[1] 因列举的方式对罪量要素进行了相对明确的规定,司法中自由裁量的空间较小,如我国《刑法》第 203 条的逃避追缴欠税罪中,将构成逃避追缴欠税罪的定量要素规定为"致使税务机关无法追缴欠缴的税款,数额在一万元以上不满十万元的……数额在十万元以上的……"此种规定非常明确具体,司法上没有再次定量的空间,但这种规定方式经历次刑法修正后,在我国刑法中数量极少,仅局限于极个别的规定。

综上所述,无论是基于《刑法》总则但书中对罪量要素的高度抽象性规定,还是采用概括式或列举式在刑法分则中对个罪规定的具体的罪量因素,罪量要素的规定大都不是一种非常明确的规定,对于何为情节严重,何为数额巨大等,都需要在刑事司法中进一步判断。因此,即便在立法上采用了"定性 + 定量"的犯罪规定模式,犯罪的具体认定,还有赖于刑事司法中对罪量要素的进一步确认,刑法谦抑性的贯彻落实仍然需要立法和司法的共同作用。

另外,《刑法》在规定罪状时也存在大量需要价值判断的构成要件要素,而法定刑的设定也是一个抽象幅度,这些要素的认定和法定刑的具体选择等都是在司法中实现的。对此,本书将在第四章和第五章刑法谦抑性在司法中的实现路径即定罪谦抑和量刑谦抑中分别予以论述。

第二节　司法三段论的刑法适用过程

刑法适用遵循的是司法三段论的演绎逻辑,在演绎逻辑适用的司法三段论中,以刑法法律规范作为大前提,以具体的刑事案件事实作为小前提,从而根据逻辑三段论推导出结论,这是一种最基本的法律适用方法,也是一种基本的法律推理模式。根据司法三段论进行的犯罪认定,是一个从事实到规

---

[1] 参见李洁:《刑法的目的理性批判》,法律出版社 2014 年版,第 9 页。

范、再从规范到事实反复印证的复杂过程,也是一个不断归纳提炼具体刑事案件事实对其进行证成的过程,这一过程涉及对刑法规范的解释和适用。司法者所秉持的理念,所遵循的刑法解释原则和运用的解释方法等都将直接影响刑事司法的实际运行样态。这就要求在司法三段论的刑法适用过程中,司法者在对刑法规范的解释、对具体案件事实的提炼以及二者的印证中秉持谦抑理念,将犯罪限定在必要的最小范围。

一、作为大前提的刑法规范的解释

基于人权保障和克服刑法不安定性的要求,罪刑法定主义应运而生。罪刑法定催生了成文法主义,要求作为裁判规则和行为规则的刑法规范必须以文字形式固定下来,因为文字可以固定法律含义,可以广泛传播为民众所知悉,而相对固定的法律含义也能确保行为的可预见性,从而能够最大限度保障人权,确保刑法的安定性,文字因而成为立法机关表达正义理念的工具。

但是基于语言的固有局限和刑事立法技术和立法方式的限制,不需要解释的刑法是不存在的,可以说任何一个刑法条文都至少存在两种以上的解释。解释过程中,解释者或者刑法适用者秉持的理念和解释立场,遵循的解释原则,运用的解释方法等,都直接影响刑法的实际运行和案件的具体处理结果。

在司法中讨论刑法谦抑性如何实现这一问题的大前提,是制定一部完美无缺不需要解释的刑法是不可能的,承认刑法的实施的过程是一个法律解释的过程。刑法适用的过程是否存在谦抑性的问题,主要取决于作为司法三段论大前提的刑法规范是否确定不变、完美无缺,如果推定刑法规范本身制定得完美无缺,那么刑法适用的过程就是一个机械推导的过程,只是一种机械地严格刑法适用,不存在解释的空间,当然不存在刑事司法上对刑法规范进行解释的问题,也就不存在在司法上讨论刑法谦抑性问题的可能。

刑法适用是否需要解释,经历了一个复杂的认识过程。现代刑法学鼻祖贝卡利亚认为:“法官对任何案件都应进行三段论式的逻辑推理。大前提是一般法律,小前提是行为是否符合法律,结论是自由或者刑罚。一旦法官被迫或自愿做哪怕只是两种三段论推理的话,就会出现捉摸不定的前景……当一部法典业已厘定,就应逐字遵守,法官唯一的使命就是判定公民的行为是否符合成文法律。"[1]这是为了确保罪刑法定原则的贯彻,避免在刑法适用中因法官个人因素导致法律适用出现问题,维护罪刑法定的形式侧面。19世纪,对当时法律实践产生巨大影响的概念法学派的主要观点之一,就是认为编制完美无缺的法律规范是可能的,由此推动了法典的制定。随着实践的发展,社会发展的现实证明法典万能论是不切实际的。实践的发展总是走在法典的前列,机械地适用法典只会导致僵化的正义,不需要解释的法律是不存在的。

法律适用的过程就是法律不断解释的过程,未经解释的法律不得适用已经成为共识,这主要是由法律适用的过程以及法律规范本身的特点决定的。

刑法作为一门精确性要求最高的法律,其精确性是通过语言来表达的。而任何用语的含义都会随着时代的发展而发生变化,其核心意义会不断扩张,从而使其外延变得模糊。同时,大部分用语都具有多种含义。作为只能预后适用的法律,一经制定,其所使用的文字含义就会一直处于变化之中,不断产生新的含义。另外,法律的语言还具有一定的专业性,尽管立法机关在制定刑法时,对许多用语进行了科学的界定,但是,"一般而论,科学的定义要比词语的通俗意义狭隘的多,因此实际上也不够精确的多,不真实的多"。[2] 另外,刑法条文的用语中还存在规范用语、模糊用语、用语的相对性和统一性等问题。

就刑法用语的普通性和规范性而言,刑法规范既是裁判规范也是行为规范,因此刑法的用语要具有普通性,只有这样才能让民众明确了解刑法规范的内容,进而确保行为的预见可能性,避免因不知晓法律而受到处罚,这是罪刑法定原则的基本要求。耶林曾指出:"立法者应该像哲学家一样思考,像农夫般说话。"[3]这句话的意思就在于强调刑法用语的普通性。刑法的专业性又要求其用语必须具有规范性,普通用语具有多义性,文化历史越悠久的民

---

[1] [意]贝卡利亚:《论犯罪与刑罚》,黄风译,中国大百科全书出版社 1993 年版,第 12 页。
[2] 参见[法]基佐:《欧洲文明史》,程洪逵、沅芷译,商务印书馆 1998 年版,第 7 页。
[3] [德]考夫曼:《法律哲学》,刘幸义等译,法律出版社 2004 年版,第 168 页。

族,它的语言中的多义词就越丰富。因此,在刑法的适用中,解释者必须揭示刑法普通用语的规范意义,不能完全按照字面解释刑法用语的含义,形成“文字法学”。另外,对规范用语的解释也不能过于超脱用语的普通含义,有些时候只能从普通用语的角度来理解。[1]

就刑法用语的明确性和模糊性而言,基于刑法的人权保障和法益保护机能,以及语言和立法技术的限制,刑法语言一方面要求明确性,另一方面又必须具有一定的模糊性。前者的目的在于限制国家刑罚权的肆意发动和刑法适用中的自由裁量权,体现刑法人权保障机能。后者则体现刑法的法益保护机能,有利于刑罚权的发动,立法者正是通过刑法条文用语的模糊性来达到法益保护的目的,也是基于语言本身的局限不得已而为之。明确性和模糊性二者在刑法的价值体系内相互补充,各自体现不同的刑法机能和价值追求。

就刑法用语的统一性和相对性而言,刑法用语应该具有统一性,同一用语在不同刑法条文中的含义应尽量保持一致,如“故意”“过失”“犯罪中止”等用语在不同法条中应该具有相同的含义。但是同一用语也存在具有不同含义的情况,如“暴力”是刑法条文使用最多的词汇之一,其在我国《刑法》中出现了44次左右,其中在《刑法》总则中出现了3次,在《刑法》分则中出现了41次,涉及多个罪名,主要包括:强制穿戴宣扬恐怖主义、极端主义服饰、标志罪,劫持航空器罪,抗税罪,强迫交易罪,抢劫罪,抢夺罪等。虽然《刑法》在这些罪名中都使用了“暴力”一词,但是对“暴力”的理解在不同罪名中应该有所区别。对暴力在各个罪名中的理解不同,将直接影响到这类罪名的认定,如果认为劫持航空器罪和抢劫罪中的暴力是最广义的暴力,显然是扩大了暴力的范围,不符合刑法谦抑性的基本要求。

要求刑法在立法中对每个用语和词汇都进行解释界定是不可能的,同时即便立法中对有关用语和词汇进行了解释,但是其仍然不可能跳出语言本身

---

〔1〕 比如,对我国《刑法》第310条规定的窝藏、包庇罪中“明知是犯罪的人……”此处对“犯罪的人”的理解显然不能从规范意义上来理解,依据“无罪推定”的原则,只有依法经审判才能确定是否有罪,但这种规范意义上的理解显然与该规定的法律保护目的相违。参见张明楷:《刑法分则的解释原理》,中国人民大学出版社2011年版,第806~833页;陈兴良:《相似与区别:刑法用语的解释学分析》,载《法学》2000年第5期。

的局限性,在适用时仍然会遇到问题和争议。比如,我国《刑法》第 14 条规定:“明知自己的行为会发生危害社会的结果,并且希望或者放任这种结果发生,因而构成犯罪的,是故意犯罪。”这是对故意犯罪的界定,但是其仍然需要解释,包括什么是明知,明知的内容是什么,会发生危害社会的结果是必然会还是可能会等。又如,鉴于贪污等职务犯罪的犯罪对象为公共财产,为此就需要对公共财产作界定,我国《刑法》从立法上对公共财产进行了界定,包括三类公共财产和以公共财产论的情况。[1] 但对于什么是国有财产,如国有控股公司的财产是不是公共财产,国有股份占比多少才算国有控股等都需要进一步解释。由此,可以说离开了解释就没有刑事司法,没有刑法的具体运行。

在对作为大前提的刑法规范进行解释时,解释立场的不同和解释方法的不同将直接导致对刑法规范含义的理解不同,从而在对案件事实和刑法规范进行符合性判断时得出的结论也就不同。

另外,立法中采用的大量的“情节严重”“情节特别严重”“数额巨大”等词汇或用以限定犯罪的成立条件或作为法定刑升格的条件,这些罪量要素都具有模糊性,需要在司法中作出解释和具体判断,而司法选择将直接影响刑法的运行,影响到谦抑性在司法上能否得到贯彻落实。

二、作为小前提的具体案件事实的认定

从刑法的适用过程来看,作为司法三段论中的小前提的具体案件事实也是一个需要认识的过程,这个事实必须被整理陈述出来,是一个包含判断空间的具体过程。“在无限多姿,始终变动不居的事件之流中,为了形成作为陈述的案件事实,总是要先选择,选择之时,判断者已经考量到个别事实在法律上的重要性。因此,成为陈述的案件事实并非自始‘既存地’显现给判断者,毋宁必须一方面考量已知的事实,另一方面考虑个别事实在法律上的重要性,以此二者为基础,才能形成案件事实。法律家的工作通常不是始于就既

[1] 我国《刑法》第 91 条规定:“本法所称公共财产,是指下列财产:(一)国有财产;(二)劳动群众集体所有的财产;(三)用于扶贫和其他公益事业的社会捐助或者专项基金的财产。在国家机关、国有公司、企业、集体企业和人民团体管理、使用或者运输中的私人财产,以公共财产论。”

存在的案件事实作法律上的判断,毋宁在形成——必须由他作出法律判断的——案件事实时,就已经开始了。"[1]也就是说,在司法三段论的小前提具体案件事实的判断上,受到法律具体适用者认知能力、判断水平和价值观等因素的影响。

对此,有学者指出,在对作为小前提的案件事实进行判断时,可以遵循以下三个步骤:对具体的生活事件,实际上已经发生之案件事实的想象;对该案件事实确实发生的确认;对案件事实作如下判断,其确实具备法律的构成要素,或者更精确地说,具有大前提第一个构成部分(法律的构成要件)的构成要素。[2]

事实上,虽然对作为司法三段论小前提的案件事实的认定应该是一种以证据为依据的客观认定,但是对案件具体事实的认定不可避免地会介入判断者也就是法律适用者的价值判断,其认知水平和价值取向、思想观念将直接影响对具体案件事实的认定,从而对作为大前提法律规范适用产生一定影响。同时,具体案件事实的认定又是一个从客观事实到法律规范事实的认定过程,在这一过程中,法规范的事实不可能关注全部的案件事实,而是根据需要提炼为法规范事实的过程。也就意味着,司法者在法律适用过程中是否秉持谦抑理念,将直接影响刑法规范的适用,乃至影响到具体罪名的确定和刑罚的裁量。因此,司法三段论适用过程中小前提的判断是受到司法者个人因素的影响的,谦抑理念在刑事立法上确认(或未经确认)后,刑事司法将直接影响刑法规范的意图是否能够贯彻,是否体现谦抑的基本要求。

三、大前提和小前提符合性判断

刑法适用的过程是在确定司法三段论小前提具体案件事实后,寻找与之相适应的刑法规范的过程,是刑事司法中以案件事实为出发点,将可能适用的刑法规范即司法三段论中的大前提一一印证的过程,是案件事实和刑法规范符合性判断的犯罪认定过程。这个过程不是一次性完成的,它是一个从案

---

〔1〕 参见[德]卡尔·拉伦茨:《法学方法论》,陈爱娥译,商务印书馆2003年版,第161页。

〔2〕 See Logische Studien zur Gesetzeasanwendung, S. 19. 转引自[德]卡尔·拉伦茨:《法学方法论》,陈爱娥译,商务印书馆2003年版,第161页。

件事实——刑法规范——案件事实——刑法规范之间不断往返印证的过程。其中可能涉及两个方面的变化，即对刑法规范的理解和对案件事实的重新归纳提炼，最终实现具体案件事实和刑法规范相符合，正确适用刑法。

在具体案件事实和刑法规范相符合的认定过程中，具体的案件事实可能需要进行重新加工。选择适用刑法规范的过程不是一个简单的过程，尤其是对于复杂的刑事案件。为此，他（司法者）必须认识所有——出现在已发生的案件事实中——就前述区别标准而言重要的情境。他必须把这些情境纳入他形成的（作为陈述的）案件事实之中，因为它们对之后的考量即裁判有一定影响。[1] 与大前提刑法规范相对应的具体案件事实，需要不断地重新概括和归纳，而不是固定化的事实；要根据犯罪行为印证相应《刑法》规定，不断归纳具体案件事实。

例如，在耿某某涉嫌贪污、受贿罪的两份判决书中，在案件证据没有发生重大变化的情况下，一审判决认定构成贪污罪，而二审判决认定构成为亲友非法牟利罪，就是对案件事实进行重新归纳的结果。该案一审判决认定：被告人在担任国有企业 A 公司负责人期间，与亲属共同投资设立 B 公司。后，被告人通过某国外 C 公司在中国设立的销售公司担任高管的同学关系，在该销售公司明确表示可以直接将国外 C 公司生产的轴承销售给 A 公司的情况下，被告人利用担任国有企业负责人的职务便利，以 B 公司作为代理才能采购 C 公司生产的轴承为条件，使 B 公司获得了 C 公司生产的轴承的代理权。因 C 公司给 B 公司供货的价格比其他代理商低，B 公司在 A 公司采购 C 公司生产的进口轴承招标中报价最低而中标。后来被告人授意 A 公司不再通过招标方式而是直接从 B 公司采购 C 公司生产的轴承。被告人通过在 A 公司和 C 公司之间人为增设 B 公司这一不必要的代理商中间环节赚取购销差价。经鉴定，2007 年至 2016 年 6 月，B 公司将从 C 公司购入的轴承产品加价销售给 A 公司获取的购销差价为 29,710,180.00 元。一审法院据此认为：被告人拒绝 C 公司直接向 A 公司供货，人为增设不必要的中间环节，使 B 公司

---

〔1〕 参见[德]卡尔·拉伦茨：《法学方法论》，陈爱娥译，商务印书馆 2003 年版，第 164 页。

获得C公司生产的轴承的经销权并向A公司销售……其购销差价系A公司增加的不必要的采购成本,多支付的采购金额就是公共财产的损失,并被被告人占有,因此被告人构成贪污罪。

而在该案的二审中,争论的焦点是采用经销商采购B公司生产的轴承是否为被告人人为增设的不必要的中间环节。二审法院对案件事实进行了重新归纳,认定:A公司采购C公司轴承的过程,既有通过代理商采购的情况,也有直接购买的情况。因此,可以认为代理商环节并不是国内公司购买C公司轴承的必然环节,也可以认为是否通过代理商进行购买,是市场主体根据市场规律所做的相关决策行为。因此,现有证据不能认定设置中间商环节是法律或行政管理法规所规定的禁止性行为,而A公司内部也没有相关文件对该行为予以规避。所以认定被告人设立B公司属于人为增设中间环节,从而构成贪污罪的证据并不充分。但通过本案在卷证据显示,被告人在担任A公司负责人期间,应其亲属之托,利用其职权,将可以直接从C公司购买产品的市场行为,转化为由其亲属成立的B公司从C公司购买产品,再转卖给A公司的行为。决定该交易的原因不在于市场供需关系,而在于被告人的亲属关系,且该采购行为的变化导致A公司支出了不必要的大额费用,等同于将A公司的盈利业务交由B公司进行经营,并造成国家财产的重大损失。故其行为符合为亲友非法牟利罪的构成要件。〔1〕

从这一案例中我们可以看出,司法实践中刑法的适用,在对具体案件事实和刑法规范进行符合性判断时,是一个不断从具体案件事实到规范再从规范到具体案件事实的过程,而对具体案件事实的概括也是不断调整变化的。

第三节　刑事立法的扩张对谦抑性司法实现的影响

刑事司法上的犯罪化与重刑化倾向与我国刑事立法上的犯罪化和罪刑结构的调整密切相关,可以说刑事司法上对刑法谦抑性的背离,首要的原因

---

〔1〕“耿某某贪污、受贿案”,参见辽宁省沈阳市中级人民法院(2017)辽01刑初第78号刑事判决书,辽宁省高级人民法院(2019)辽刑终第93号刑事判决书。

在于刑事立法的扩张及由其扩张方式所导致的犯罪圈和司法裁量空间的扩大,而立法的扩张也对刑法谦抑性的司法贯彻提出了更高要求。

一、犯罪圈的不断扩大

近年来,我国《刑法》的修改呈现出涉及条文和罪名越来越多,修改的范围更广、更宽的特点。[1] 综观我国刑法修正案,我国刑事立法特点可以概括为犯罪化和罪刑结构的调整,[2]其中犯罪化的倾向尤为明显。刑法修正案中有关罪名的调整,基本的走向是犯罪化,除《刑法修正案(七)》对逃税罪设置了犯罪出口外,[3]不存在实质上的非犯罪化,不存在将原本是犯罪的行为不再作为犯罪处理的情形。[4]

就实现犯罪化的方式而言,一是增设新罪,即将原本不属于刑法调整范围的社会现象规定为犯罪,并设定为新的罪名,10 部刑法修正案新增罪名 57 个左右,占 1997 年刑法原有罪名的 13% 以上。[5] 二是扩大刑法分则所规定

---

〔1〕 如《刑法修正案(七)》《刑法修正案(八)》《中华人民共和国刑法修正案(九)》修改所涉及的条文分别是第 14 条、第 50 条、第 51 条;修改涉及的范围,从前七部修正案仅涉及个罪,发展到第八次修正涉及刑法总则部分,乃至第九次修正几乎涉及刑法总则的全部章节。

〔2〕 参见时延安、王烁等:《〈中华人民共和国刑法修正案(九)〉解释与适用》,人民法院出版社 2015 年版,第 2 页。

〔3〕 《刑法修正案(七)》规定:“有第一款行为,经税务机关依法下达追缴通知后,补缴应纳税款,交纳滞纳金,已受行政处罚的,不予追究刑事责任……”为逃税罪设立了犯罪出口。

〔4〕 《刑法修正案(二)》、《刑法修正案(六)》和《刑法修正案(九)》分别废除了徇私舞弊造成破产、亏损罪,违法向关系人发放贷款罪,嫖宿幼女罪,并不意味着非犯罪化,而是对有关犯罪构成要件的调整,或降低犯罪成立条件,或以处罚较重的其他犯罪定罪处罚。

〔5〕 这些新罪主要包括:《刑法修正案》增设了国有事业单位人员失职及滥用职权罪,隐匿、故意销毁会计凭证、会计账簿、财务会计报告罪等罪名。《刑法修正案(四)》增设了走私固定废物罪,扩大了走私犯罪的对象范围,增设了非法雇佣童工劳动罪,执行判决、裁定失职罪和执行判决、裁定滥用职权罪,增加了非法收购、运输盗伐、滥伐林木罪等罪名。《刑法修正案(五)》增设了妨害信用卡管理罪和窃取、收买、非法提供信用卡信息罪以及过失损坏武器装备、军事设施、军事通信罪。《刑法修正案(六)》新增了强令违章冒险作业罪、大型群众性活动重大安全事故罪等罪。《刑法修正案(七)》则新增了组织、领导传销活动罪,出售、非法提供公民个人信息罪,非法获取公民个人信息罪等 9 个罪名。《刑法修正案(八)》增设了危险驾驶罪,对非国家工作人员行贿罪,对外国公职人员、国际公共组织官员行贿罪,拒不支付劳动报酬罪,食品监管失职罪等 7 个新的罪名。《刑法修正案(九)》则在危害公共安全罪,破坏社会主义市场经济秩序罪,侵犯公民人身权利、民主权利罪,妨害社会管理秩序罪等犯罪中都增设了新的罪名,如增加了策划、准备实施恐怖活动罪等恐怖活动类犯罪和机动车所有人、管理人危险驾驶罪,使用虚假的身份证件罪,组织考试作弊罪和帮助他人考试作弊罪,非法出售、提供考试试题、答案罪、替考罪等罪名。《刑法修正案(十)》增设了侮辱国歌罪。

的个罪保护对象范围，将原本不属于该罪的保护对象纳入刑法保护范围。[1]三是降低原有犯罪的入罪门槛，使刑法提前介入，主要是降低犯罪构成要件，如取消犯罪“量”的限制，将犯罪由结果犯修改为行为犯，由具体危险犯修改为抽象危险犯，这种修改在后几次刑法修正时更加明显，涉及罪名更多。[2]四是扩大犯罪主体的范围，将原本不构成犯罪的主体入罪，扩大刑法处罚范

〔1〕 这种方式在除《刑法修正案（五）》和《刑法修正案（十）》之外的历次刑法修正中均有体现。《刑法修正案》将证券交易所、期货交易所等其他金融机构及其批准文件纳入擅自设立金融机构罪和伪造、变造、转让金融机构经营许可证、批准文件罪保护范围，将期货交易信息纳入泄露内幕信息罪的保护范围。《刑法修正案（二）》扩大了犯罪对象范围，将非法占用耕地以外的其他农用地，造成被占用的土地毁坏的行为规定为犯罪。《刑法修正案（三）》将毒害性、放射性、传染性病原体等危险物质作为危害公共安全罪中诸多罪名的犯罪对象，将资助恐怖活动组织或者实施恐怖活动的个人的行为规定为资助恐怖活动罪，将掩饰、隐瞒恐怖活动犯罪的违法所得及其所得收益作为洗钱罪的上游犯罪。《刑法修正案（四）》将液态废物、气态废物等纳入走私罪的对象范围，将《刑法》第 345 条的保护对象扩大到国家重点保护的其他植物。《刑法修正案（六）》将对其他单位的工作人员行贿纳入对非国家工作人员行贿罪的打击范围，将洗钱罪的上游犯罪范围扩大到贪污贿赂犯罪、破坏金融管理秩序犯罪和金融诈骗犯罪的所得及其收益。《刑法修正案（七）》以概括式的立法方式扩大了走私禁止进口的货物、物品罪的处罚范围。《刑法修正案（八）》将资助危害国家安全犯罪活动罪的资助对象由境内组织或者个人扩展到一切组织或者个人，将《刑法》第 338 条中“其他危险废物”修改为“其他有害物质”，将排放、倾倒或处置的对象范围进一步扩大。《刑法修正案（九）》将强制猥亵罪的对象由妇女扩大到他人，将聚众扰乱社会秩序罪的犯罪对象扩大到医疗秩序，将盗取、侮辱尸体罪的犯罪对象扩大到尸骨、骨灰等。

〔2〕 《刑法修正案（四）》放宽了生产、销售不符合保准的医用器材罪的定罪标准，将其定罪标准修改为“足以严重危害人体健康的”，将该罪由结果犯修改为危险犯。取消了《刑法》第 345 条盗伐林木罪和滥伐林木罪构成要件中“在林区”和“以牟利为目的”的限制。《刑法修正案（六）》删除重大劳动安全事故罪中的“经有关部门或者单位提出后，仍不采取整改措施”的要求，删除《刑法》第 182 条第 1 款中对操纵证券、期货市场罪的“获取不正当利益或者转嫁风险”规定，删除违法发放贷款罪中的“向关系人”和“或者发放担保贷款的条件优于其他借款人同类贷款的条件”、“向关系人以外的其他人”等规定，删除吸收客户资金不入账罪的“以牟利为目的”“将资金用于非法拆借、发放贷款”的规定，降低了犯罪门槛，扩大了处罚范围。《刑法修正案（八）》删除了叛逃罪中的“危害中华人民共和国国家安全”要件，将该罪由实害犯调整为抽象危险犯，删除掌握国家秘密的国家工作人员构成该罪要件修改为“叛逃境外或者在境外叛逃”，删除“擅离岗位”的要求，从而降低了犯罪门槛。删除生产、销售假药罪中的“足以严重危害人体健康的”要件，将该罪由具体危险犯修改为抽象危险犯，删除强迫劳动罪“情节严重”的要求等。《刑法修正案（九）》删除了扰乱无线电管理秩序罪中“经责令停止使用后拒不停止使用”的要求等。

围,实现犯罪化。[1] 五是增加行为方式,通过增加构成犯罪的行为类型,将原本不构成该罪的行为确定为犯罪。[2]

由此,刑事立法通过以上几种方式不断扩大犯罪圈,导致民事、行政违法行为犯罪化现象增多,[3]而这种扩张所带来的刑法对其他部门法调整范围的入侵和社会治理问题的过度刑法化,是对刑法谦抑基本理念的严重挑战,

---

〔1〕 主要表现在,《刑法修正案(六)》取消了构成重大责任事故罪主体范围的限制,将主体范围由企业、事业单位的职工扩大到从事生产、作业的一切人员。将重大劳动安全事故罪的主体范围由企业、事业单位扩大到所有从事生产、经营的自然人、法人和非法人实体。将违规披露、不披露重要信息罪的犯罪主体由公司扩大到所有依法负有披露义务的公司、企业。将非国家工作人员受贿罪的犯罪主体由公司、企业工作人员扩展至公司、企业或者其他单位的工作人员。《刑法修正案(七)》增加单位作为掩饰、隐瞒犯罪所得、犯罪所得收益罪的犯罪主体。《刑法修正案(九)》改变了出售、非法提供公民个人信息犯罪主体列举式的规定方式,扩大了犯罪主体范围,将单位纳入构成非法侵入计算机信息系统、破坏计算机信息系统等罪的犯罪主体范围,增加单位作为拒不执行判决、裁定罪的犯罪主体等。

〔2〕《刑法修正案(七)》将"未经国家有关主管部门批准,非法经营证券、期货、保险业务的"纳入非法经营罪的调整范围。《刑法修正案(三)》增加了非法制造、存储毒害性、放射性、传染病病原体等物质的行为。《刑法修正案(六)》将"依法应当披露的其他重要信息不按照规定披露"的行为纳入犯罪,将"协助将财产转换为现金、金融票据、有价证券"的行为规定为洗钱罪的行为方式之一。《刑法修正案(八)》将强迫交易罪的行为类型化,增加了"强迫他人参与或者退出投标、拍卖,强迫他人转让或者收购公司、企业的股份、债券或者其他资产,强迫他人参与或者退出特定经营活动"等行为方式,扩大了强迫劳动罪的行为范围,明确将帮助行为规定为犯罪,将"入户盗窃、携带凶器盗窃、扒窃"明确作为盗窃罪的行为方式,将"多次敲诈勒索"作为敲诈勒索罪的行为类型,将"恐吓他人"和"多次实施前款行为"确定为寻衅滋事罪的行为类型等。《刑法修正案(九)》将"从事校车业务或者旅客运输,严重超过额定乘员载客,或者严重超过规定时速行驶"以及"违反危险化学品安全管理规定运输危险化学品,危及公共安全"增加为危险驾驶罪的行为类型,将"多次抢夺"纳入抢夺罪的规制范围,增加了扰乱法庭秩序罪的行为类型等。

〔3〕 参见赵秉志、袁彬:《刑法与相关部门法关系的调适》,载《法学》2013 年第 9 期。如《刑法修正案(八)》关于"恶意欠薪入刑""醉驾入刑"的规定分别涉及民事违法行为和行政违法行为入罪的问题。就"恶意欠薪入刑"而言,针对实践中拖欠工人尤其是农民工工资严重的社会现象,这些年很多人大代表呼吁恶意欠薪入罪。而事实上,欠薪的问题主要是民事法律关系,欠薪这个事非常复杂,总体来讲它还是一个民事的范畴,恶意欠薪也好、善意欠薪也好,说不太清楚,没有明确界限。参见郎胜:《〈刑法修正案(八)〉解读》,载《国家检察官学院学报》2011 年第 2 期。将一种纯粹的民事法律关系规定为犯罪,明显扩张了刑法的适用范围。同时这种扩张对于治理恶意欠薪的行为未必是有效的,根据法律规定,构成拒不支付劳动报酬罪是指以转移财产、逃匿等方法逃避支付劳动者的劳动报酬或者有能力支付而不支付劳动者的劳动报酬,数额较大,经政府有关部门责令支付仍不支付的行为。通常来讲,拖欠工资的实施需要生效判决确认,法律规定了生效判决的执行程序,在执行阶段如存在该法条所规定情形,如有能力支付而不支付根本不用采用刑法手段解决拒不支付劳动报酬的问题,因为既然有能力履行,司法机关直接执行即可,根本没有必要将其规定为犯罪。又如"醉驾入刑"而言,应主要采取行政手段,而不是采取刑事手段,将醉酒驾驶行为入罪会导致则使相关的行政法规虚置或冲突。参见周详:《民生法治观下"危险驾驶"刑事立法的风险评估》,载《法学》2011 年第 2 期。

势必带来刑事司法上的扩张。

二、刑事立法扩张的主要方式

如果说由于刑事立法上犯罪圈的扩大带来的司法上的扩张仅仅是司法对立法扩张的简单呼应,那么立法扩张的方式,大量的抽象危险犯的设定、持有型犯罪的增设和"帮助行为、预备行为实行行为化"等,为刑事司法上的扩张提供了更加广阔的空间和舞台。

其一,抽象危险犯的设定。危险犯是与实害犯相对应的概念,刑法将该类型的行为设定为犯罪的依据不是行为本身已经造成的法益侵害,而是造成法益侵害的危险。危险犯又分为具体危险犯和抽象危险犯,抽象危险犯是指符合构成要件中所预定之抽象危险就构成犯罪,是对法益的提前保护,这种保护前移必须具有充分的依据。我国《刑法》通过修改原有犯罪的犯罪构成和增设新罪等形式规定了越来越多的抽象危险犯。〔1〕"只有对依据一般社会生活经验的判定离实害发生距离很近并且发生的概率较高的危险行为才能实行犯罪化。"〔2〕但是,《刑法》新设的各种抽象危险犯是否蕴含了实害发生的高度危险存在疑问。抽象危险犯的规定,减轻了司法证明责任,为司法上刑法的扩张提供了空间。

其二,持有型犯罪的增设。持有犯罪,不以行为人实施一定的作为或不作为的严重危害社会行为作为犯罪成立条件,而是以行为人具有法律所禁止的某种状态就认为构成犯罪。〔3〕如《刑法修正案(九)》增设了非法持有宣扬恐怖主义、极端主义物品罪等持有型犯罪。〔4〕从其原理来讲,持有型犯罪

---

〔1〕如《刑法修正案(八)》删除叛逃罪中"危害中华人民共和国国家安全"的要件,将叛逃罪由实害犯修改为抽象危险犯,增设危险驾罪,将醉酒驾驶这一行为类型设定为抽象危险犯,删除生产、销售假药罪"足以严重危害人体健康"的要件,将其由具体危险犯修改为抽象危险犯等。

〔2〕张明楷:《风险社会若干刑法理论问题反思》,载《法商研究》2011年第5期。

〔3〕《刑法修正案(八)》增设了持有伪造的发票罪,将"明知是伪造的发票而持有,数额较大的"规定为犯罪,持有伪造的发票,与非法持有枪支、弹药罪,持有假币罪,非法持有毒品罪等相比,持有伪造的发票并不具备与枪支、弹药等特定物品相当的社会危险性。

〔4〕《刑法修正案(九)》新增第120条之6:"明知是宣扬恐怖主义、极端主义的图书、音频视频资料或者其他物品而非法持有,情节严重的,处三年以下有期徒刑、拘役或者管制,并处或者单处罚金。"

的处罚根据并不在于“持有”本身，而是为了避免已然犯罪逃避处罚或者持有行为人进一步实施危害社会的其他关联性犯罪行为。[1] 持有型犯罪是作为例外而出现的，其降低了控方的举证责任，是对公民安全的严重威胁，除非有充分理由，否则，一般不应设定持有型犯罪。

其三，帮助行为、预备行为正犯化。帮助行为、预备行为正犯化，是将犯罪帮助行为和犯罪预备行为以及其他参与行为作为实行行为规制；主要表现为将帮助行为等其他参与行为正犯化，[2]将预备行为实行行为化，[3]进而加重对帮助行为等其他参与行为和预备行为的定罪处罚。

另外，大量兜底性条款的设立，也为司法上对犯罪构成和加重犯罪构成进行解释进而扩大刑法适用范围提供了可能。

三、罪刑结构的调整

我国刑事立法修正的另外一个主要表现是罪刑结构的调整。罪刑结构，是指犯罪危害和刑罚之间的配置比例关系和相互制约关系。[4] 其主要体现在《刑法》总则部分和分则部分，[5]总则部分主要是非刑罚处罚措施的增加和对刑法裁量、执行制度大面积的修改，分则部分主要涉及罪刑阶段的增加

---

〔1〕 See Paul. H. Robinson, *Imputed Criminal Liability*, Connecticut: Yale Press, 1993, p. 671.

〔2〕 如《刑法修正案（八）》将“明知他人实施前款行为，为其招募、运送人员 或者有其他协助强迫他人劳动的行为”，规定直接依照强迫劳动罪定罪处罚。根据共同犯罪的一般理论，明知他人以暴力、威胁或者限制人身自由的方法强迫他人劳动，仍帮助其招募、运送人员，可以作为强迫劳动罪的帮助犯处理。《刑法修正案（八）》增设协助组织卖淫罪，将《刑法》第 358 条第 3 款独立成罪。《刑法修正案（九）》增设为他人利用信息网络犯罪提供帮助罪，将“明知他人利用信息网络实施犯罪，为其犯罪提供互联网接入、服务器托管、网络存储、通讯传输等技术支持，或者提供广告推广、支付结算等帮助”的行为独立成罪。根据《刑法》规定帮助犯一般属于从犯，应当从轻、减轻处罚或者免除处罚。但是这一刑法修正后，是否仍适用从犯的总则规定是有疑问的，如有学者认为，立法者考虑到这种行为的严重程度，避免将行为人以从犯论，进而从轻、减轻或者免除处罚，从而导致刑罚畸轻，便将该行为规定为犯罪，并与第 1 款的强迫劳动罪同样量刑处罚。参见周光权主编：《刑法历次修正案权威解读》，中国人民大学出版社 2011 年版，第 388 页。

〔3〕 如《刑法修正案（九）》将“为实施恐怖活动准备凶器、危险物品或者其他工具”等预备行为规定为策划、准备恐怖活动罪。

〔4〕 参见时延安、王烁等：《〈中华人民共和国刑法修正案（九）〉解释与适用》，人民法院出版社 2015 年版，第 2 页。

〔5〕 《决定》和前七部刑法修正案对罪刑结构的调整，并没有涉及刑法总则部分的内容。《刑法修正案（八）》和《刑法修正案（九）》分别有 17 个条文和 4 个条文涉及刑法总则调整。

和法定刑的调整等。

《刑法》总则部分对刑罚的调整重刑化表现较为明显：一是体现在刑罚裁量制度的修改，增加数罪并罚宣告刑的期限，限制缓刑的适用等。[1] 二是体现在严格规定刑罚执行制度，提高死缓考验期后减为有期徒刑的严厉程度，严格规定减刑的条件和限度，[2]增设非刑罚执行制度。[3]

《刑法》分则对于罪刑结构的调整也体现出重刑化倾向，[4]主要表现在罪刑阶段的增加和罚金刑的增设以及罚金刑规定方式的变化。就罪刑阶段的增加而言，《刑法》在原有犯罪的基础上增加了加重情节规定，并配置较高

---

〔1〕《刑法修正案（八）》明确了能否跨越量刑幅度减轻处罚的问题，将不满18周岁的人犯罪排除在累犯之外。增加坦白制度作为从轻处罚情节，删除"犯罪后又有重大立功表现的，应当减轻或者免除处罚的规定"。修改数罪并罚制度，对有期徒刑的数罪并罚作了重大改动，将"有期徒刑最高不能超过二十年"修改为"最高不能超过二十年和不能超过二十五年"两种情况，并明确了附加刑的数罪并罚执行合并原则。《刑法修正案（九）》增设异种自由刑的数罪并罚制度，规定有期徒刑与拘役实行吸收原则，有期徒刑与管制、拘役与管制的并科原则。进一步明确缓刑的适用条件和符合条件的不满18周岁的人、怀孕的妇女和已满75周岁的人应当缓刑，在缓刑的特别限制里，增加犯罪集团的首要分子不得适用缓刑。

〔2〕修改了减刑的条件和限度，将无期徒刑的实际执行期底线由10年提高至13年，规定限制减刑的死刑缓期执行的犯罪分子，减为无期徒刑的，实际执行刑期不得少于25年，减为25年有期徒刑的，实际执行刑期不得少于20年。对假释制度进行了修改，提高了假释的条件，将无期徒刑的假释条件由"实际执行十年以上"改为"实际执行十三年以上"，增加"放火""投放危险物质""有组织的暴力犯罪"作为禁止假释的对象。

〔3〕对刑罚执行制度的调整，包括对判处管制和宣告缓刑的犯罪分子适用禁止令，规定"判处管制，可以根据犯罪情况，同时禁止犯罪分子在执行期间从事特定活动，进入特定区域、场所、接触特定的人"。《刑法修正案（九）》规定了职业禁止制度，规定"因利用职业便利实施犯罪，或者实施违背职业要求的特定义务的犯罪被判处刑罚的，人民法院可以根据犯罪情况和预防再犯罪的需要，禁止其从刑罚执行完毕之日或假释之日起从事相关职业，期限为三年至五年"，以及对判处管制和宣告缓刑的犯罪分子的社区矫正制度等。

〔4〕当然，死刑的大量废除体现出较为明显的轻刑化倾向。《刑法修正案（八）》废除了13个犯罪的死刑，从而使配置死刑的犯罪数下降到55个，占犯罪总数的比例由16.5%下降到12.2%。《刑法修正案（九）》废除了破坏社会主义市场经济秩序罪、危害社会管理秩序罪和军人违反职责罪中的9个犯罪的死刑，使配置死刑的犯罪数下降到46个，占犯罪总数的比例由12.2%下降到9.6%。但是，大量死刑的废除所应体现的刑罚轻缓化倾向并不明显，这种轻缓化并没有达到想象的理想程度。首先废除的死刑主要集中在非暴力性犯罪和经济犯罪领域，但是，立法上这些死刑罪名的废除导致的司法实践的变化并不是特别明显。事实上，这些罪名的死刑在废除之前就已经适用较少，立法上的废除除了考虑到报应和预防的需要之外，也考虑到了司法适用的情况，这些罪名共同的特点在于实践中较少适用死刑。如根据中国裁判文书网上2013年7月2日至2014年9月30日所发布的152份死刑复核裁定书的统计分析，其中因组织卖淫罪被判处死刑的为0次。参见赵秉志主编：《〈中华人民共和国刑法修正案〉（九）理解与适用》，中国法制出版社2016年版，第340页。传授犯罪方法罪更是从未有过死刑判决。

的法定刑。[1] 为个罪增设罚金刑,并修改罚金刑的规定方式,将罚金刑的规定方式由倍数罚金制修改为抽象罚金制。[2] 罚金刑是一种剥夺犯罪分子合法财产的刑罚,罚金刑配置的增多一般来说意味着刑罚趋向轻缓,[3] 罚金刑的价值和正当性在于"轻刑替代"。[4] 刑法修正为个罪大量配置了罚金刑,[5] 占到全部犯罪的近一半。但是大量配置罚金刑并没有体现出我国刑法的轻缓化趋势,这是由《刑法》关于罚金刑的适用方式和规定方式决定的。

---

〔1〕《刑法修正案》增加国有公司、企业、事业单位人员失职罪和滥用职权罪的量刑档,由一个罪刑阶段修改为两个罪刑阶段,增设"三年以上七年以下有期徒刑的罪刑阶段"。并规定"徇私舞弊的,从重处罚"。《刑法修正案(三)》将组织、领导、恐怖活动组织罪的法定刑提高到"十年以上有期徒刑或者无期徒刑",并增加积极参加作为新的罪刑阶段。《刑法修正案(六)》增加操纵证券、期货市场罪的罪刑阶段,规定"情节特别严重的,处五年以上十年以下有期徒刑,并处罚金"。《刑法修正案(七)》增加巨额财产来源不明罪的罪刑阶段,把该罪的法定刑由"五年以下"提高到"五年以上十年以下有期徒刑"。《刑法修正案(八)》增加强迫交易罪的罪刑阶段,由"三年以下有期徒刑"修改为"三年以上七年以下有期徒刑"。增加强迫劳动罪的罪刑阶段,把法定最高刑提高到"三年以上十年以下有期徒刑"。增加寻衅滋事罪的罪刑阶段,把法定最高刑提高到"五年以上十年以下有期徒刑",并增加了罚金刑。加重组织、领导和积极参加黑社会性质的组织行为和国家机关工作人员包庇、纵容黑社会性质组织的刑罚,《刑法修正案(九)》增加了扰乱无线电管理秩序罪的罪刑阶段,将该罪最高法定刑由3年以下有期徒刑提高到3年以上7年以下有期徒刑。增加了组织、利用会道门、邪教组织、利用迷信破坏法律实施罪的财产刑规定,将该罪的法定最高刑由"七年以上有期徒刑"提高到"无期徒刑",并规定了减轻罪刑阶段。增加拒不执行判决、裁定罪的罪刑阶段,规定情节特别严重的,处3年以上7年以下有期徒刑,并处罚金。

〔2〕《刑法修正案(八)》删除了生产、销售假药罪单处罚金的规定,并修改了罚金刑数额的规定方式,由倍数罚金制修改为抽象罚金制。删除生产销售不符合安全标准的食品罪单处罚金的规定,删除生产、销售有毒、有害食品罪中拘役和单处罚金的规定,将由罚金刑由倍数罚金制修改为抽象罚金制,增加了单位犯金融诈骗罪的罚金刑规定。《刑法修正案(九)》增加了组织、领导、参加恐怖组织罪财产刑规定,增加非国家工作人员行贿罪的罚金刑规定,将伪造货币罪的罚金刑由特定数额制修改为抽象罚金制。增加了行贿罪前两个罪刑阶段的罚金刑,将第三个罪刑阶段可以并处没收财产修改为并处罚金或者没收财产,增加个人对单位行贿罪罚金刑规定,增加介绍贿赂罪罚金刑规定,增加单位行贿罪中直接负责的主管人员和其他责任人员的罚金刑规定。

〔3〕一般认为,迄今为止有4种刑罚结构,即以生命刑和身体刑为中心的刑罚结构,以生命刑与自由刑为中心的刑罚结构,以自由刑为中心的刑罚结构,以自由刑与财产刑为中心的刑罚结构。在以自由刑和财产刑为中心的刑罚结构中,由于对于个罪的刑罚配置上自由刑与财产刑的比重远远大于其他刑种,而且财产刑被作为短期自由刑的替代措施得以广泛适用,所以该种刑罚结构表达了刑罚轻缓主义。参见储槐植:《刑事一体化论要》,北京大学出版社2007年版,第54页;苏永生:《变动中的刑罚结构——由〈刑法修正案(九)〉引发的思考》,载《法学论坛》2015年第9期。

〔4〕参见李洁:《罚金刑适用若干问题研究》,载《吉林大学社会科学学报》2000年第5期。

〔5〕《刑法修正案(九)》增设了21个罪名,为其中19个罪名配置了罚金刑。1997年《刑法》配置罚金刑的犯罪比例为37%左右,《刑法修正案(九)》颁布之后,在469个罪名中,配置罚金刑的罪名为212个,占所有罪名的45%左右。

就适用方式而言，我国并处罚金的适用方式超过配置罚金刑罪名的50%；[1]在罚金刑的规定方式上采用抽象罚金制或者说无限额罚金制，这种罚金刑的规定方式占所有配置罚金刑罪名的70%左右。[2] 一是废除原有的限额罚金制规定，修改为无限额罚金制。[3] 二是在原有罪名中直接增设无限额罚金制。[4] 三是在新罪中直接规定无限额罚金制，如《刑法修正案（九）》为新增加的21个犯罪中的19个罪名配置了无限额罚金制。因此，罚金刑的增设没有改变我国刑罚较重的罪刑结构，从立法规定上看，并不能得出罚金刑的设置是为了实现刑罚轻缓化的价值目标。[5] 相反，罚金刑的大量配置及其规定方式和适用方式的规定，为司法上大量并处适用高额罚金刑提供了依据。

---

〔1〕《德国刑法典》中罚金刑的配置均为选处，日本、韩国、俄罗斯、瑞士、意大利等国家刑法虽也存在个别罪名采用单处罚金或者并处罚金的规定方式，但绝大多数罪名都是选处罚金。参见时延安、王烁等：《〈中华人民共和国刑法修正案（九）〉解释与适用》，人民法院出版社2015年版，第56页。

〔2〕对于罚金刑数额的规定方式上，一般来说罚金刑的数额规定方式有比例罚金制、倍数罚金制、特定罚金制、抽象罚金制等。抽象罚金制单纯规定判处罚金，并不确定罚金的上限和下限，留有广阔的司法裁量空间，所以抽象罚金制又被称为无限额罚金制。

〔3〕如《刑法修正案（九）》取消了伪造货币罪限额罚金制的规定，修改为无限额罚金制。伪造货币罪原条文规定了两个罪刑阶段，第一个罪刑阶段的罚金刑数额为“五万以上五十万以下”，第二个罪刑阶段的罚金刑数额为“五万以上五十万以下罚金或者并处没收财产”。修改后第一个罪刑阶段为“并处罚金”，第二个罪行阶段为“并处罚金或者没收财产”，取消了罚金刑的数额限制。

〔4〕如《刑法修正案（九）》增设了13个犯罪的罚金刑，其罚金刑的规定方式均为无限额罚金制。

〔5〕参见李洁：《论罪刑法定的实现》，清华大学出版社2006年版，第269~274页。

第三章　刑法谦抑性在司法贯彻中存在的问题

自 1998 年 12 月 29 日全国人大常委会审议通过《关于惩治骗购外汇、逃汇和非法买卖外汇犯罪的决定》(以下简称《决定》)以来,刑法修改采取了修正案的形式。从 1999 年 12 月 25 日起至 2017 年 11 月 4 日止,我国共颁布 10 部刑法修正案,在一定程度上进入刑事立法活性化时代。[1] 刑法作为社会治理的手段之一,理应积极回应社会的现实需要,但是"立法,即审慎地制定法律,已被恰如其分地描述为人类所有发明中隐含着最严峻后果的发明之一,其影响甚至比火的发现和弹药的发明还要深远"。[2] 我国刑事立法的变化究竟会给社会带来何种影响,需要对司法的实际运行样态进行分析。

第一节　犯罪认定中对刑法谦抑性的背离

最高人民法院的工作报告是全国法院司法审判情况的全景图,直接反映出我国司法运行状况。我们选取 2014～2019 年最高人民法院工作报告中对各级人民法院 2013～2018 年审结的一审刑事案件数量、判处的犯罪人数和

---

〔1〕 "刑事立法活性化"的提法源于日本学者对晚近刑事立法的概括描述。参见张明楷:《日本刑法的发展及其启示》,载《当代法学》2006 年第 1 期;刘艳红:《我国应停止犯罪化的刑事立法》,载《法学》2011 年第 1 期。

〔2〕 参见[英]哈耶克:《法律、立法与自由》(第 1 卷),邓正来等译,中国大百科全书出版社 2000 年版,第 113 页。

同比增长情况进行统计[1]（见图3.1），可以看出，就一审审结的刑事案件数量而言，除2018年外，其余四年都呈现增长趋势，2017年同比增长超过16%。就判处的犯罪人数而言，除了2016年外，其余四年均呈现同比增长的趋势，其中，2018年同比增长超过12%。就犯罪人数的绝对数量而言，五年间，犯罪人数由115.8万人上升到142.9万人，增长23.4%。根据国家统计局公布的数据，截至2018年年末中国（除我国港澳台地区外）总人口为139,538万人，[2]意味着2018年有0.1%左右的人被认定为犯罪。

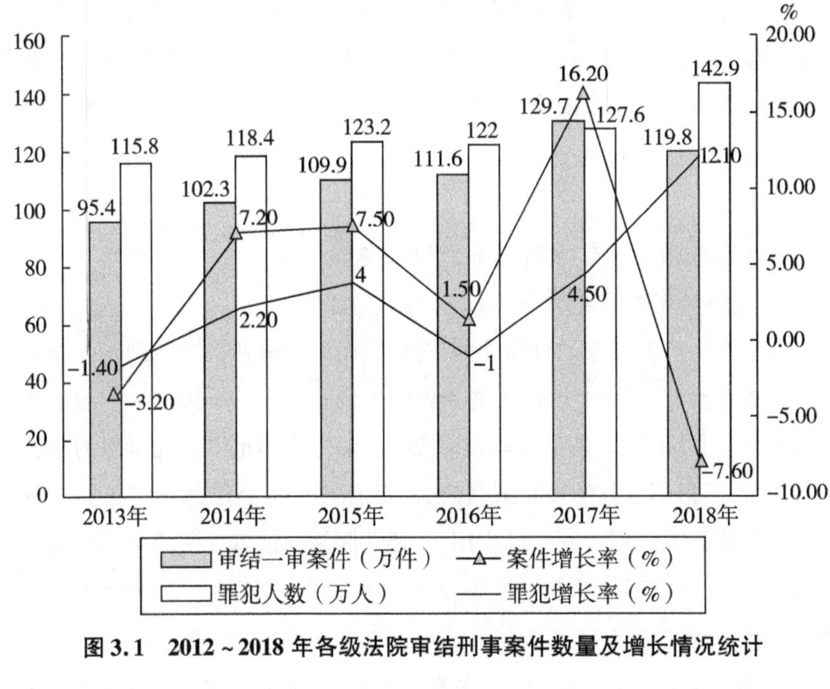

图3.1　2012～2018年各级法院审结刑事案件数量及增长情况统计

---

〔1〕 2013～2019年最高人民法院工作报告反映的是2012～2018年的工作情况。图3.1和表3.3中的数据系根据2013～2019年最高人民法院工作报告整理而来。参见新华网，http://www.xinhuanet.com/2013lh/2013-03/21/c_115108571.htm；新华网，http://www.xinhuanet.com/politics/2015lh/2015-03/20/c_1114709093.htm；新华网，http://www.xinhuanet.com/politics/2016lh/2016-03/20/c_1118384470.htm；新华网，http://www.xinhuanet.com//politics/2017lh/2017-03/12/c_129507756_2.htm；新华网，http://www.xinhuanet.com/politics/2018lh/2018-03/25/c_1122587194.htm；新华网，http://www.xinhuanet.com/politics/2019lh/2019-03/19/c_1124253887.htm。

〔2〕 关于2018年中国（除我国港澳台地区外）的人口总量，参见《我国大陆2018年末总人口接近14亿》，载中华人民共和国中央人民政府网，http://www.gov.cn/shuju/2019-01/21/content_5359797.htm。

如果我们再往前追溯，分析 2003～2007 年、2008～2012 年、2013～2017 年三个五年各级法院审结的一审刑事案件和判处的犯罪人数可以看出，三个五年期间审结的一审刑事案件数量平均增长速度超过 27%，犯罪人数的平均增长速度也超过 20%。其中就绝对数量而言，2013～2017 年一审审结刑事案件比 2003～2007 年增加了 210 万件。

导致刑事案件数量快速增长的因素复杂，涉及社会治理的各个方面，甚至和劳动教养的废除也不无关系，司法实践中犯罪认定上的扩大化和犯罪化倾向也是原因之一。司法解释和司法审判对具体案件的认定中，不断扩大犯罪成立范围，主要表现为对兜底条款的扩大解释导致口袋罪的形成、正当化事由适用困境导致出罪困难，以及部分犯罪罪量要素的虚无化导致情节显著轻微的行为入罪等方面。

一、兜底条款的扩大解释导致口袋罪的形成

（一）刑法中的兜底条款

刑法作为高度抽象的行为规范，对行为类型的概括很难达到包含全部具有严重法益侵害行为的程度，兜底条款的出现就是为了解决这一问题。兜底条款是一项立法技术，是在采取列举式的立法方式不足以描述全部的法益侵害行为后，不得不采取的概括式规定，广泛存在于各类法律中。正如学者指出的，“兜底条款之所以被广泛应用，主要是因为立法者无法穷尽并预测一切可能的情形，不得不借助于兜底条款的立法技术，试图达到法律涵盖范围的最大化，以严密法网”。[1]

我国《刑法》中规定的兜底条款，粗略统计有 180 个左右。其中既有有关罪名的兜底，如我国《刑法》第 114 条和第 115 条规定的以危险方法危害公共安全

〔1〕 参见王崇青：《“抢帽子”交易的刑法性质探析——以汪建中操纵证券市场案为视角》，载《政治与法律》2011 年第 1 期。

罪和过失以危险方法危害公共安全罪。[1] 也有犯罪构成要件的兜底，包括犯罪主体、犯罪对象、犯罪情节、犯罪方式方法等方面的规定，通常采用“等”“其他”等规定方式。有关犯罪构成要件的兜底条款，既有基本犯的兜底条款也有加重罪刑阶段的兜底条款，前者如《刑法》第161条违规披露、不披露重要信息罪中的“其他重要信息”“其他严重情节”等都是兜底规定。[2] 后者如《刑法》第170条伪造货币罪第3项规定的“有其他特别严重情节的”，是加重罪刑阶段的兜底条款规定。

一般认为，兜底条款具有两个面向，“对于社会的进步和复杂化，在立法上有利于增加规范的概括性和应对能力，而对于刑法解释和适用，则要避免被‘口袋化’，维护明确性原则”。[3]

（二）司法解释中兜底条款的扩大化

基于兜底条款的两个面向，对于《刑法》中大量存在的兜底条款，司法本应限制解释，避免其“口袋化”。

我们以非法经营罪为例来分析由于司法解释的扩张导致其成为“口袋罪”的问题。非法经营罪从设立至今，几乎每年都有立法或者司法解释等扩大其适用范围。[4] 司法实践中对于该罪的认定又具有一定的模糊性和随意

---

〔1〕 我国《刑法》第114条规定：“放火、决水、爆炸以及投放毒害性、放射性、传染病病原体等物质或者以其他危险方法危害公共安全，尚未造成严重后果的，处三年以上十年以下有期徒刑。”第115条规定：“放火、决水、爆炸以及投放毒害性、放射性、传染病病原体等物质或者以其他危险方法致人重伤、死亡或者使公私财产遭受重大损失的，处十年以上有期徒刑、无期徒刑或者死刑。过失犯前款罪的，处三年以上七年以下有期徒刑；情节较轻的，处三年以下有期徒刑或者拘役。”

〔2〕 我国《刑法》第161条规定：“依法负有信息披露义务的公司、企业向股东和社会公众提供虚假的或者隐瞒重要事实的财务会计报告，或者对依法应当披露的其他重要信息不按照规定披露，严重损害股东或者其他人利益，或者有其他严重情节的，对其直接负责的主管人员和其他直接责任人员，处三年以下有期徒刑或者拘役，并处或者单处二万元以上二十万元以下罚金。”

〔3〕 参见王安异：《对刑法兜底条款的解释》，载《环球法律评论》2016年第5期。

〔4〕 迄今为止，立法上有关非法经营罪的变化主要有3次。1998年12月29日，《全国人大常委会关于惩治骗购外汇、逃汇和非法买卖外汇犯罪的决定》第3条规定：“在外汇指定银行和中国外汇交易中心及其分中心以外买卖外汇，扰乱金融市场秩序，具有下列情形之一的，按照刑法第二百二十五条第（三）项的规定定罪处罚：（一）非法买卖外汇二十万美元以上的；（二）违法所得五万元人民币以上的。”将非法买卖外汇的行为纳入非法经营罪范围。1999年12月25日，《刑法修正案》第8条在《刑法》第225条增加一项，作为第3项，即“未经国家有关主管部门批准，非法经营证券、期货或者保险业务的”。2009年2月28日，《刑法修正案（七）》将《刑法》第225条第3项修改为：“未经国家有关主管部门批准非法经营证券、期货、保险业务的，或者非法从事资金支付结算业务的。”将“非法从事资金支付结算业务”的行为按照非法经营罪处理。

性，倾向于将市场经济中相关经营失范行为都纳入该罪的范围予以规制，导致非法经营罪成为“破坏社会主义市场经济秩序罪”这一类犯罪的兜底条款，甚至是所有“违法经营行为”的“口袋”。[1]

我国《刑法》第225条规定了非法经营罪行为模式的4种类型，其中第4种是该罪的兜底条款。迄今为止，大约有20部司法解释或司法文件对非法经营罪进行了扩张解释。[2] 其中有9种左右的经营失范行为被司法解释或司法文件明确归入第4种行为模式之中，其余17种左右的经营失范行为并未被明确归入任何一种行为模式。

明确将经营失范行为归入非法经营罪第4项的司法解释或司法文件详见表3.1。[3] 另外，很多非法经营罪的扩张内容并没有明确列入《刑法》第225条规定的某一项法定行为之中，具体详见表3.2。

表3.1 明确列入第4项的司法解释或司法文件情况统计

颁布机构	司法解释或司法文件名称	实施时间	规制领域
最高人民法院	《关于审理骗购外汇、非法买卖外汇刑事案件具体应用法律若干问题的解释》	1998年8月28日	骗购、非法买卖外汇
最高人民法院	《关于审理非法出版物刑事案件具体应用法律若干问题的解释》	1998年12月23日	非法出版物

〔1〕 参见郑勇：《非法经营罪的扩张：原因及其对策》，载《中国刑事法学杂志》2018年第1期。

〔2〕 此处未将最高人民法院或最高人民检察院内设职能部门的文件统计在内，如2008年12月1日最高人民法院刑事审判第二庭《关于对未经行政许可审批经营成品油批发业是否构成非法经营罪的意见》等。

〔3〕 有关司法解释中，只有一部涉及按照非法经营罪第1项处理的情况，即最高人民法院、最高人民检察院《关于办理非法生产、销售、使用禁止在饲料和动物饮用水中使用的药品等刑事案件具体应用法律若干问题的解释》（法释〔2002〕26号）第1条，将“非法生产、销售盐酸克仑特罗等禁止在饲料和动物饮用水中使用的药品”，按照非法经营罪第1项追究刑事责任。另外，1999年12月25日，《刑法修正案》在刑法第225条增加一项，作为第3项，即“未经国家有关主管部门批准，非法经营证券、期货或者保险业务的”。原第3项就变成了第4项。因此，1999年12月25日前，相关司法解释或司法文件中涉及按照第3项处理的，事实上是现行《刑法》第4项。

续表

颁布机构	司法解释或司法文件名称	实施时间	规制领域
最高人民法院	《关于审理扰乱电信市场管理秩序案件具体应用法律若干问题的解释》	2000年5月24日	非法经营国际或者涉港澳台电信业务
最高人民检察院	《关于非法经营国际或港澳台地区电信业务行为法律适用问题的批复》	2002年2月11日	非法经营国际或者涉港澳台电信业务
最高人民法院、最高人民检察院	《关于办理非法生产、销售、使用禁止在饲料和动物饮用水中使用的药品等刑事案件具体应用法律若干问题的解释》	2002年8月23日	添加盐酸克仑特罗等
最高人民法院、最高人民检察院	《关于办理妨害预防、控制突发传染病疫情等灾害的刑事案件具体应用法律若干问题的解释》	2003年5月14日	妨害预防、控制突发传染病疫情等灾害期间哄抬物价
最高人民法院、最高人民检察院	《关于办理赌博刑事案件具体应用法律若干问题的解释》	2005年5月13日	非法经营、发行、销售彩票
最高人民法院、最高人民检察院	《关于办理利用信息网络实施诽谤等刑事案件适用法律若干问题的解释》	2013年9月6日	以营利为目的,有偿删除信息;明知虚假信息,有偿提供发布服务
最高人民法院、最高人民检察院、公安部、司法部	《关于办理非法放贷刑事案件若干问题的意见》	2019年10月21日	非法民间放“高利贷”

表 3.2　未明确列入任何一项的司法解释或司法文件规定统计

颁布机构	司法解释或司法文件名称	实施时间	规制领域
最高人民检察院	《关于办理非法经营食盐刑事案件具体应用法律若干问题的解释》	2002 年 9 月 13 日	非法经营食盐
最高人民法院、最高人民检察院、公安部	《关于依法开展打击淫秽色情网站专项行动有关工作的通知》	2004 年 7 月 16 日	非法经营网吧
最高人民法院、最高人民检察院	《关于办理赌博刑事案件具体应用法律若干问题的解释》	2005 年 5 月 13 日	非法经营赌博场所
最高人民法院、最高人民检察院、公安部、中国证券监督管理委员会	《关于整治非法证券活动有关问题的通知》	2008 年 1 月 2 日	非法经营证券业务行业
最高人民法院、最高人民检察院	《关于办理非法生产、销售烟草专卖品等刑事案件具体应用法律若干问题的解释》	2010 年 3 月 26 日	非法经营烟草专卖品
最高人民法院	《关于审理非法集资刑事案件具体应用法律若干问题的解释》	2011 年 1 月 4 日	非法发行基金
最高人民法院、最高人民检察院、公安部、国家安全监管总局	《关于依法加强对涉嫌犯罪的非法生产经营烟花爆竹行为刑事责任追究的通知》	2012 年 9 月 6 日	非法生产、经营烟花爆竹
最高人民法院、最高人民检察院	《关于办理危害食品安全刑事案件适用法律若干问题的解释》	2013 年 5 月 4 日	非法生产、销售非食品原料及非法从事生猪屠宰、销售

续表

颁布机构	司法解释或司法文件名称	实施时间	规制领域
最高人民法院、最高人民检察院、公安部、农业部、食品药品监管总局	《关于进一步加强麻黄草管理严厉打击非法买卖麻黄草等违法犯罪活动的通知》	2013 年 5 月 21 日	非法采挖、销售、收购麻黄草
最高人民法院、最高人民检察院、公安部、国家安全部	《关于依法办理非法生产销售使用“伪基站”设备案件的意见》	2014 年 3 月 14 日	非法生产、销售、使用“伪基站”
最高人民法院、最高人民检察院、公安部	《关于办理利用赌博机开设赌场案件适用法律若干问题的意见》	2014 年 3 月 26 日	非法生产、销售赌博机
最高人民法院、最高人民检察院	《关于办理危害药品安全刑事案件适用法律若干问题的解释》	2014 年 12 月 1 日	非法经营药品
最高人民法院	《全国法院毒品犯罪审判工作座谈会纪要》	2015 年 5 月 18 日	非法经营麻醉药品或精神药品
最高人民法院、最高人民检察院、公安部、国家新闻出版广电总局	《关于依法严厉打击非法电视网络接受设备违法犯罪活动的通知》	2015 年 9 月 18 日	非法电视网络接受设备软件等
最高人民法院、最高人民检察院	《关于办理扰乱无线电通讯管理秩序等刑事案件适用法律若干问题的解释》	2017 年 7 月 1 日	非法生产、销售“黑广播”、“伪基站”、无线电干扰器等无线电设备
最高人民法院、最高人民检察院	《关于办理环境污染刑事案件适用法律若干问题的解释》	2017 年 1 月 1 日	非法从事收集、贮存、利用、处置危险废物经营活动
最高人民法院、最高人民检察院	《关于办理妨害信用卡管理刑事案件具体应用法律若干问题的解释》	2018 年 11 月 28 日	信用卡套现

从表3.1和表3.2可以看出,司法解释和有关司法文件以大约平均每年一种的速度,不断将各种经营失范行为纳入非法经营罪的规制范畴,非法经营罪兜底条款呈现一种不合理的扩张趋势,背离了非法经营罪的法益保护本质。非法经营罪的法益保护应该是市场准入秩序,但是司法解释和有关司法文件在进行解释时显然违反了这一法益保护目的。如最高人民法院、最高人民检察院《关于办理利用信息网络实施诽谤等刑事案件适用法律若干问题的解释》(法释〔2013〕21号)第7条规定,将"有偿提供删除信息服务等"以非法经营罪定罪处罚。〔1〕 网络违法经营活动和网络特许准入制度没有关系,将这种经营失范行为以非法经营罪定罪处罚,是忽视非法经营罪保护法益本质的表现。

非法经营罪相关司法解释体现出典型的社会治理应急回应性特征。如最高人民法院、最高人民检察院、公安部、司法部《关于办理非法放贷刑事案件若干问题的意见》(法发〔2019〕24号)规定:"违反国家规定,未经监管部门批准,或者超越经营范围,以营利为目的,经常性地向社会不特定对象发放贷款,扰乱金融市场秩序,情节严重的,依照《刑法》第二百二十五条第(四)项的规定,以非法经营罪定罪处罚。"这一司法文件具有明显的社会治理应急回应性特征。对于高利放贷问题,最高人民法院曾明确指出,高利放贷的行为具有一定的社会危害性,但是在立法和司法解释没有明确规定的情况下,不宜认定为非法经营罪。〔2〕 那么在国家规定没有发生变化,非法经营罪的刑法规定也没有发生改变的情况下,有关司法文件将高利放贷行为以非法经营罪定罪处罚的依据是什么?最高司法机关有关人员在该司法文件的理解与适用中明确指出,"近些年对外出借资金的行为演化为出借人经常谋利的

---

〔1〕 最高人民法院、最高人民检察院《关于办理利用信息网络实施诽谤等刑事案件适用法律若干问题的解释》(法释〔2013〕21号)第7条规定:"违反国家规定,以营利为目的,通过信息网络有偿提供删除信息服务,或者明知是虚假信息,通过信息网络有偿提供发布信息等服务,扰乱市场秩序……以非法经营罪定罪处罚。"

〔2〕 《最高人民法院关于被告人何某、张某等非法经营案的批复》(〔2012〕刑他字第136号)指出:"被告人何某、张某等人发放高利贷的行为具有一定的社会危害性,但此类行为是否属于刑法第二百二十五条规定的'其他严重扰乱市场秩序的非法经营行为',相关立法解释和司法解释尚无明确规定,故对何某、张某等人的行为不宜以非法经营罪定罪处罚。"

手段，背离了民间借贷本质，形成了一种非法金融活动，严重扰乱金融秩序，是否纳入刑法调整范围存在较大争议，无法形成有效打击处理”[1]。从该表述中，可以看出明显的社会治理应急回应性特征。事实上，高利放贷行为主要是行政监管缺位导致的，在行政监管不力的情况下，应该首先考虑完善行政监管，充分发挥行政法律法规的作用，而非直接委之于刑法解决，刑法应当回归其保障法的本位。

（三）具体犯罪认定中兜底条款的扩大化

除了司法解释和有关司法文件对兜底条款的扩大解释之外，司法实践中在认定具体犯罪时，兜底条款也呈现出一种扩大化倾向。这在以危险方法危害公共安全罪、寻衅滋事罪等犯罪认定中均有较为明显的体现。

以危险方法危害公共安全罪是我国《刑法》规定的最为典型的“口袋罪”之一，其本身可以说是《刑法》第二章危害公共安全罪的兜底罪名。根据《刑法》第114条以及第115条的规定，以危险方法危害公共安全罪是与放火、爆炸、决水等严重危及公共安全的犯罪置于同一刑法条文进行规定的。以危险方法危害公共安全罪中的“其他危险方法”应该是指“与放火、决水、爆炸、投放危险物质的危险性相当的危险方法，如私设电网、驾车冲撞人群、适用放射性物质、扩散致病微生物等危险方法”[2]，也就是说，应该按照同类解释规则对“危险方法”进行解释。有学者指出，“‘以其他危险方法’是独立于危害公共安全的要件，应当从性质与程度两个角度进行限定，要求行为本身不仅在客观上具有导致多数人重伤或死亡的内在危险，而且同时具备导致该结果的直接性、迅速蔓延性与高度盖然性”[3]。

---

〔1〕 朱和庆、周川、李梦龙：《〈关于办理非法放贷刑事案件若干问题的意见〉的理解与适用》，载《人民法院报》2019年11月28日，第6版。该文指出“近些年来，对外出借资金行为背离民间借贷本质的问题愈加严重，一些已经脱离民间借贷个体的、偶然的、互助式的存在模式，演化为出借人的经常性谋利手段，并向着资本运作方式规模化发展，客观上已经形成一种未经有权部门批准、未取得合法资质从事发放贷款业务的非法金融业务活动。”“由于非法放贷的认定缺乏明确、统一标准，是否应纳入刑事司法调整范围也存在较大争议，导致部分严重扰乱金融市场秩序的非法放贷活动得不到有效打击处理，社会各界和一线政法单位对此反应强烈。”

〔2〕 高铭暄、马克昌主编：《刑法学》，北京大学出版社、高等教育出版社2019年版，第335页。

〔3〕 劳东燕：《以危险方法危害公共安全罪的解释学研究》，载《政治与法律》2013年第3期。

司法实践中,以危险方法危害公共安全罪的适用显然突破了这一解释规则,扩大适用趋势明显。如盗窃窨井盖行为的定性、投寄虚假炭疽菌行为的定性、驾驶"碰瓷"的司法认定等,均反映出以危险方法危害公共安全罪在适用中的过度扩张趋势。[1] 将盗窃窨井盖行为以危险方法危害公共安全罪定罪处罚,最早见于2005年7月冯某盗窃窨井盖案。冯某于2004年12月至2005年1月间,先后4次盗窃成都市高新区新乐北街、站华路、南延线北干道、南延线三环路附近道路边的15个窨井盖,卖给废品收购站非法牟利,司法机关认为这一行为构成以危险方法危害公共安全罪,判处被告人冯某有期徒刑3年。法院判决的理由在于"被告人盗窃的窨井盖均处于主要交通干道及学校附近,过往行人、车辆较多,且窨井深度均在3米左右。被告人盗窃窨井盖致井口裸露,足以造成不特定多数人的生命、财产安全处于危险状态,危害了公共安全。其行为同时触犯了盗窃罪和以危险方法危害公共安全罪,属想象竞合犯,应择一重罪定罪量刑"[2]。此后,多地先后出现将盗窃窨井盖行为按以危险方法危害公共安全罪定罪处罚的案例。如常某、陈某盗窃污水井盖按以危险方法危害公共安全罪定罪处罚。[3] "在司法实践中,对于盗窃窨井盖的行为定罪时首先考虑是否构成以危险方法危害公共安全罪,这已经成为一种定罪思维。"[4]甚至有地方政法机关以内部文件的形式,明确将盗窃窨井盖行为以危险方法危害公共安全罪定罪,如湖北省武汉市政法机关曾

---

[1] 关于投寄虚假炭疽菌行为和驾驶"碰瓷"行为以以危险方法危害公共安全罪定罪处刑的情况,前者参见上海市第二中级人民法院(2001)沪二中刑初字第132号刑事判决书。后者参见李松、黄洁:《北京最大"碰瓷"团伙宣判》,载《法制日报》2007年9月28日,第5版。

[2] 参见《盗窃15个窨井盖换来3年徒刑》,载中国法院网2005年10月9日,https://www.chinacourt.org/article/detail/2005/10/id/181241.shtml。

[3] 被告人常某与被告人陈某趁凌晨夜深人静之际,驾驶摩托三轮车,先后至济宁市太白湖新区滨湖大道、公主路、京杭路、渔皇路等正常通行的公共交通道路上,用撬棍将铺设在上述道路上的污水井盖、雨水篦子撬开盗走,危害了社会公众的生命、健康及重大公私财产的安全,尚未造成严重后果。原审法院认为,被告人常某、陈某以非法占有为目的,长期、多次窃取铺设在正在通行的公共交通干线上的路政设施,危害了社会公众的生命、健康及重大公私财产的安全,虽然尚未造成严重后果,但是两个被告人的行为都已构成以危险方法危害公共安全罪。参见山东省济宁市中级人民法院(2017)鲁08刑34号刑事判决书。

[4] 陈兴良:《口袋罪的法教义学分析:以以危险方法危害公共安全罪为例》,载《政治与法律》2013年第3期。

要求,对于偷盗窨井盖的行为,按危害公共安全罪定罪处罚。[1] 沈阳市政法机关也曾发文要求,对盗窃道路及非道路(居民小区、胡同、里巷、乡管道路等车辆、行人通行地方)上的窨井盖的行为,依照这一罪名定罪处罚。[2]

寻衅滋事罪也是典型"口袋罪",寻衅滋事罪刑法规定本身不规范,"随意殴打""强拿硬要""起哄闹事"等规定,主观色彩较重,缺乏客观标准。寻衅滋事罪在司法适用中的扩张趋势也较为明显,体现出一定的政策性特征。近些年,不断有"非法扰序上访"[3]被以寻衅滋事罪定罪处罚。有学者进行统计发现:"非法扰序上访"被追究刑事责任所涉及的罪名以"秩序型"犯罪为主,而"秩序型"犯罪中,以寻衅滋事罪被定罪处罚的占73%左右,其中发生在重大节日及具有政治意义的纪念日期间的占总数据62.7%。这类案件中,行为人大多没有危害公共安全或扰乱社会秩序的主观故意,在行为方式上也很少采取暴力或者其他极端的手段,一般而言,在社会可接受的限度内,不值得动用刑法手段。[4]

笔者并不否认,随着社会的发展,基于立法的局限等原因,司法可以对刑法规范进行一定程度的扩张解释以保障刑法适用的张力,但这种扩张是否规范、合理,都需要进一步反思。

二、正当化事由适用困境导致出罪困难

根据最高人民法院2015~2019年的工作报告,从无罪案件的数量情况来看,近5年来,我国无罪案件绝对数量较少,无罪人数最多的年份为2017年,共计1155人,占有罪人数的0.09%左右(见表3.3)。无罪案件数量较少

---

〔1〕 参见孙万怀:《以危险方法危害公共安全罪何以成为口袋罪》,载《现代法学》2010年第5期。

〔2〕 关于涉及盗窃、破坏窨井盖等行为的定性问题,2020年3月16日,最高人民法院、最高人民检察院、公安部发布《关于办理涉窨井盖相关刑事案件的指导意见》,该司法文件对盗窃、破坏窨井盖等行为的定性作出统一解释,纠正了以往对盗窃窨井盖的行为定罪时首先考虑是否构成以危险方法危害公共安全罪的做法。

〔3〕 "非法扰序上访"一般是指信访人不到指定的场所和按规定的逐级信访程序到有权处理信访事项的机关或组织提出诉求,而是采取蓄意的、过激的、相关法律法规明确限制或禁止的方式进行的上访。

〔4〕 参见彭之勍:《特定地区"非法扰序上访"及其治理》,载《江西社会科学》2018年第9期。

与我国追究刑事犯罪的启动机制和运行机制有关。同时,我国刑事司法中也存在从严认定犯罪的倾向,这与“刑事立法上以犯罪化为主的单向发展轨迹密切相关”。[1] 从个别刑事案件的改判可以看出,司法中存在出罪困难和犯罪化倾向,前者如王某犯非法经营罪一案,后者如天津赵某摆摊打气枪案。除了启动机制和运行机制以及司法观念的原因外,与对正当化事由的研究不足导致适用困境也有密切关系。有学者对我国法院适用特殊防卫制度的裁判情况进行实证研究发现,30.23%的判决中存在错误适用特殊防卫制度的问题,[2]且都是将特殊防卫案件认定为防卫过当或防卫不成立,进而认定为有罪。

表 3.3　2014~2018 年无罪人数及其占比统计

年份	2018	2017	2016	2015	2014
无罪人数	819	1155	1076	1039	778
无罪人数与有罪人数之比/%	0.057	0.09	0.088	0.084	0.066

(一)刑法中的正当化事由

正当化事由是出罪的依据,是犯罪论不可或缺的内容,属于定罪的反面,是否定意义上的定罪。[3] 正当化事由具有不同的称谓,如正当行为、排除犯罪的事由、排除社会危害性的行为等。[4] 各国刑法基本都规定存在正当化事由的不负刑事责任。有关不负刑事责任的理由,主要有违法阻却以及责任阻却,常见于大陆法系刑法理论;排除社会危害性,常见于我国和苏联刑法理论;合法抗辩事由,常见于英美法系刑法理论。

我国《刑法》明文规定的正当化事由主要有正当防卫和紧急避险两种,超法规的正当化事由,一般认为主要有职务行为、自救行为、权利人的承诺或

---

〔1〕 吴富丽:《刑法谦抑实现论纲》,中国人民公安大学出版社 2011 年版,第 176 页。

〔2〕 参见陈家林、汪雪城:《特殊防卫的司法现状及其刑法学分析——以 98 份裁判文书为样本》,载赵秉志主编:《刑法论丛》第 1 卷,法律出版社 2017 年版,第 160~161 页。

〔3〕 参见陈兴良:《正当化事由研究》,载《法商研究》2000 年第 3 期。

〔4〕 参见高铭暄、马克昌主编:《刑法学》,北京大学出版社、高等教育出版社 2019 年版,第 123 页。

自愿等。

(二)正当化事由适用的困境

就我国《刑法》规定的正当化事由而言,紧急避险适用极少,实践中争议较多的是正当防卫问题。在我国刑法理论中,正当防卫被定位为违法阻却事由,但实践中尤为突出的问题是,作为阻却责任的正当防卫是否存在,如果存在,在刑事司法中如何处理。事实上,司法实践中存在作为责任阻却事由的正当防卫,由于固守违法阻却事由的定位,导致将阻却责任的正当防卫行为认定为防卫过当或不属于正当防卫,降低了正当防卫制度的出罪机能。对此,我们可以从最高人民法院、最高人民检察院发布的关于正当防卫的指导案例作具体分析。

混淆违法阻却与责任阻却,将责任问题置于违法问题中讨论。司法者在适用正当防卫制度时,习惯于以事后视角评价事中问题,这直接导致将责任问题置于违法问题中讨论,致使实践中对作为责任阻却事由的正当防卫的漠视。例如,最高人民法院在第93号指导案例于欢故意伤害案中认为,于欢的捅刺行为具有防卫性质,但不属于特殊防卫,应认定为防卫过当。同时指出"认定防卫是否明显超过必要限度,应当从不法侵害的性质、手段、强度、危害程度,以及防卫行为的性质、时机、手段、强度、所处环境和损害后果等方面综合分析判定"。具体来说,于欢"应当知道民警并未离开""导致于欢实施防卫行为时难免带有恐惧、愤怒等因素""但于欢捅刺杜某等人时难免带有报复杜某辱母的情绪"。[1] 如果认定于欢的捅刺行为构成防卫过当,司法者不仅要论证"于欢面临的不法侵害并不紧迫和严重……于欢的防卫行为明显超过必要限度造成重大损害",还要论证于欢在"难免带有恐惧、愤怒等因素"的情况下是否能作出、怎样作出事后视角的适当防卫。如果客观上不可能适当防卫,或者是客观上可能但主观上不可能,都无法认定于欢的行为构成防卫过当。

---

[1] 最高人民法院指导案例93号:于欢故意伤害案。具体案情及论证参见《最高人民法院关于发布第十八批指导案例的通知》,载《人民法院报》2018年6月28日,第2版。

又如,在最高人民检察院发布的第 46 号检例朱凤山故意伤害(防卫过当)案中,检察机关在认定朱凤山属于防卫过当的论证中指出,“齐某(侵害人)上门闹事、滋扰的目的是不愿离婚,希望能与朱某(朱凤山的女儿)和好继续共同生活,这与离婚后可能实施报复的行为有很大区别。齐某虽实施了投掷瓦片、撕扯的行为,但整体仍在闹事的范围内,对朱凤山人身权利的侵犯尚属轻微,没有危及朱凤山及其家人的健康或生命的明显危险。朱凤山已经报警,也有继续周旋、安抚、等待的余地,但却选择使用刀具,在撕扯过程中直接捅刺齐某的要害部位,最终造成了齐某伤重死亡的重大损害。综合来看,朱凤山的防卫行为,在防卫措施的强度上不具有必要性,在防卫结果与所保护的权利对比上也相差悬殊,应当认定为明显超过必要限度造成重大损害,属于防卫过当”。[1] 但检察机关同样没有论证在齐某反复滋扰,最后于“23 时许”“跳入院内”,而朱凤山在不断隐忍,寻求邻居援助和报警未果的情形下,在客观上是否存在使自己和家人脱离不法侵害困境的方法,如果存在,他在主观上是否能认识到并有能力实现,司法者是否应该要求朱凤山认识到并实现。

在上述最高司法机关的指导案例中,司法机关都会明确引用《刑法》第 20 条第 2 款作为法律适用依据,并对明显超过必要限度造成重大损害的程度进行综合判断,但作为判断资料的事实却并不“综合”,只是对保护法益和防卫结果进行价值位阶判断。其基本逻辑是,如果保护法益的位阶高于防卫结果,则为正当防卫,反之为防卫过当;如果保护法益与防卫结果位阶相当,则因危险程度而异,若保护法益面临紧迫危险,则为正当防卫,若防卫结果(侵害人法益)面临紧迫危险,则认定为防卫过当。但即便承认于欢案和朱凤山案都存在客观上的防卫过当结果,也就是承认作为违法阻却事由的正当防卫难以成立,但在这种紧急情势之下防卫人不可能具有超人的认识和控制能力,法律无法期待防卫人作出超人的选择,那么如何处理这种缺乏期待可

---

〔1〕 最高人民检察院检例第 46 号:朱凤山故意伤害(防卫过当)案。详细案情论述参见《关于印发最高人民检察院第十二批指导性案例的通知》,载中华人民共和国最高人民检察院网,https://www.spp.gov.cn/xwfbh/wsfbt/201812/t20181219_402919.shtml#2。

能性的防卫行为就成为刑事司法中必须考虑的问题。从对于指导案例的论证和给出的理由来看,司法中虽然已经注意到防卫人的主观能力问题,但仍然以超然的事后视角将其作为客观的违法性问题看待,完全没有遵守“法律不强人所难”的责任原理,[1]导致正当防卫制度的出罪机能大为减弱。对此,本书将在第四章第三节进行详细论述。

三、罪量要素的虚无化导致轻微行为入罪

(一)刑法关于罪量要素的规定

我国《刑法》规定的犯罪是质与量的统一,即刑法对犯罪的成立是有量的要求的,通常情况下,只有行为在量上达到一定要求,具备严重的法益侵害或侵害危险时,才由一般违法转化为刑事违法。也就是说,我国刑法中的犯罪是性质上值得非难,在程度上与刑法规定的处罚措施相适应的行为,这种量的要求被称为罪量要素。[2]《刑法》第13条规定了但书条款,可以说,“‘但书’系当前各国刑事立法例中极少数叙明刑法谦抑性之条款”[3]之体现。因此,《刑法》规定“但书”的目的是在立法中体现刑法谦抑性,积极出罪。但是司法实践中存在一定范围的罪量要素虚无化现象,导致轻微违法行为被定罪处刑。

(二)部分犯罪罪量要素的虚无化

近年来,我国刑法修正中增加了较多的危险犯规定,如《刑法修正案(八)》删除叛逃罪中“危害中华人民共和国国家安全”的要件,将叛逃罪由实害犯修改为抽象危险犯。增设危险驾驶罪,将醉酒驾驶这一行为类型设定为抽象危险犯,删除生产、销售假药罪基本犯中“足以严重危害人体健康”的要件,将其基本犯由具体危险犯修改为抽象危险犯等。在按照《刑法》分则的

---

〔1〕“法律不强人所难”是“期待可能性”理论的谚语表述,参见张明楷:《刑法格言的展开》,北京大学出版社2013年版,第426~444页。

〔2〕参见陈兴良:《作为犯罪构成要件的罪量要素——立足中国刑法的探讨》,载《环球法律评论》2003年第3期。

〔3〕刘艳红:《目的二阶层体系与“但书”出罪功能的自洽性》,载《法学评论》2012年第6期。

具体规定认定行为是否构成犯罪时，是否可以直接援引“但书”规定出罪存在争议。但是，“但书”条款是对我国《刑法》对犯罪的定义性规定，《刑法》分则对于某些犯罪没有规定罪量要素，虽然在形式上排除了罪量要素在罪状中的存在，但是这却绝不意味着排除了“但书”对于符合罪状类型特征的不法行为的入罪出罪机制。[1] 也就是说，“但书”条款作为《刑法》总则关于犯罪定义的总体性规定是对分则条款进行解释时仍然要遵循的教义学标准。

司法实践中，在对一些犯罪尤其是危险犯进行认定时，存在一定程度的罪量要素虚无化倾向。如《刑法修正案（八）》规定：“在道路上醉酒驾驶机动车的，处拘役，并处罚金。”修正案并没有规定危险驾驶罪“量”的要求。在修正案颁布实施之初，围绕着醉酒驾车是否一律入罪，司法机关存在不同理解。如时任最高人民法院副院长张军在全国法院刑事审判工作座谈会上指出，达到醉酒标准的不一定构成危险驾驶罪。[2] 对此，公安部相关负责人表示，对经核实属于醉驾的一律予以刑事立案。最高人民检察院表示，醉驾一律提起公诉。事实上，在醉驾入刑的最初阶段，醉驾不分情节一律入刑得到了绝对贯彻，各地查处的危险驾驶罪的案件基本都是醉驾，并一律被定罪处罚。直到 2011 年 6 月 3 日，全国出现第一例醉驾被定罪免刑的案件。[3] 《最高人民法院〈关于常见犯罪的量刑指导意见（二）〉（试行）》（法〔2017〕74 号）规定对醉驾的被告人依照不同情况可以不予定罪处罚或免于刑事处罚。[4] 该指导意见可以视为对醉驾型危险驾驶罪定罪量刑标准的进一步细化，在惩戒尺度上的微调，实际上是根据司法实践情况作出的科学修正，明确了但书条款在危险驾驶罪中的适用。与醉驾型危险驾驶罪出罪困难相对应的是危险驾

---

〔1〕 参见梁根林：《但书、罪量与扒窃入罪》，载《法学研究》2013 年第 2 期。

〔2〕 参见《张军在全国法院刑事审判工作座谈会上要求正确把握危险驾驶罪构成条件达到醉酒标准的不一定构成犯罪》，载中国法院网 2011 年 5 月 11 日，https://www.chinacourt.org/article/detail/2011/05/id/450204.shtml。

〔3〕 《新疆克拉玛依醉酒驾车第一人因社会危害性小被免刑》，载人民网，http://xj.people.com.cn/GB/188514/14841398.html，最后访问日期：2019 年 4 月 2 日。

〔4〕 《最高人民法院〈关于常见犯罪的量刑指导意见（二）〉（试行）》（法发〔2017〕74 号）一（一）明确规定：“对于醉酒驾驶机动车的被告人，应当综合考虑被告人的醉酒程度、机动车类型、车辆行驶道路、行车速度、是否造成实际损害以及认罪悔罪等情况，准确定罪量刑。情节显著轻微危害不大的，不予定罪处罚；犯罪情节轻微不需要判处刑罚的，可以免予刑事处罚。”

驶罪案件数量的激增，如根据 2014 年最高人民法院工作报告，2012 ~ 2013 年，随着危险驾驶罪的施行，最高人民法院明确"醉驾"的认定标准，各级法院审结危险驾驶罪 9 万件，仅一个罪名就占到当年一审审结刑事案件的 9.43%。根据公安部和最高人民法院公布的 2019 年上半年全国法院审判执行数据显示，2019 上半年共查处酒驾、醉驾超过 90.1 万起，其中醉驾达到了 17.7 万起，危险驾驶罪首次超过盗窃罪成为第一大罪。根据笔者的了解，某省会城市一个区 2019 年审结的刑事案件共计 1057 件，同比上升 38.3%，其中审结的危险驾驶罪案件就有 528 起，占全部刑事案件的一半左右。[1]

又如生产、销售假药罪，《刑法修正案(八)》对其进行修正后，司法实践中销售假药罪的案件数量激增。某副省级城市 3 个基层法院 2011 年 5 月 1 日至 2013 年 1 月 6 日(以法院受理案件之日起至法院判决生效之日止)关于销售假药罪案件达到 194 件，2005 ~ 2008 年，全国法院审结的生产、销售假药、劣药犯罪案件只有 300 余件。[2] 销售假药罪一度出现不论销售次数、不论销售数额、有无查获，只要被鉴定为假药均定罪处罚的状况。[3]

第二节　刑罚裁量中对刑法谦抑性的背离

刑罚是审判机关依法对犯罪人适用的限制或者剥夺其某种权益的最严厉的强制性制裁方法，刑罚的裁量直接决定了犯罪人所应承受的法律非难。我国刑事司法中存在一定程度的重刑化倾向，在缓刑的适用以及个别犯罪的刑罚裁量中具有明显表现。另外，混淆定罪情节和量刑情节，不区分预防刑和责任刑，缺乏以责任刑限制预防刑的量刑原则，基于预防的需要突破责任的限制，导致量刑较重，背离了刑法谦抑性的基本理念。

---

[1] 参见辽宁省沈阳市皇姑区人民法院 2019 年工作报告。

[2] 《刑法修正案》实施后，因我国刑法从旧兼从轻的适用原则，适用修正前《刑法》的案件在三个基层法院不到两年的时间内也有 70 多份，这也在一定程度上反映出，《刑法》修正之前销售假药被追究刑事责任的案件极少的情况，恐怕不是刑法本身造成的，而是《刑法》的实施中的问题所造成。

[3] 参见孔祥参、刘芳：《论销售假药罪的重刑化倾向及其司法消解》，载《政治与法律》2013 年第 8 期。

一、刑罚裁量中的重刑化倾向

(一)缓刑适用以及个别犯罪刑罚裁量中的问题

我国《刑法》第72条规定的缓刑属于刑罚的暂缓执行,是一种刑罚裁量制度,缓刑的适用体现出刑罚轻缓化的发展趋势,有助于克服短期自由刑的弊端,更好地实现刑罚预防犯罪的目的和功能。就缓刑的适用而言,我国存在缓刑适用率较低和缓刑适用中的政策性导向等问题。

就缓刑的适用而言,根据最高人民法院司法统计公报公布的数据,对2012~2016年判处缓刑的人数与占短期监禁刑和拘役的人数比例进行分析[1]可以发现,我国被宣告缓刑的人数在短期监禁刑和拘役中的比例在50%左右(见表3.4)。有学者在经大数据统计后得出的结论为:在被判处3年以下有期徒刑中的案件中,宣告缓刑的占38.5%;而被判处拘役的犯罪中,宣告缓刑的占33.6%。[2] 对此,有学者指出,我国缓刑适用率较低的重要原因之一,就是重刑主义的影响。[3]

表3.4 2012~2016年缓刑适用情况统计

年份	2016	2015	2014	2013	2012
人数	356,321	363,517	368,129	356,523	355,302
比例/%	52.17	51.94	56.76	57.73	58.79

就缓刑适用的政策性导向而言,有学者对某市两个基层法院4年内全部交通肇事罪和危险驾驶罪进行实证研究发现,交通肇事罪的缓刑适用率远高于危险驾驶罪的缓刑适用率,两个基层法院4年期间交通肇事罪的缓刑适用率平均在92%左右。危险驾驶罪,一个基层法院2011年和2012年的缓刑率为0,2013年的缓刑率为20%,2014年为37%;另外一个基层法院2011~

---

〔1〕 按照最高人民法院司法统计公报公布的数据,该短期监禁刑限定为5年以下有期徒刑。

〔2〕 参见赵兴洪:《缓刑适用的中国图景——基于裁判文书大数据的实证研究》,载《当代法学》2017年第2期。

〔3〕 参见张明楷:《应当提高缓刑的适用率》,载《人民法院报》2015年6月3日,第6版。

2014 年只有一个危险驾驶罪案件适用缓刑。[1] 如果这一分析结果因取样的局限性不足以反映司法实际情况的话，学者在对 2014～2016 年刑事速裁试点城市进行的实证研究中也证明危险驾驶罪的缓刑适用率低于交通肇事罪。[2]

对轻微行为的刑罚裁量上也存在重刑化倾向。就销售假药罪而言，笔者选取某副省级城市 3 个基层法院 2011 年 5 月 1 日至 2019 年 12 月 1 日（自法院受理案件之日起至法院判决生效之日止）关于销售假药罪的全部生效司法判决作为研究样本。以上司法判决共 291 份，其中适用修正前刑法的共计 72 份，适用修正后刑法的共计 219 份。从犯罪行为与刑罚裁量两个维度对其进行分析，就犯罪行为而言，影响犯罪法益侵害程度的主要因素包括销售的药品种类、销售金额[3]、销售次数、有无查获、有无造成他人身体健康受到严重损害等。就刑罚裁量而言，主要统计其量刑情节、刑罚的适用等方面。其中，犯罪行为具体情况见表 3.5，刑罚裁量的具体情况见表 3.6。

表 3.5　销售假药犯罪行为统计

分类	类型	案件数量	所占比例/%
药品种类	性药	186	84.93
	其他	33	15.07
销售金额	100 元以下	121	55.25
	100 元以上	98	44.75
销售次数	无	10	4.57
	1 次	167	76.26
	2 次	39	17.80
	3 次以上	3	1.37

〔1〕参见贾银生、何汶洋：《交通肇事罪与危险驾驶罪量刑均衡实证研究——以 W 市两基层法院近五年刑事案件统计数据为例》，载《西部法学评论》2015 年第 6 期。

〔2〕参见李本森：《刑事速裁程序试点实效检验——基于 12666 份速裁案件裁判文书的实证分析》，载《法学研究》2017 年第 5 期。

〔3〕本书所涉及数额问题，“以下”均不包含本数，“以上”均包含本数。

续表

分类	类型	案件数量	所占比例/%
有无查获	有	64	29.22
	无	155	70.78
有无严重后果	0	0	0

表 3.6　销售假药罪量刑情节与量刑情况统计

刑罚裁量	类型	犯罪人数	所占比例/%
量刑情节	认罪	237	92.94
	积极缴纳罚金	175	79.61
	犯罪未遂	167	65.49
刑罚	拘役	238	93.33
	有期徒刑	17	66.67
	缓刑	35	13.73
	罚金(5000 元以上)	255	100.00

从表 3.5 可以看出,适用《刑法修正案(八)》之后的 219 件销售假药案件中,没有案件存在"对人体健康造成严重危害"或者有"其他严重情节",均属于销售假药罪的基本犯,并且销售的假药 85% 左右为各种性保健品,销售金额在 100 元以下的占 50% 左右,销售次数为一次占 70% 左右。与此对应的刑罚裁量中,缓刑的适用率不足 14%,远低于我国刑事案件缓刑平均适用率。并处适用的罚金刑中罚金的数额以人民币 5000 元为起点,这与《刑法修正案(八)》对销售假药罪基本犯对应法定刑的修正有关,修正案将罚金刑的配置由比例罚金制修改为无限额罚金制,适用方式由并处或单处修改为并处。"并处无限额罚金制"的设定,为司法中适用高额罚金提供了依据和更大可裁量空间。就适用罚金刑的典型案件而言,罚金刑的数额一般都在销售额的 500 倍左右,最高达到销售额的 666 倍左右。总体而言,罚金刑数额在 1 万~3 万元的占 40%,在 3 万~5 万元的占 39% 左右,具体情况见图 3.2。如此高额的罚金刑,其适用的依据何在? 在 219 份涉及 255 人的司法判决中,有将近 1/3 的行为人没有固定职业,高额罚金刑的适用反而降低了行为人回

归社会的可能性,其不仅是一种不合理的重刑,社会效果也堪虞。

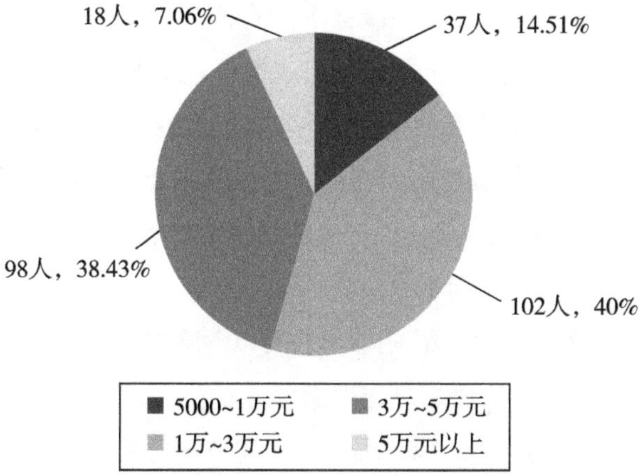

图 3.2　销售假药罪销售数额和罚金刑数额统计

（二）刑罚裁量中的政策性导向

刑罚裁量中的重刑化倾向与各地开展的各种专项整治活动密切相关,体现出社会治理对刑法的过度依赖,是对刑法作为保障法功能定位的错误认识,从严认定犯罪从重量刑,体现的是一般预防的需要,其效果堪忧。

根据最高人民法院工作报告反映出的信息,2012 年全国法院加大对危害食品药品安全犯罪行为的打击力度。根据笔者统计,2011 年 5 月 1 日至 2019 年 12 月 1 日,三个基层法院有关销售假药罪的司法判决中,有 254 件发生在 2011 年 5 月 1 日至 2013 年 1 月 6 日,占全部案件的 87% 左右,是刑法对生产、销售假药罪进行修正后开展的专项整治活动的典型体现。另外,2013 年 1 月 7 日后发生的销售假药案件,其定罪和量刑较之修正后刚开始的一年半左右均有明显松动。直至最高人民法院、最高人民检察院《关于办理危害药品安全刑事案件适用法律若干问题的解释》(法释〔2014〕14 号)发布,该解释第 11 条第 2 款规定“销售少量根据民间传统配方私自加工的药品,或者销售少量未经批准进口的国外、境外药品,没有造成他人伤害后果或者延误诊治,情节显著轻微危害不大的,不认为是犯罪”。至此,本应不作为犯罪处理的大量行为才得以出罪。危险驾驶罪也体现出类似问题,该罪在设立之初,全国也开展了整治醉驾的专项行动,相关刑事案件的数量激增,在定罪量刑方面均体现出明显的从严倾向，之后逐渐出现缓刑和定罪免刑的案例。这体现出社会治理中对刑法的过度依赖，背离了刑法作为保障法的最后手段要求，是对刑法功能的错误判断，体现出刑法工具主义倾向。事实上，对这些危害行为的整治未必只能依靠刑法，如笔者在统计的销售假药罪的案例中，销售行为发生在各种性保健品店和药房的占70%以上，假如有关职能部门依法履行职权，加强对性药以及有关药房、性保健品店的监管，性保健品店和药店销售假性药的现象不难得到解决。

对于司法中的重刑化问题，有学者在对以危险方法危害公共安全罪的论述中指出，“碰瓷”事件围绕着敲诈勒索罪与以危险方法危害公共安全罪展开，开车撞人事件围绕着交通肇事罪与以危险方法危害公共安全罪展开，“蛋白粉”事件围绕着生产伪劣产品和以危险方法危害公共安全犯罪之间展开。毫无例外的是，司法最终选择都是以危险方法危害公共安全罪，因为其刑罚要严厉得多。[1] 由此，不难看出司法对重刑的过度倚重。

二、混淆定罪情节和量刑情节

情节是指犯罪的情状，情节可以分为定罪情节和量刑情节。根据《刑法》的规定构成犯罪需要量的要求，《刑法》规定了“数额较大”“情节严重”“严重后果”等一系列罪量要素，这些与犯罪构成有关的情节就是定罪情节。定罪情节又可以分为基本情节与法定刑升格或减轻情节，基本情节用来区分罪与非罪，而加重或减轻情节用来区分轻罪与重罪。[2] 量刑情节是指“犯罪构成之外的、对犯罪的社会危害性和犯罪人的人身危险性具有影响作用的、人民法院在对犯罪人量刑时需要考虑的各种事实情况”。[3] 量刑情节是与是否构成犯罪无关，是与刑罚裁量相关的情节。定罪情节和量刑情节具有不同的功能，如果不作明确区分，就可能导致将原本不构成犯罪的行为认定为

---

〔1〕 参见孙万怀：《以危险方法危害公共安全罪何以成为口袋罪》，载《现代法学》2010年第5期。

〔2〕 参见陈兴良：《作为犯罪构成要件的罪量要素——立足于中国刑法的探讨》，载《环球法律评论》2003年第3期。

〔3〕 高铭暄、马克昌主编：《刑法学》，北京大学出版社、高等教育出版社2019年版，第250页。

犯罪,或者导致刑罚裁量上的偏差。司法中存在将量刑情节作为定罪情节处理的情况,其中较为典型的是将"行政处罚后又实施"作为定罪情节。

(一)将"行政处罚后又实施"作为定罪情节

如果说立法上将"行政处罚后又实施"作为犯罪成立的罪量要素只是极个别的例外的话,[1]那么将"行政处罚后又实施"作为罪量要素的司法解释则近乎成为一般选择。近些年,类似的司法解释已有40部左右。将行政处罚后又实施作为罪量要素主要有两种方式:第一种是直接将"行政处罚后又实施"作为罪量要素,第二种是将其作为降低犯罪"数额"要求的罪量要素。

最高人民法院、最高人民检察院《关于办理扰乱无线电通讯管理秩序等刑事案件适用法律若干问题的解释》(法释〔2017〕11号)第2条第9项规定将"曾因扰乱无线电通讯管理秩序受过刑事处罚,或者二年内曾因扰乱无线电通讯管理秩序受过行政处罚,又实施刑法第二百八十八条规定的行为的"作为扰乱无线电通讯管理秩序罪"情节严重"的标准之一,与违法所得3万元以上、同时使用3个以上"黑基站""伪基站"等情节并列作为罪量要素。有权机关给出的说明为"第九项是根据有关犯罪行为并结合人身危险性大小对入罪标准做出的特殊规定"。[2] 由此可见,该款的解释宗旨所考虑的显然是行为人的人身危险性,对曾因扰乱无线电通讯管理秩序受过刑事处罚情况而言,涉及对曾经犯罪行为的重复评价问题;对2年内曾因扰乱无线电通讯管理秩序受过行政处罚的情况而言,涉及将行政违法升格到刑事犯罪的问题。

---

〔1〕 我国《刑法》中将"行政处罚后又实施"作为定罪情节的罪名有三个,即走私普通货物物品罪、逃税罪以及非法种植毒品原植物罪。《刑法》第153条第1项规定:"走私货物、物品偷逃应缴税额较大或者一年内曾因走私被给予二次行政处罚后又走私的,处三年以下有期徒刑或者拘役,并处偷逃应缴税额一倍以上五倍以下罚金。"将一年内曾因走私被给予二次行政处罚后有走私的规定为犯罪行为模式之一。《刑法》第201条第3款规定:"有第一款行为,经税务机关依法下达追缴通知后,补缴应纳税款,缴纳滞纳金,已受行政处罚的,不予追究刑事责任;但是,五年内因逃避缴纳税款受过刑事处罚或者被税务机关给予二次以上行政处罚的除外。"《刑法》第351条第2项规定:"经公安机关处理后又种植的"构成非法种植毒品原植物罪。

〔2〕 袁杰、卢宇蓉、杨建军:《〈最高人民法院、最高人民检察院关于办理扰乱无线电通讯管理秩序等刑事案件适用法律若干问题的解释〉的理解与适用》,载最新法律文件解读丛书编选组编:《最高人民法院司法解释与指导性案例理解与适用》第6卷,人民法院出版社2018年版,第65页。

最高人民法院、最高人民检察院《关于办理非法采矿、破坏性采矿刑事案件适用法律若干问题的解释》(法释〔2016〕25号)第3条第3项规定将“二年内曾因非法采矿受过两次以上行政处罚,又实施非法采矿行为的”作为非法采矿罪“情节严重”的标准之一,与造成生态环境严重损害等其他情节并列作为罪量要素。这一司法解释出台的背景是《刑法修正案(八)》对非法采矿罪的修正,以“情节严重”取代“经责令停止开采后拒不停止开采,造成矿产资源破坏”的规定,降低了非法采矿罪的入罪门槛。对于司法解释将“二年内曾应非法采矿受过两次以上行政处罚”作为情节严重的标准,司法机关有关人员在理解与适用中给出的理由主要有两点:一是“蚂蚁搬家”取证困难,二是加大对惯犯的打击力度。[1] 此种解释立场具有有罪推定的色彩,以“长期从事非法采矿的惯犯”“收集交易单据等其他证据困难”为理由,推定其开采了“达到入罪标准的矿产品”,这种推定是否符合实质的罪刑法定原则是值得思考的问题。另外,“加大对该类人员的打击力度,以起到震慑效果”显然是一种对一般消极预防的过度追求。这种解释立场或给出解释理由的角度和有关立法具有高度一致性,如针对《刑法修正案(八)》对走私普通货物、物品罪的立法修正,[2]有权机关给出的理由是,“刑法是针对实践中出现的‘蚂蚁搬家’式的走私行为,无法追究刑事责任的情况,将这一行为规定为犯罪的”。[3]

另外,也存在很多司法解释将“行政处罚后又实施”作为降低入罪“数额”标准的情况。如最高人民法院、最高人民检察院、公安部、司法部《关

---

〔1〕 参见喻海松:《〈最高人民法院、最高人民检察院关于办理非法采矿、破坏性采矿刑事案件适用法律若干问题的解释〉的理解与适用》,载江必新主编:《最高人民法院司法解释与指导性案例理解与适用》第5卷,人民法院出版社2017年版,第93页。喻海松指出:“一方面,实践中出现‘蚂蚁搬家’式的非法采矿行为,在被查获后行为人往往否认在被转之前存在开采行为,而被查获的矿产品达不到入罪标准。而且,此种情形的矿产品交易往往采取现金交易的方式,收集交易单据等其他证据也十分困难。因此,对此种行为,只能给予行政处罚,对屡罚屡犯者难以起到作用。另一方面,实践中一些犯罪分子是长期从事非法采矿的惯犯,特别是其中有一些在受过多次行政处罚甚至刑事处罚后屡教不改,继续进行非法采矿,应加大对该类人员的打击力度,以起到震慑效果。”

〔2〕 如《刑法修正案(八)》将“一年内曾因走私被给予二次行政处罚后又走私的”作为走私普通货物、物品罪的罪量要素之一。

〔3〕 参见黄太云:《〈刑法修正案(八)〉解读(三)》,载《人民检察》2011年第8期。

于办理非法放贷刑事案件若干问题的意见》(法发〔2019〕24 号)第 3 条第 1 项规定“2 年内因实施非法放贷行为受过行政处罚 2 次以上的”,在确定数额、数量起点标准时接近意见第 2 条规定的“情节严重”“情节特别严重”的标准即可认定,“接近”一般应掌握在相应数额、数量标准的 80% 以上。

事实上,将“行政处罚后又实施”作为降低“数额”要求的司法解释仅 2013 年就有 3 部。最高人民法院、最高人民检察院《关于办理盗窃刑事案件适用法律若干问题的解释》(法释〔2013〕8 号)第 2 条规定:“盗窃公私财物,具有下列情形之一的,‘数额较大’的标准可以按照前条规定标准的百分之五十确定……(二)一年内曾因盗窃受过行政处罚的……”盗窃罪是侵犯财产权益的犯罪,该司法解释第 2 条是关于盗窃罪罪量要素的特别规定,其中第二种情形就是基于惩治惯犯的需要而作出的预防性规定。此外,有关抢夺罪和敲诈勒索罪的司法解释也都有类似规定,最高人民法院、最高人民检察院《关于办理抢夺刑事案件适用法律若干问题的解释》(法释〔2013〕25 号)第 2 条第 2 项规定“一年内曾因抢夺或者哄抢受过行政处罚”,抢夺公共财物的“数额较大”以定罪数额标准的 50% 确定。最高人民法院、最高人民检察院《关于办理敲诈勒索刑事案件适用法律若干问题的解释》(法释〔2013〕10 号)第 2 条第 2 项关于敲诈勒索罪的罪量要素也有这样的规定。前者有关抢夺罪“行政处罚后又实施”的规定理由在于“对抢夺犯罪而言,抢夺数额固然是影响定罪量刑的重要情节。但除此之外,行为人的一贯表现、犯罪方式、抢夺对象、时间、地点后果等也应当是影响社会危害性的重要因素”。[1] 后者的理由在于“旨在避免‘唯数额论’的不足,对社会危害性严重的敲诈勒索行为降低入罪门槛,有利于更好地贯彻宽严相济刑事政策和罪责刑相适应原则”。[2]

---

〔1〕 周家海:《〈最高人民法院、最高人民检察院关于办理抢夺刑事案件适用法律若干问题的解释〉的理解与适用》,载最高人民法院研究室编:《最高人民法院司法解释正式文本 · 理解适用 · 典型案例》,法律出版社 2014 年版,第 377 页。

〔2〕 同上书,第 165 页。

(二)行政处罚后又实施作为定罪情节评析

司法解释大量将“行政处罚后又实施”作为定罪情节,实际上是将人身危险性列入罪量要素,体现出明显的社会防卫思想,混淆了定罪情节与量刑情节,混淆了刑法对象是行为而非行为人,造成了重复评价,最终不适当扩大了犯罪圈,[1]从而背离刑法谦抑性的基本理念。

详细分析相关司法解释给出的理由,可以将“行政处罚后又实施”作为定罪情节的依据概括为“犯罪行为结合人身危险性大小对入罪标准作出的特殊规定”[2]或者是“存在‘蚂蚁搬家式’违法行为,取证困难”等。就后者而言,无论是“蚂蚁搬家式”,还是“取证困难”等各方面的考虑,不仅违反刑法谦抑性的基本要求,在本质上是一种有罪类推,违背罪刑法定主义的基本要求。

就前者而言,“人身危险性”表明的是将来犯罪的可能性,反映的是未然之罪,而刑法规制或者处罚的基础只能是已然之罪,人身危险性对定罪没有意义,其只能作为犯罪成立后的量刑情节。“定罪是对已然事实给社会造成危害的评价,未然的事实不能作为评价的依据。”[3]同时,考虑特殊预防的需要将“行政处罚后又实施”作为定罪情节,也违背了责任主义的基本要求。再犯的可能性并不能说明行为本身的违法性程度,在入罪时考虑再犯可能性,混淆了预防和责任的区分,而类似规定的泛化也是一种行为人刑法的体现。[4]

就将“行政处罚后又实施”作为法定刑升格条件而言,“行政处罚后又实施”体现的是再犯的可能性较高,应该作为基于特殊预防的考虑而从重处罚

---

〔1〕 参见李永升、胡冬阳:《人身危险性导入罪量要素之检讨》,载《国家检察官学院学报》2017年第2期。

〔2〕 袁杰、卢宇蓉、杨建军:《〈最高人民法院、最高人民检察院关于办理扰乱无线电通讯管理秩序等刑事案件适用法律若干问题的解释〉的理解与适用》,载最新法律文件解读丛书编选组编:《最高人民法院司法解释与指导性案例理解与适用》,人民法院出版社2018年版,第65页。

〔3〕 王晨:《刑事责任的一般理论》,武汉大学出版社1998年版,第234页。

〔4〕 参见胡剑锋:《“行政处罚后又实施”入罪的反思及限缩》,载《政治与法律》2014年第8期。胡剑锋在文中指出:“如果‘行政处罚后又实施’入罪日益泛化,在我国刑法所规定的具体犯罪中除自然犯以外,都可以此解释为犯罪成立条件之一,如此我国刑法就成为名副其实的行为人刑法了。”

的情节。但是，再犯的可能性只能说明特殊预防需要的多少，是一种从重处罚的量刑情节，显然不能成为法定刑的升格条件，否则会造成罪刑关系的严重失衡，导致刑罚裁量趋重。[1]

三、未区分责任刑和预防刑

刑罚的正当性根据在于公正的报应和犯罪的预防，与之相对应，基于责任的报应而裁量的刑罚是报应刑，基于预防的需要而裁量的刑罚是预防刑。刑罚应当以行为人的责任为前提，因此应当由责任划定刑罚的上限。责任刑和预防刑并非在所有情况下都具有一致性，甚至在有些时候存在冲突，有的犯罪罪行严重，责任刑较重，但是预防的必要性小；而有的犯罪罪行较轻，但是预防的必要性大。这种情况下如何处理是一个需要认真研究的问题。[2]

未树立以责任刑限制预防刑的理念，有可能导致宣告刑过重。我国刑法理论和司法实践中并没有对责任刑和预防刑进行明确区分，《最高人民法院关于常见犯罪的量刑指导意见(二)》(法发〔2017〕7 号)[以下简称《量刑指导意见(2017)》]在量刑指导原则中虽规定："量刑既要考虑被告人所犯罪行的轻重，又要考虑被告人应负刑事责任的大小，做到罪责刑相适应，实现惩罚和预防犯罪的目的。"但是没有对责任刑和预防刑进行明确区分，司法实践中更没有树立用责任刑限制预防刑的理念，可能导致基于预防的需要超出责任刑的限制，这种倾向在各种专项整治活动中表现明显。事实上本书所提到的销售假药罪的重刑化问题，就是基于一般预防的需要超出责任刑限制进行刑罚裁量的结果。另外，就其他犯罪的刑罚裁量而言，司法实践中出现的案例也能对这一点予以反证，例如被告人毛志尧醉酒超速交通肇事案，其醉酒超速驾车致一人死亡，一审法院以被告毛志尧具有自首、认罪悔罪、刑事和解等情节，以交通肇事罪对其定罪免刑，这一判决引起社会广泛关注。后经再审，

---

〔1〕 参见周光权：《论量刑上禁止不利评价原则》，载《政治与法律》2013 年第 1 期。周光权教授在文中指出："将原本属于从重处罚的量刑情节作为法定刑升格条件，从而加重处罚的，会导致罪刑关系失衡，造成对被告人不利的后果。因为一个情节只能证明一个量刑事实，只能提供一个刑罚适用理由。从结局上看，显然不能根据一个从重量刑情节就得出加重处罚的结论。"

〔2〕 参见张明楷：《论影响责任刑的情节》，载《清华法学》2015 年第 2 期。

改判被告人毛志尧有期徒刑 1 年，缓刑 1 年 6 个月。[1] 对此，公众的主要质疑是在醉驾超速驾驶没有造成任何实际损害结果的情况下，且不论毛志尧血液酒精含量如何，超速驾驶一般是危险驾驶罪的从重情节，对毛志尧以危险驾驶罪定罪处刑，一般都不会宣告缓刑更遑论定罪免刑。本案中，毛志尧存在的从轻量刑情节主要包括自首、认罪悔罪、刑事和解等，但这些情节主要是影响预防刑的量刑情节，说明其特殊预防的需要较小，宣告缓刑并没有法律上的障碍。但是，本案从另一个方面也表明对危险驾驶罪刑罚裁量趋重，假设毛志尧醉酒后超速驾驶没有造成任何实际损害结果，其被宣告缓刑的可能性也不大，由此可以反证，对危险驾驶罪的刑罚裁量中存在基于预防的需要而超出责任限制的问题。

对影响责任刑的量刑情节和影响预防刑的量刑情节未作区分，导致量刑情节不能正确发挥作用。我国刑法理论通常基于不同的标准，将量刑情节划分为法定量刑情节以及酌定量刑情节，从宽量刑情节和从严量刑情节，罪中情节、罪前情节和罪后情节等。司法实践中，由于没有责任刑和预防刑的区分，在量刑情节上也就不会按照情节与预防刑和责任刑的关系进行分类。影响责任刑的量刑情节是与责任相关的情节，主要包括定罪事实之外的表明不法和责任程度的事实。影响预防刑的量刑情节主要是表明预防必要性大小的情节，如自首、坦白、累犯等有关行为人再犯可能性的情节。[2] 这种分类的缺失导致量刑情节不能正确发挥作用，尤其是可能导致宣告刑过重，背离刑法谦抑性的要求。

如最高人民法院、最高人民检察院《关于办理贪污贿赂刑事案件适用法律若干问题的解释》(法释〔2016〕9 号)第 1 条第 2 款规定“贪污数额在一万元以上不满三万元，具有下列情形之一的，应当认定为刑法第三百八十三条第一款规定的‘其他较重情节’……”将“曾因贪污、受贿、挪用公款受过党纪、行政处分的”以及“曾因故意犯罪受过刑事追究的”作为“其他较重情

〔1〕 参见卢建平：《从一重处断时的从轻处罚——关于毛志尧交通肇事案评析》，载《人民法院报》2019 年 8 月 28 日，第 3 版。

〔2〕 参见张明楷：《论影响责任刑的情节》，载《清华法学》2015 年第 2 期。

节”。这两种情节均属于体现人身危险性的预防情节，而非体现法益侵害程度的事实，将影响预防刑的量刑情节作为定罪情节，有扩大犯罪成立范围的嫌疑。同时，该解释第2条规定“贪污数额在十万元以上不满二十万元，具有本解释第一条第二款规定的情形之一的，应当认定为刑法第三百八十三条第一款规定的‘其他严重情节’……”将“曾因贪污、受贿、挪用公款受过党纪、行政处分的”以及“曾因故意犯罪受过刑事追究的”作为“其他严重情节”，法定刑升格为3年以上10年以下有期徒刑。这两种情节显然属于影响预防刑的量刑情节，将其作为法定刑升格条件，突破了责任刑的限制。

又如也有司法解释将盗窃数额达到“数额较大”或者“数额巨大”的起点，同时又是累犯的作为“其他严重情节”或者“其他特别严重情节”其法定刑升格为下一个罪刑阶段。[1] 依照《刑法》规定，累犯本来属于从重处罚情节，必须在法定刑最高幅度之下判处刑罚。这一司法解释属于典型的未区分影响责任刑的量刑情节和影响预防刑的量刑情节的情形，累犯属于影响预防性的量刑情节，其本身受到责任刑的限制，司法解释将其作为法定刑升格的条件，突破了责任的限制，必然导致刑罚裁量趋重。

另外，司法实践中通常将犯罪的目的或者动机作为体现行为人身危险性或再犯可能性的因素，作为影响预防刑裁量的情节。但是，有时犯罪的目的和动机应该属于影响责任刑的量刑情节，如为了给重病住院的母亲筹措治疗费用而被迫盗窃的，其动机值得宽恕，但是这种情节体现的应该是行为人责任程度的减少，属于影响责任的量刑情节。另外，期待可能性的减少也是影响责任刑的量刑情节，例如，被告人廖丹因家境困难，4年间为了给身患尿毒症的妻子做透析，伪造医院收费专用章加盖在收费单上，骗取医院医药费17万元左右。人民法院综合廖丹的认罪态度及积极退赔案款、受害医院谅解、

〔1〕 参见《最高人民法院关于审理盗窃案件具体应用法律若干问题的解释》（法释〔1998〕4号）第6条第4项的规定，即“（三）盗窃数额达到‘数额较大’或者‘数额巨大’的起点，并具有下列情形之一的，可以分别认定为‘其他严重情节’或者‘其他特别严重情节’”。其中规定了累犯。该司法解释现已失效。

家庭的特殊等情况，判处其有期徒刑 3 年，缓刑 4 年。[1] 这里所考虑家庭的特殊情况，指的就是被告人一贫如洗但又救妻心切这一事实，期待可能性这一影响责任刑的情节得到了司法认可。[2] 本案如果不将期待可能性作为减轻责任量刑情节，就很难适用缓刑。

---

〔1〕 参见《丈夫为救妻私刻医院公章骗取医疗费续：廖丹获缓刑》，载凤凰网，http://news.ifeng.com/gundong/detail_2012_12/08/19972162_0.shtml。

〔2〕 参见周光权：《阶层犯罪论及其实践展开》，载《清华法学》2017 年第 5 期。

第四章 刑事司法中的定罪谦抑

第一节 定罪谦抑概说

一、定罪谦抑的界定

刑法谦抑性在司法上实现的首要要求就是定罪谦抑。定罪是司法运行的核心,定罪谦抑是刑法谦抑性在司法中实现的基础。有学者认为,定罪是指犯罪的认定,是司法机关依照刑法的规定,确认某一行为是否构成犯罪、构成什么犯罪以及重罪还是轻罪的一种刑事司法活动。[1] 这其实对定罪所包含的主要内容也作了明确界定。也有学者认为,定罪是指司法机关对于被审理的行为与法定犯罪构成之间进行相互一致的认定活动。[2] 事实上,无论学者对定罪的界定有何区别,定罪是一种依照犯罪构成进行犯罪认定的过程,而犯罪构成是区分罪与非罪的标准,是认定犯罪的法律标准。[3]

所谓定罪谦抑,是指司法机关在定罪的过程中,在确定罪与非罪、此罪与彼罪等方面,秉持谦抑理念,对构成要件要素进行限制解释,关注出罪事由的适用,使犯罪的认定符合刑法谦抑之补充性、宽容性以及经济性的基本要求,实现一定范围内的非犯罪化。定罪是一个价值选择过程,是特定主体根据刑

---

〔1〕 参见陈兴良:《定罪之研究》,载《河南省政法管理干部学院学报》2000 年第 1 期。

〔2〕 参见李洁:《定罪量刑情节若干问题研究》,载《北华大学学报(社会科学版)》2001 年第 1 期。

〔3〕 参见高铭暄、马克昌主编:《刑法学》(上编),中国法制出版社 1999 年版,第 87 页。

法规范的内容、依据某种固定路径对具体行为进行适法性认定的过程，在这一过程中，定罪受到司法者价值观念的影响。刑法谦抑性要求在定罪的过程中，秉持谦抑理念，在对具体行为依照某种路径进行适法性认定时，保持谦虚抑制，合理认定犯罪，将犯罪限制在必要的最小范围之内。

二、定罪谦抑的重点问题

定罪作为对犯罪的认定，是依据某种路径或者标准进行的，这种路径和标准就是犯罪构成，刑法的整个犯罪论体系都是围绕定罪而展开的。[1] 在刑法实践中，基于罪刑法定主义的要求，犯罪成立要件作为定罪的标准总是先于定罪活动而存在，定罪的过程总是包含将犯罪成立要件的具体刑法规范适用于客观事实的过程。然而，无论是历史还是现实的经验都表明，即使是表面上内容明确的刑法规范，在司法实践中也不可能针对客观事实自动对号入座，必须通过一定的方式、路径将刑法规范中所包含的犯罪成立条件予以体系化与明确化。[2] 这种方式或路径就是犯罪论体系，在司法上实现定罪谦抑，必须在犯罪论体系中寻求刑法谦抑性的存在空间和作用机理。

关于定罪的最基本理论莫过于犯罪论本身，其反映了定罪的基本要素和基本逻辑，也可以说是定罪的基本要素和基本逻辑。德日犯罪论体系通过构成要件符合性、违法性和有责性的递进式判断实现犯罪的认定，不法和责任的阶层结构是犯罪论的基础；我国传统的四要件犯罪论体系，以社会危害性为核心，以主客观相统一的结构为基础。这两种犯罪论体系在构成要件要素上并无不同，但在认定犯罪的逻辑结构上差异较大，主要表现在 3 个方面。其一，实质评价的体系地位问题。虽然不同的犯罪论体系都将罪刑法定奉为基本原则，但如何在构成要件之内解决实质评价问题，也就是社会危害性评价问题，两种犯罪论体系有不同的倾向，阶层论体系更强调形式优于实质，四要件体系明显强调实质决定形式。例如，如何理解规范的构成要件要素就是

---

〔1〕 参见陈兴良：《定罪之研究》，载《河南省政法管理干部学院学报》2000 年第 1 期。

〔2〕 参见唐稷尧：《从文本中的刑法到司法中的刑法——定罪视野下犯罪成立要件确定机制研究》，法律出版社 2014 年版，第 2 页。

一个突出问题。其二,犯罪阻却事由的地位问题。相比阶层论体系,四要件体系将典型的犯罪阻却事由(正当防卫、紧急避险)置于体系之外,对于责任阻却事由讨论较少,如何对待责任阻却事由已成为我国司法实践亟须思考的问题。其三,可罚性的地位问题。由于德日刑事立法中并不包含罪量要素,因此阶层论体系中较少讨论可罚性问题,但在我国"立法定性+定量"的犯罪规定模式下,关于可罚性的讨论是不可回避的问题,尤其是我国《刑法》关于可罚性要素的规定又多表现为抽象事由,如"情节严重""情节恶劣"等,司法实践中如何适用可罚性条款就成为一个重要的解释学问题。选择哪种犯罪论体系是定罪的立场问题,而上述三个问题是任何定罪立场下都亟待解决的问题,因此,对于上述三个问题谦抑性的讨论就成为定罪谦抑的重点问题。就定罪谦抑而言,本部分选取我国刑事司法实践中实现定罪谦抑面临较大困境的三个具体问题展开讨论。

一是对规范的构成要件要素的理解问题。我国《刑法》在罪状的设定中存在大量需要进行价值判断的规范的构成要件要素,这些规范的构成要件要素可以分为法律的评价要素和经验法则的评价要素以及社会的评价要素等。如"违反国家规定""公文""危害""淫秽物品""猥亵",这些构成要件要素的适用有赖于司法者的价值判断,而对构成要件要素的理解判断不同将直接影响犯罪的认定。在司法中贯彻定罪谦抑,就必须采用适当方法限定对规范的构成要件要素的解释,将不值得动用刑法的行为排除在构成要件符合性判断之外。

二是对作为责任阻却事由的特殊防卫的认定问题。由于实务中有关正当防卫的案件几乎都发生在严重危及人身安全的暴力犯罪场合,特殊防卫的适用就成为理解防卫制度的关键问题。我国理论界通常将特殊防卫理解为注意规定,以法益权衡理论解释特殊防卫问题,但严格的法益权衡理论恰恰是导致唯结果论误区的理论基础。尤其突出的问题是,理论界对作为责任阻却事由的特殊防卫的研究不足,实务中依据严格的法益权衡理论将阻却责任的特殊防卫认定为防卫过当,追究刑事责任,导致正当防卫的出罪机能受到限缩,违背了刑法谦抑的基本要求。因此,应将我国《刑法》第 20 条第 3 款理解为法律拟制,其教义学定位是以期待可能性为原理的责任阻却事由。

三是对客观处罚条件的认定问题。我国《刑法》采取了"立法定性 + 定量"的犯罪规定模式,司法中如何理解刑法规定的罪量要素对于定罪至关重要。由于罪量要素的规定大都具有一定的模糊性,对罪量要素的认定往往比对定性的判断更加困难,对谦抑理念的贯彻影响可能也更大。《刑法》中规定的客观处罚条件,可以分为中立性客观处罚条件和政策性客观处罚条件。因此,对中立性客观处罚条件,必须通过一定方式限制其适用范围,即必须明确区分构成要件要素和客观处罚条件,客观处罚条件必须和实行行为至少具有条件关系,行为人应对客观处罚条件的发生具有一般人的经验认识,而中立性客观处罚条件不得类推适用。政策性客观处罚条件本身与构成要件的不法和责任完全没有关联,其基于特殊预防的需要而设计,是前置于刑事诉讼程序的刑罚启动事由,充分体现了刑法谦抑理念的要求。

第二节　规范的构成要件要素认定中的谦抑性

我国《刑法》分则对具体犯罪进行规定和描述时,需要概括性地描述犯罪成立的整体要件,具体个罪的规定都是对犯罪的类型化,不可避免地要使用到抽象的、规范的要素进行表达,如"国家规定""枪支""其他危险方法"等。司法中,这些规范的构成要件要素的认定和理解,将直接决定行为是否符合刑法规定的构成要件,对某个构成要件要素理解上的偏差将直接导致刑法适用上的差别。规范的构成要件要素是一种典型的开放结构,司法者在规范的构成要素认定中具有较大自由裁量权,这种裁量上的余地和空间必然会影响规范性要素的适用。[1] 因此,在定罪中贯彻刑法谦抑性的基本理念,必须采用适当方法限缩对规范的构成要件要素的解释和适用。

---

〔1〕 参见张建军:《论规范的构成要件要素的明确性》,载《当代法学》2012 年第 5 期。

一、规范的构成要件要素概述

(一)规范的构成要件要素界定

规范的构成要件要素这一概念最先由麦茨格(Metzger)提出,他以在适用时是否需要司法者补充价值判断或是否体现司法者的自由裁量权为依据,将构成要件要素分为记述的构成要件要素以及规范的构成要件要素。记述的构成要件要素仅需司法者与事实进行对比涵摄,是纯粹的认知活动。与此相对,规范的构成要件要素则需司法者补充价值判断才可得出结论。威尔泽尔(Wilzel)认为,可以靠感觉理解的要素是记述的构成要件要素,规范的构成要件要素只有通过精神理解才能获得。平野龙一指出,规范的构成要件要素"是不能进行感觉的理解,只能进行精神的理解的要素"。[1] 恩吉施(Engisch)认为,记述的构成要件要素描述的是可以感觉到的经验的事实,而规范的构成要件要素是只有与规范世界相关联才能想象或理解的既存。[2] 帕多瓦尼认为,以人们的经验为基础作为判断标准,对客观事实进行简单的判断的要素是记述的构成要件要素;需要根据特定的标准来进行价值判断的要素是规范的构成要件要素。[3] 大谷实认为,记述的构成要件要素是仅仅需要司法者的解释或认识活动就能确定含义的要素,规范的构成要件要素是必须经过司法者进行价值判断才能确定的要素。[4] 我国刑法学者王昭振认为,规范的构成要件要素是指,根据立法者在立法时制定的法律解释或判定标准不足以判定其含义,需要司法者在法律适用中进行社会文化、道德观念补充才能确定其含义的要素,而司法者在适用立法时,只要按照立法者所确定的判定标准即可判定的要素是记述的构成要件要素。[5]

当然,记述的构成要件要素与规范的构成要件要素的区分是相对的,记

---

〔1〕 参见张明楷:《刑法学》,法律出版社 2016 年版,第 121 页。

〔2〕 参见[德]卡尔·恩吉施:《法律思维导论》,郑永流译,法律出版社 2004 年版,第 134 页。

〔3〕 参见[意]杜里奥·帕多瓦尼:《意大利刑法学原理》,陈忠林译,法律出版社 1998 年版,第 102 页。

〔4〕 参见[日]大谷实:《刑法总论》,黎宏译,中国人民大学出版社 2009 年版,第 120 页。

〔5〕 参见王昭振:《论规范构成要件要素的刑法内涵与类型》,载《法学评论》2009 年第 2 期。

述的构成要件要素中包含简单的评价要素,规范的构成要件要素也不可能脱离描述性的事实而单独存在。二者的界分具有一定的模糊性,应秉持谦抑理念诠释不明晰的规范的构成要件要素,从而防止对规范的构成要件要素的扩大解释,在构成要件符合性这个层次上排除成罪的可能性,防止不当的犯罪化,贯彻定罪谦抑的要求。

(二)规范的构成要件要素的分类

关于规范的构成要件要素的分类,主要有三种学说:两类型说、三类型说和四类型说。其中,帕多瓦尼教授主张,将规范的构成要件要素分为法律的规范性构成要件要素和非法律的规范性构成要件要素两种类型,[1]这种学说将一切与法的评价无关的要素都划分为非法律性的规范要素,在司法运用中充满不确定性与模糊性。三类型说在两类型说的基础上又进行了细分,大塚仁将其分为法的评价要素、需要经验处理的认知要素和社会一般评价要素。[2] 小野清一郎提出四类型说,将规范的构成要件要素分为法的评价要素、认知的评价要素、社会文化的评价要素和伦理道德的评价要素。[3] 但是伦理道德无法脱离社会文化而单独存在,是社会文化的重要组成,将包含与被包含的部分并列讨论是不符合逻辑的。以上的分类方法中,三类型说更具有合理性,张明楷教授也倾向于三类型说,他将规范的构成要件要素分为法律的评价要素、经验法则的评价要素和社会的评价要素。[4] 本书采用这一立场对规范的构成要件要素认定中的谦抑性问题进行分析。

二、规范的构成要件要素认定中的谦抑要求

在对规范的构成要件要素进行司法诠释时,要体现刑法的谦抑性理念。“在由于语言的特点导致刑法的文字表述可能包含了不值得科处刑罚的行为

---

〔1〕 参见[意]杜里奥·帕多瓦尼:《意大利刑法学原理》,陈忠林译,法律出版社1998年版,第102页。

〔2〕 参见[日]大塚仁:《刑法概说》(总论),冯军译,中国人民大学出版社2003年版,第131页。

〔3〕 参见[日]小野清一郎:《犯罪构成要件理论》,王泰译,中国人民公安大学出版社2004年版,第56页。

〔4〕 参见张明楷:《规范的构成要件要素》,载《法商研究》2007年第6期。

的前提下，应当对刑法做出实质的解释，使刑法所规定的行为仅限于值得科处刑罚的行为。"[1]规范的构成要件要素在刑法中的存在多是语言的局限导致的，在对其与具体案件事实进行符合性判断时，要注重发挥出罪功能。

规范的构成要件要素是需要进行价值判断的犯罪构成要素，在进行判断时所秉承的理念、判断运用的方法等，都将影响对具体行为是否构成犯罪的认定。通常来讲，构成要件的该当性是指行为符合刑法分则条文所规定的特征，包含四个部分，即实行行为、因果关系、构成要件的故意、构成要件的过失。[2] 实行行为包括作为和不作为，因果关系是指危害行为与危害结果之间引起与被引起的关系，构成要件的故意是指认识到行为体现社会危害性的基础事实并企图实现，但不包括社会危害性本身。[3] 构成要件的故意不同于作为责任要素的故意，不要求行为人有违法性认识。构成要件的过失是指行为人对危害结果既没有认识也不容忍，只是因为违反了注意义务而产生了结果，同样不同于作为责任要素的过失。一个行为符合构成要件该当性，又没有违法阻却事由，即在不法层面构成了犯罪。构成要件是违法类型，反映的是行为对法益的侵害性，[4]作为构成要件的下位概念，规范的构成要件要素同样是违法性的存在根据，对规范的构成要件要素的解释是体现实质违法性的重要根据。应从法益保护的角度对规范的构成要件要素进行合理的解释，排除形式上符合构成要件要素但实质上缺乏法益侵害的行为，如此，才能在定罪中体现刑法谦抑理念的要求。

在对规范的构成要件要素作出解释时，首先应当注意是否需要援引其他法律法规，援引的法律法规所保护的法益与刑法所保护的法益是否相同。如果其他法律法规保护的法益不在刑法保护法益范围之内的，则不构成犯罪。

---

[1] 张明楷：《刑法分则的解释原理》，中国人民大学出版社 2004 年版，第 12 页。

[2] 参见陈兴良：《犯罪构成的体系性思考》，载《法制与社会发展》2000 年第 3 期。

[3] 参见柏浪涛：《规范性构成要件要素的错误类型分析》，载《法商研究》2019 年第 1 期。柏浪涛将基础事实分为自然范畴的基础事实和能体现社会危害性的社会范畴的基础事实。如自然范畴的基础事实是一张纸、一些文字或符号，而社会范畴的基础事实是其具有思想内容和证明功能的国家机关公文。

[4] 参见张明楷：《刑法学》，法律出版社 2016 年版，第 115 页。

如《刑法》第 141 条生产、销售假药罪第 2 款对假药的认定标准作出规定，即假药是指依照我国《药品管理法》规定属于假药和按假药处理的药品、非药品两类。而依照《药品管理法》的规定，属于假药和按照药品处理的范围较大，其中包括了“未尽批准在我国上市销售的药品”等，如果从实质解释立场来说，生产、销售假药罪的核心法益是生命健康权，而此种以假药处理的药品不具备侵犯生命健康权的可能性，是可以排除在外的。另外，不可以以兜底罪名为由扩大处罚范围；侵犯了刑法所保护的法益后也不一定成立犯罪，因为刑法作为最后的保障手段，不处罚不值得科处刑罚的行为。在对法律用语的理解有分歧的情况下，可以引入下位概念，当行为人侵犯的利益不在刑法保护的法益垂直涵摄范围内，则不构成犯罪。在危险犯的处理中，区别抽象的危险犯与具体的危险犯，以自然科学的实践经验为标准评价经验法则的评价要素，尽可能地排除司法者的主观评价。在无法完全排除司法者主观评价的社会评价要素中，司法者应清楚自身的独特性，尽量减少独特经历所带来的主观评价，实践中必须以法益保护为导向来平衡一般人的认识。只有明确了对规范的构成要件要素的解释，才能更好地在定罪中贯彻刑法谦抑理念。同时，对于某些规范的构成要件要素，尤其是社会的评价要素，也要随着时代的变化而变化。

三、规范的构成要件要素谦抑认定的具体方法

传统的对规范的构成要件要素的解释方法是引入“外行人平行评价”标准，即一般人的认识，一般人所理解的意义，[1]将晦涩的、专业的法律用语解释成为可以被一般人理解的认识标准。这种传统理论的缺陷是，在司法者寻求“专业”和“通识”之间的共通时，难以找到真正的平衡点；作为二者之间沟通的桥梁，司法者不可避免地会代入自己的主观判断。以我国目前司法实践的现状来看，司法者缺少应有的解释指导标准，在适用规范的构成要件要素

〔1〕 德国、日本刑法理论与审判实践上，麦茨格在宾丁之后发展和完善的“行为人所属的常人领域的平行评价”理论一直得到普遍承认和适用。参见[日]大塚仁：《犯罪论的基本问题》，冯军译，中国政法大学出版社 1993 年版，第 214 页。

时,有先得出有罪的结论,后将规范的构成要件要素向事实靠拢进行解释之嫌。有学者提出,可以在传统理论的基础上,以一定刑事立法目的为标准,将其解释为一般人可以理解的评价,[1]即以刑法保护的法益为判断导向。这是一个行之有效的解释方法。另外,在解释存在分歧意见的规范构成要件要素时,可以借助下位概念和法庭辩论来找寻司法者和一般人认识之间的平衡点,将这个平衡点运用到法律的逻辑判断中,从实行行为、因果关系、构成要件的故意、构成要件的过失中寻找可以阻却违法性的事由,体现刑法的谦抑性。

(一)法律的评价要素

法律的评价要素,是必须根据相应的法律法规才能得出评价的要素。首先,司法者必须将相关法律、法规的规定作为判断的逻辑前提,从而判断具体的案件事实与规范的构成要件要素之间的符合性。[2]

首先,因此,厘清判断所需的法律、法规的范围,成为首要的前提。如我国《刑法》中的"违反国家规定",存在40多处,实际上属于《刑法》规定的空白罪状,如第137条规定的工程重大安全事故罪中的"国家规定"、第163条第2款中规定的非国家工作人员受贿罪中的"国家规定"等。对"国家规定"这一规范的构成要件要素的理解,将在很大程度上决定行为的构成要件的符合性判断。这里的相应的法律法规是指有关联的法律法规(包括刑法)中的一些规定,如非法经营罪中的法律评价要素是"违反国家规定",不包括经二次授权制定的部门规章和地方性法规。对此,司法解释也对"国家规定"的范围予以明确,将地方性法规、部门规章排除在外。[3]《刑法修正案(九)》将侵犯公民个人信息罪的前提条件由"违反国家规定"修改为"违反国家有

---

〔1〕 参见王昭振:《论规范构成要件要素司法诠释的标准与方法》,载《刑事法评论》2008年第2期。

〔2〕 参见张明楷:《规范的构成要件要素》,载《法学研究》2007年第6期。

〔3〕 参见最高人民法院《关于准确理解和适用刑法中"国家规定"的有关问题的通知》(法发〔2011〕155号),明确指出"国家规定"指"全国人民代表大会及其常务委员会制定的法律和决定,国务院制定的行政法规、规定的行政措施、发布的决定和命令"。"对于违反地方性法规、部门规章的行为,不得认定为违反'国家规定'。"

关规定”,这是我国《刑法》唯一一处使用“国家有关规定”的表述,对此,最高人民法院、最高人民检察院《关于办理侵犯公民个人信息刑事案件适用法律若干问题的解释》(法释〔2017〕10号)将“国家有关规定”解释为“违反法律、行政法规、部门规章有关公民个人信息保护的规定”。“国家规定”和“国家有关规定”在文义解释方面并没有本质区别,在我国《刑法》总则明确将“部门规章”排除在“国家规定”之外的情况下,〔1〕认为“国家有关规定”包括部门规章,显然是对总则规定的违背。另外,就法律的效力阶层而言,地方性法规的阶层效力并不低于部门规章,将部门规章纳入“国家有关规定”的范围缺乏充分依据。

其次,在引入相关法律法规后,需要判断其保护的具体法益是什么。例如,作为典型行政犯的非法经营罪,其成立前提是违反行政法规并侵犯了行政法规所保护的法益,由于行政法和刑法的立法目的和价值追求之间并不完全统一,所以并不是所有违反国家许可管理规定的非法经营行为,只要达到“情节严重”,就构成非法经营罪。判断行政法和刑法所保护的法益的异同,可以从实行行为上阻却犯罪成立,达到限制刑罚扩张的目的。当行为人侵犯的法益被行政法和刑法同时保护时,还要判断其造成的损害后果是否值得被科处刑罚。当行政法足以处理当前的损害后果时,基于刑法补充性的考虑,刑法就不宜再介入,定罪谦抑才有可能实现。如非法持有枪支罪等枪支类犯罪,枪支的认定至关重要,“枪支”的判断标准成为司法实务中适用非法持有枪支罪的核心问题。我国《枪支管理法》在对枪支进行界定时,只是明确了枪支的性能特征,〔2〕无法在实践中作为认定枪支的明确依据。根据《枪支管理法》第4条的规定,“国务院公安部门主管全国的枪支管理工作”,也就是说,枪支的具体认定标准是国务院公安部门制定的。公安部先后制定了3部有关枪支认定的标准文件,包括《公安机关涉案枪支弹药性能鉴定工作规

〔1〕《刑法》第96条规定:“本法所称违反国家规定,是指违反全国人民代表大会及其常务委员会制定的法律和决定,国务院制定的行政法规、规定的行政措施、发布的决定和命令。”

〔2〕我国《枪支管理法》第46条规定:“本法所称枪支,是指以火药或者压缩气体等为动力,利用管状器具发射金属弹丸或者其他物质,足以致人伤亡或者丧失知觉的各种枪支。”

定》(公通〔2001〕68号)、《枪支致伤力的法庭科学鉴定判据》(GA/T728－2007)和《公安机关关于涉案枪支弹药性能鉴定工作规定》(公通〔2010〕67号),后者进一步降低了枪支认定的标准,明确对不能发射制式弹药的非制造枪支,“枪口动能大于等于1.8焦耳/平方厘米时,一律认定为枪支。”认定标准调整后,实践中出现了一些以压缩气体为动力且枪口动能较低的枪支案件以及涉气枪铅弹案件,[1]如天津赵春华经营打气球项目非法持有枪支案等。[2]由此,完全以公安部门的枪支认定标准,确定是不是《刑法》规定的非法持有枪支等犯罪中的枪支,明显会扩大犯罪成立范围。为了实现定罪公正,维护刑法的谦抑理念,最高人民法院、最高人民检察院《〈关于涉以压缩气体为动力的枪支、气枪铅弹刑事案件定罪量刑问题的批复〉的理解与适用》(法释〔2018〕8号)明确指出,“应当充分考虑涉案枪支的外观、材质、发射物、购买场所和渠道、价格、用途、致伤力大小、是否易于通过改制提升致伤力”,并且要考虑行为人是否具有认识枪支的可能性。这是对规范的构成要件要素在认定中的限缩,有利于实现定罪谦抑。

最后,要结合法律规定和行为人具体情况,判断有无认识可能性。限制源头的法律法规的引入,是防止类似兜底罪名滥用的有效途径。在解读这些法律的评价要素时,应以引入的规定为逻辑前提,确定所引入的法律法规所要保护的法益。需注意的是,这种需要引入其他法律法规的空白要件,所引入的规定种类复杂,那么当行为人对这种“行政违法性”没有认识时,是否构成犯罪?从有无构成要件的故意的角度来看,法律的认识错误并不阻碍犯罪的成立,但行为人对自己的行为违反行政法规没有认识时,不能成立故意的犯罪。

另外,借助下位概念的引入。法律的评价要素与其他两种规范要素相

---

〔1〕 参见最高人民法院研究室刑事处:《最高人民法院、最高人民检察院〈关于涉以压缩气体为动力的枪支、气枪铅弹刑事案件定罪量刑问题的批复〉的理解与适用》,载最新法律文件解读丛书编选组编:《最高人民法院司法解释与指导案例理解与适用》,人民法院出版社2019年版,第3～9页。

〔2〕 该案中赵春华一审被判处有期徒刑3年半,引发强烈社会反响。参见《记者调查:打气球的“枪”与三年半的“刑”》,载央视网,http://news.cctv.com/2017/01/18/ARTIoDTywLPK5IHwBi4fEWAs170118.shtml。

比,更集中体现了法律用语的专业性,也就是说,更易被一般人误解,司法者也更难找到和一般人之间的平衡点,不利于发挥一般预防作用。下位概念的引入可以很好地解决这个问题,如盗窃案中,行为人取回自己被行政机关依法扣押的车辆,并以"拿回自己的东西"为由辩解自己无罪。看似合理,但盗窃罪所保护的法益是所有权和合法占有权,行为人侵犯的是行政机关的合法占有权(下位概念),下位概念涵摄在了上位概念之内,符合盗窃罪的构成要件该当性。

(二)经验法则的评价要素

经验法则的评价要素,是指以一定事实基础为依据,根据生活经验和因果关系为标准作出评价的要素。[1] 大谷实认为,所谓经验法则,是指人们从社会生活经验中归纳出来的关于事物属性、状态或因果关系的知识或法则,既包括一般人日常生活所归纳的常识,也包括一些专门性知识,如科学、艺术、技术等领域的知识。[2] 危害公共安全罪中的"危险""危害",我国《刑法》第137条中的"降低"等,是否"危险",是否"降低",都需要根据生活经验加以判断。

在对经验法则的评价要素进行司法诠释时,应当基于生活经验进行判断。这里的生活经验应该更具体为自然学科中,人类改造自然的实践经验和生产斗争经验,尤其是基于特定知识的专业判断,能够最大程度上排除司法者的主观评价,从而体现罪刑法定原则和刑法谦抑性。如甲认为吞食干燥剂可以致人食道灼伤,所以以伤害的故意在乙的食物中投放干燥剂,结果硅胶类的干燥剂对人体并无伤害,即使一般人都会以为食用干燥剂对人体有伤害,但化学专业人士的经验表明,硅胶类干燥剂不能被肠道吸收,会自然排出体外,所以甲是故意伤害罪的不能犯。同样,危害公共安全罪中的"公共危险",必须由专业人士基于专业知识来判断,而不是完全由司法者或是一般人的主观评价判断。例如,我国《刑法》第114条规定的放火罪只要足以造成危

---

〔1〕 参见张明楷:《规范的构成要件要素》,载《法学研究》2007年第6期。

〔2〕 参见[日]大谷实:《刑法总论》,黎宏译,法律出版社2003年版,第102页。

害公共安全的结果就可以入罪,但燃烧物是否可燃,是否潮湿不易燃?周围是否有条件形成大面积燃烧?这都需要专业人士实地测量并作出评价,而非依靠普通人的生活经验轻易得出结论。

"危险"作为一个经验法则的评价要素,要求依据专业人士的评估才可得出评价,若不能造成相当的危险,则不能将行为人评价为危险犯,只能作为实害犯处理。随着风险社会的到来,风险刑法也为很多学者所倡导,反映在各国刑法的修改上,表现为开始大量处罚抽象危险犯,如我国《刑法》中的危险驾驶罪、破坏环境资源保护犯罪、食品安全罪、交通犯罪,都在强调行为的危险性而非实害性。[1] 立法者期待用危险犯的规定增强一般预防从而达到社会防卫的目的,但这并不是实践中扩大抽象危险犯的理由。如李某在高速公路上点燃火堆,被以以危险方法危害公共安全罪判刑3年缓刑3年。[2] 李某的行为是放火,但并未以放火罪定罪处罚,说明司法机关也不认为李某行为的危险程度达到《刑法》第114条和第115条规定的与放火、爆炸等危害公共安全罪同样的危险程度;达不到危害公共安全类犯罪的"危险"程度,却以以危险方法危害公共安全罪这一"口袋罪"定罪处罚,背离了定罪谦抑的要求,也违反了罪刑法定原则。

对于经验法则的评价要素的诠释,要结合其相应的刑法规范进行一致性判断。司法实践中,更容易在司法中被滥用的就是前述所提到的以危险方法危害公共安全罪。该罪在构成要件上充满了开放性与模糊性,除了"危险"这一规范的构成要件要素外,其还采用了"其他方法"这种规范的构成要件要素,且危险犯的归类不要求行为人造成实害后果,为司法者扩大这一犯罪的适用范围提供了广阔的空间。因此,有必要对其进行限制解释,防止刑法的扩张。《刑法》第115条中的"其他方法",是一个经验法则的评价要素。实践中,要求这种方法造成或可能造成与放火、决水、爆炸或投放危险物质相当的危险。换言之,这是《刑法》第114条和第115条的兜底罪名,并非危害

---

〔1〕 参见刘艳红:《"风险刑法"理论不能动摇刑法谦抑主义》,载《法商研究》2011年第4期。

〔2〕 参见张明楷:《论以危险方法危害公共安全罪——扩大适用的成因以限制适用的规则》,载《国家检察官学院学报》2012年第4期。

公共安全罪整章的兜底罪名。它所包含的意思应当是:以危险方法侵害的法益只能是不特定多数人的人身和财产安全,不包括公众生活的平稳与安宁,这样就排除了以恶作剧方式造成人心恐慌却没有实害性的行为成立该罪的可能性。如引起较大社会反响的肖某投寄虚假炭疽菌案,上海市第二中级人民法院(2001)沪二中刑初字第132号刑事判决确认其构成以危险方法危害公共安全罪。[1] 其中蕴含的前提就是认为"邮寄虚假的炭疽杆菌"系以危险方法危害公共安全罪中的规范的构成要件要素"其他方法",这事实上是对"其他方法"的不当扩张。

另外,对经验法则的评价要素的司法诠释,要以行为时存在的客观事实作为判断依据,根据因果关系的判断准则进行认定,不能以一般人的判断作为依据。以上述李某放火案为例,李某所放火堆高度不超过0.3米,过往车辆的碾压随时会将其熄灭,发生危害结果是偶然,不符合作为经验法则评价要素的"危险"的判断标准,不能以具体的危险犯入罪。

(三)社会的评价要素

社会的评价要素需要司法者根据一般人认知或整个社会、文化的传统观念等才能作出评价,这是最易被司法者主观判断影响的规范的构成要件要素。例如,何为"淫秽物品",何为"猥亵"。这类要素被认为是最难判断的规范的构成要件要素,以致有学者主张,在设定规范的构成要件要素时,应尽量避免规定社会的评价要素。

对社会的评价要素进行司法诠释,要以法益保护为导向,尽量限制解释,将不具备法益侵害的行为排除在外。如对危害公共安全罪中"公共"的诠释,其保护的法益是不特定的多数人的生命、身体安全以及公众生活的平稳与安宁,[2] 这里的"不特定"是用来修饰"多数"的,而不是特指不知会伤害

---

[1] "肖某以危险方法危害公共安全案",[上海市第二中级人民法院(2001)沪二中刑初字第132号刑事判决书]。大体案情为:被告肖某通过新闻得知国外已经发生因接触夹有炭疽杆菌的邮件而致人死亡的案件。因此认为,社会公众收到类似的邮件会产生心理恐慌。其将家中粉末状的食品干燥剂装入信封内,分别寄给某领导和上海东方电视台新闻中心陈某。上述人员在拆阅带有白色粉末的信件后,造成精神上的高度紧张,同时引起周围人们的恐慌。

[2] 张明楷:《刑法学》,法律出版社2016年版,第689页。

到什么人的"不特定"。如潘某在旅馆的临街窗口以滑轮、绳索、木板和蜡烛制作了一个延迟装置,将液化气罐置于其上,绳索被烧断后液化气罐坠落爆炸,由于街道上人员流动性较大且潘某无伤害特定某个人的意图,司法者认定潘某成立以危险方法危害公共安全罪。[1] 但潘某行为的危害性无法与放火决水等的危害性相当,也无法伤害本罪法益所描述的多数人,司法者对公共的理解太过贴合一般人,即开放且人员流动性大的场合,而没有以法益保护为导向,导致在实践中本罪的适用出现偏差。

对社会的评价要素进行司法诠释,要以一般人的共识为判断基础,尽量避免司法者本人的观念影响。"每位法官的成长经历、生活体验、阅读范围、政治地位等都会融入自己的观念,进而对规范的构成要件要素的判断产生影响,而法官的经历、体验等不会与一般人的经历、体验完全相同。"[2] 在对社会的评价要素进行认定时,不允许司法者作出完全个人主观的评价,而是应遵循一般的社会判断。司法者应抛弃个人经历中的独特性,选择贴近社会大众的普遍认知。当然,司法者寻求一般人的共识,不意味着司法者一味贴合一般人的认识;司法者应以刑法所保护的法益为导向,将在形式上符合社会评价要素但实质上没有法益侵害可能的行为排除在外。

社会普遍的共识应当属于当下的共识。人们对于一般观念的认知是随着社会的发展而改变的;不同的时代,人们对同一现象的观念不同。过去的"猥亵"标准很可能是不同于现在的,现在不认为是犯罪的行为将来很可能会入罪,所以司法者应随时代变迁改变评价的标准。比如,"强制猥亵罪的猥亵概念,危险文书罪的危险概念一样,不免随着时代的变化而变化,M. E. 迈耶曾经认为,行为人用手挽着身穿紧身上衣的妇女腰部的行为构成强制猥亵罪,但现在日本已经没有人这样认为了"。[3] 我国《刑法》中多处出现的"情节恶劣""情节严重"等罪量要素,都是随着时代的发展不断变化的。这种变

---

〔1〕 "潘某以危险方法危害公共安全案",参见重庆市第五中级人民法院(2008)渝五中刑初字第56号刑事判决书。

〔2〕 参见张明楷:《规范的构成要件要素》,载《法学研究》2007年第6期。

〔3〕 [日]町野朔:《犯罪各论之现在》,有斐阁1996年版,第284页。

化往往由于价值观的多元化和社会的宽容性,更符合刑法谦抑性的基本理念,因此,对于社会的评价要素,要随着时代发展而不断变化。

另外,作为最难评价的规范构成要件要素,不仅司法者需要对其有正确的认知,行为人对社会评价要素的认知也可能会阻却犯罪的成立。基础的事实分为自然范畴的事实和社会范畴的事实,以“淫秽物品”为例,行为人只认识到了自然范畴层面的事实:书本和书本中的文字、图画,将阻却贩卖淫秽物品罪的成立;行为人若认识到了书本中社会范畴内的信息内容,知晓这些信息属于“不雅”内容、能无端挑起人性欲,则无论行为人对物品评价是否淫秽,都不阻却犯罪成立。但在行为人坚持自己的物品属于艺术品,司法者认为是淫秽物品的情况下,应当允许行为人提供证据自证或请同行专业人士对其评价;如果确属艺术品,行为人就不具有构成要件的故意,阻却犯罪成立。

第三节 正当化事由认定中的谦抑性

正当化事由即犯罪阻却事由,其本来的功能是排除犯罪性,缩小犯罪圈,以实现刑法的谦抑性。德日刑法的阶层犯罪论体系将犯罪阻却事由分为违法阻却事由和责任阻却事由,从犯罪论体系的功能上看,违法阻却事由是违法性的核心内容,责任阻却事由是有责性的核心内容,这两部分发挥递进式的出罪功能。我国的四要件犯罪论体系将违法阻却事由(正当防卫和紧急避险)置于犯罪论体系之外,虽然广受阶层论支持者的质疑,但从功能上看,亦能实现违法阻却、刑法谦抑的效果。在阶层犯罪论体系中,责任阻却事由包括3项内容,即责任能力、违法性认识和期待可能性。相对于四要件体系,责任能力在犯罪主体中解决;违法性认识在故意内容中解决;期待可能性被认为过于抽象而鲜有讨论,司法实践中更是无从适用,但正是这种责任阻却事由存在广泛的实践基础。

为此,笔者选择特殊防卫这一正当化事由进行研究。近年来连续发生的一系列引起社会广泛关注的防卫案件,凸显出因缺乏对以期待可能性为基础的责任阻却事由的理论研究和司法适用,直接导致刑法谦抑效能的减损。以期待可能性为基础的责任阻却事由在我国刑法中并非不存在,而是缺乏解释学的发现和司法经验的积累,《刑法》第 20 条第 3 款特殊防卫就是关于责任阻却事由的规定。现有理论将特殊防卫条款理解为注意规定,司法实践更是将适用于违法阻却事由的法益权衡理论运用于特殊防卫,造成司法实践中的极端情况,要么将阻却责任的特殊防卫认定为防卫过当,追究刑事责任;要么将突破防卫限度或防卫时间的防卫过当认定为作为注意规定的特殊防卫,不负刑事责任。本书将结合最高司法机关的指导案例分析《刑法》第 20 条第 3 款特殊防卫的内涵及意义,还原其责任阻却事由的本质,使防卫制度阻却犯罪的谦抑属性得到全面而充分的发挥。

一、特殊防卫适用的法理难题

(一)正当防卫的裁判标准是事中的而非事后的

无论从价值评价方面,还是从事实发现方面,司法裁判都只能是事后的。[1] 司法裁判是对已然事件的发现和评价,它不可能在已然事件之前存在,裁判结论也不可能形成于发现和评价过程之前。但是,这种对"事后"的解读是一种理论状态,由于裁判的标准是事前制定的,司法者在对具体案件的裁判活动中会自觉地形成对类型案件的经验性操作准则,而对具体案件的裁判过程和结论只是对类型案件的经验性操作准则的印证。从这个意义上说,司法裁判的过程和结论都是预设的,也就是事前的。所谓已然事实,其实就是类型化的经验事实,所有具体案件都是偶然的,司法者对具体案件的裁判其实就是将偶然案件归入预设的经验类型的过程。这个过程是由人的认识能力决定的,我们只能从确定的或者相对确定的事物认识不确定的事物,从经验的事物认识非经验的事物,并不断形成经验。

但是,在司法裁判中,司法者不仅要作为他自己,还要同时体验当事人的角色,这就是司法裁判的事中视角问题。事中视角通常是行为人视角,但并不绝对,如果被害人对法益侵害同样具有责任,那么也要考虑被害人视角,或者更准确地说,所谓事中视角,就是责任者视角。如果司法者不从责任者的

---

〔1〕 参见孙笑侠:《司法的特性》,法律出版社 2016 年版,第 7 页。

视角设身处地地考虑情势,那就难以形成具有公信力和权威性的裁判。因此,司法裁判是以事中视角进行事后裁判。采取这种立场就要在遵循经验性操作准则的基础上对其不断修正完善。基于“设身处地”的立场,在一份有公信力和权威性的裁判中,司法者不仅要考虑“应该怎么做”“不应怎么做”,而且要考虑“可能怎么做”“如何做得到”。[1]

最高人民检察院在第47号检例于海明正当防卫案中对事中标准进行了特别关注。检察机关论证道,“于海明无法排除其从车内取出其他凶器的可能性”,“面对不法侵害不断升级的紧急情况,一般人很难精准判断出自己可能受到多大伤害,然后冷静换算出等值的防卫强度。法律不会强人所难,所以刑法规定,面对行凶等严重暴力犯罪进行防卫时,没有防卫限度的限制”。[2] 检例将此部分论述置于对“正在进行”和“不法侵害行为既包括实害行为也包括危险行为”的论证中,仍然是从不法侵害客观方面的角度展开的论证,使本来应该独立评价的防卫人的主观能力问题再次湮没在“唯结果论”的法益权衡理论中,也就意味着放弃了对事中标准的坚持。

(二)正当防卫的制度目的是制恶而非扬善

这里的“制恶”,是指对防卫行为持限制态度;而所谓“扬善”,是指对防卫行为持鼓励态度。以道德目的取代法律目的,导致正当防卫司法政策与司法实践的矛盾是我国正当防卫制度适用的突出问题。我国理论界和最高司法机关一贯认为,正当防卫的制度目的是鼓励防卫权的行使,但司法实践却完全未采纳此态度。以特殊防卫的适用为例,有学者经实证研究发现,30.23%的判决中存在错误适用特殊防卫制度的问题,[3] 且都是将特殊防卫

---

[1] 梁根林教授认为,正当防卫案件的司法裁判必须克服“圣人标准论”“事后诸葛论”“对等武装论”“唯结果论”等惯性思维,根据社会一般人的通常理解与可能反应,站在防卫人防卫当时的立场,遵循“行为——结果”的逻辑进路,对防卫行为是否过当进行具体判断与实质判断。参见梁根林:《防卫过当不法判断的立场、标准与逻辑》,载《法学》2019年第2期。

[2] 具体案情详见最高人民检察院检例第47号:于海明正当防卫案。参见《关于印发最高人民检察院第十二批指导性案例的通知》,载中华人民共和国最高人民检察院网,https://www.spp.gov.cn/xwfbh/wsfbt/201812/t20181219_402919.shtml#2。

[3] 参见陈家林、汪雪城:《特殊防卫的司法现状及其刑法学分析——以98份裁判文书为样本》,载赵秉志主编:《刑法论丛》第49卷,法律出版社2017年版,第160~161页。

案件认定为防卫过当或防卫不成立,进而认定为有罪。即便是最高司法机关的指导案例发布后,这种严格适用正当防卫出罪的司法状况也未得到改变。笔者认为,将“扬善”这种道德目的作为制度目的的司法政策在司法实践中不仅难以贯彻,反而拔高了正当防卫适用的标准,进一步限缩了正当防卫的成立空间。

最高人民检察院的相关负责人在解读关于正当防卫的检例时指出,“正当防卫是法律赋予公民的基本权利,是与不法行为作斗争的重要手段”。“正当防卫不是‘以暴制暴’,而是‘以正对不正’,是法律鼓励和保护的正当合法行为。”[1]可见司法者认同“扬善”是正当防卫的制度目的,但“鼓励”和“保护”是否能成为正当防卫制度的目的是存疑的。

富勒(Fuller)在其新自然法学中论述道德和法律的关系时,将道德分为愿望道德和义务道德。前者是指关于幸福生活、优良和人的力量的充分实现这方面的道德,愿望道德与法律没有直接关联,当人们不具备这种道德时,我们不是去控告他,而是对他表示惋惜或蔑视。“扬善”是愿望道德的内容,一个人没有能力扬善是指他不具备实现扬善的全部能力,他之所以受到谴责不是因为违背义务,而是因为能力不足。愿望道德虽与法律没有直接联系,但却反映法律的普遍含义,“就是说,我们无法强迫一个人过理性的生活,但却可以创造出人类的合乎理性的存在的必要条件”。后者是有秩序的社会必不可少的基本准则,义务道德与法律最为近似,[2]“制恶”属于义务道德的范畴,一个人不为法律上的恶行就实现了义务道德。可见,上述最高人民检察院相关负责人的论述是把正当防卫理解为实现愿望道德的制度,或者说正当防卫的制度目的是实现愿望道德。但刑法是归结和实现刑事责任的法律,正当防卫制度的法律后果只有两项:“不负刑事责任”或者“应当负刑事责任”。刑法对前者持认同态度,对后者持反对态度,但即便持认同态度也不意味着实现了愿望道德,而仅意味着具备了“合乎理性的存在的必要条件”;对后

---

〔1〕《最高人民检察院副检察长孙谦就第十二批指导性案例答记者问》,载新华网,http://www.xinhuanet.com/legal/2018-12/20/c_1210019792.htm。

〔2〕参见[美]富勒:《法律的道德性》,郑戈译,商务印书馆2005年版,第7页。

者,则认为违背了义务道德。因此,从自然法学的立场出发,刑法中正当防卫的制度目的是“制恶”,而非“扬善”。

即便从与之相对的分析实证主义法学的角度考虑,也能得出相同的结论,按照哈特(Hart)的新分析实证主义法学理论,法律规则分为主要规则和次要规则,前者设定义务,后者授予权力。在前法律世界里只存在主要规则,如禁止暴力、禁止偷盗和欺骗,以及为人们共同生活作出贡献等责任。哈特认同“最低限度内容的自然法”,基于人的脆弱性、大体上的平等、有限的利他主义、有限的资源以及有限的理解和意志力,就必须有某些行为规则,包括以禁止或否定形式要求人们克制,最重要的克制是限制使用暴力杀伤他人;法律和道德两种义务的基础是一种相互克制和妥协的制度,总会有人利用这种状态,既得制度之利,又行破坏之实;社会的存在需要法律和道德的控制;应建立对他人行为可以预测的自我约束制度;制裁之所以必要,并非作为一般服从规则的动力,而是为了保障那些自愿服从的人不致被害,因此必须有一种强制下的自愿合作。总之,由于社会历史条件和人的认识能力的局限性,社会中存在最低限度道德要求的以义务为内容的主要规则。但是前法律世界存在不确定性、静态性和用以维护规则的社会压力无效等3项缺陷,为此需要3项次要规则来补充,以实现由前法律世界进入法律世界的发展,这3项规则包括承认规则,即通过承认规则授权,主要规则才有法律效力;改变规则,指通过缔结契约等行为发展新的权利义务关系;审判规则,是授权判断主要规则是否已经被违反、如何对其进行制裁。[1] 具体到正当防卫,应将防卫权和正当防卫制度作为不同的范畴认识。前者属于主要规则,产生于前法律世界为了抗制暴力的义务规定,或者说防卫权是一项道德权利,而非法定权利;后者属于次要规则,是法律世界的规则。正当防卫制度承认了防卫权,同时也发展和限制了防卫权。可见,从分析实证主义法学的立场出发,正当防卫的制度目的也不是“扬善”,而只能是“制恶”。

---

〔1〕 参见[英]哈特:《法律的概念》,许家馨、李冠宜译,法律出版社2011年版,第18~188页。

"扬善"既不存在于自然法中,也不存在于实定法中,它只是纯粹的道德要求(愿望道德),而这里的"制恶"就是指《刑法》中的"明显超过必要限度造成重大损害的,应当负刑事责任"。因此,正当防卫制度并不是保护防卫权的制度,也没有赋予公民防卫权,反而是限制防卫权的制度。所谓"正当"是受到限制的意思,只有受到限制才能不负刑事责任。作为道德权利的防卫权不需要赋予,其本就存在;也不需要鼓励和保护,因为其本就任性,如果为了鼓励防卫权,最好的状态是取消正当防卫制度,而非构建和适用该制度。"尽管一个处于不利境况中的人或者诉讼中的人所关心的、所需要的是法定权利,而不是宽泛的道德权利,但法定权利并不像某些现代法律理论甚至道德理论所希望的那样能够自证其身,它必须得到道德原理的支持。尤其明显的是,法官在遇到疑难案件时常常要求助于道德原理或道德权利概念。"[1]这里提到的是道德权利的解释功能,对于正当防卫而言,防卫权的意义就在于这种实质解释功能。

在制度上,特殊防卫相比一般防卫,由于是面临"严重危及人身安全的暴力犯罪"的防卫,其距离道德权利更近,因此受到的法律限制也应该更大,同时道德权利对于特殊防卫的实质解释机能也应该更强。但是在法律后果上,特殊防卫"不属于防卫过当,不负刑事责任",显然法律对特殊防卫的宽缓态度主要来自道德权利的解释机能。在最高司法机关发布的指导案例和检例中,作为道德权利的防卫权得到了认同,但它的实质解释机能受到了极大的限缩。在涉及特殊防卫的案件中,司法者总是以并不存在一种现实而紧迫的"严重危及人身安全的暴力犯罪"否定特殊防卫的成立;在得到司法者认可的特殊防卫案例中,也是因为防卫者面临一种现实而紧迫的"严重危及人身安全的暴力犯罪"。在此,道德权利的解释机能完全让位于法益权衡。在于欢案和朱凤山案中,司法者通过法益权衡排除了特殊防卫的适用,但是却没有回答在排除特殊防卫后,如何在《刑法》第 20 条第 1 款的一般防卫中实现作为道德权利的防卫权,或是在于欢案和朱凤山案面临的情境中,只能通过

---

〔1〕 夏勇、胡水君:《法理讲义——关于法律的道理与学问》,北京大学出版社 2010 年版,第 335 页。

《刑法》第 20 条第 2 款规定的防卫过当脱困。在于海明案中，司法者虽然高度认同特殊防卫的结论，但这仍然是通过扩张解释法益权衡的内容实现的，至于为什么于海明在强弱力量对比急转直下，实现“反杀”的情况下，仍然具有不受《刑法》第 20 条第 2 款的限制实现其道德权利的资格，司法者显然也不愿从道德权利的解释机能角度展开论证。

刑事司法难以也不应直接实现道德目的，良好的道德效果只能是刑事司法的反射效果，不能成为其目标本身。将道德目的与法律目的混淆，直接导致司法者陷入法律适用困境。在于欢案和朱凤山案中，如果防卫人的行为是值得道德鼓励的，那么为何又要被认定为犯罪，并判处刑罚呢？由于道德标准明显高于法律标准，司法者在认定正当防卫时就不得不考察防卫者的动机，当缺乏善良动机之时，防卫者就难以因正当防卫而出罪。因此，这种道德上良好的司法政策反而直接导致正当范围司法适用的限缩。

二、特殊防卫作为法律拟制的规范属性

在有效发挥正当防卫制度出罪机能方面，特殊防卫制度具有特别重要的意义，对《刑法》第 20 条第 3 款的重新解读将触发特殊防卫制度的刑法谦抑机能。按照对我国刑法通说的理解，特殊防卫的“特殊性”在于“没有防卫限度方面的限制，不存在过当的情形”，但“特殊防卫权的行使，仍然有严格的法律限制。除需要具备一般正当防卫的 4 个基本条件之外，特殊防卫中的不法侵害还必须具有明显的法定暴力性”。[1] 所谓“明显的法定暴力性”指的就是“严重危及人身安全的暴力犯罪”。司法实务中对特殊防卫的认定也是紧密围绕这一点展开的。但第 20 条在规定“严重危及人身安全的暴力犯罪”之前，采取列举的方式规定了“行凶、杀人、抢劫、强奸、绑架”5 种行为模式，由此产生的问题是，是只要存在与此 5 种行为模式同质的不法侵害，防卫人即可实施特殊防卫，还是即便存在与此 5 种行为模式同质的不法侵害，也还

---

〔1〕 贾宇主编：《刑法学》(总论)，高等教育出版社 2019 年版，第 199 页。

要另外评价危及人身安全的严重性和暴力性。从通说的解释看，要对“严重危及人身安全的暴力犯罪”进行实质评价。由于司法实务中的特殊防卫案件都是针对人身安全实施的不法侵害，且都具有暴力性，因此司法者更关注对“严重性”的认定，也就是不法侵害的程度问题。据此，张明楷教授认为，第3款规定的原本就不是防卫过当的行为，是注意性的提示性规定。[1] 但是，笔者对此观点有不同见解。

（一）《刑法》第20条3款条文的关系

应根据正当防卫的制度目的，厘清《刑法》第20条3款条文的关系。如前所述，应区分作为道德权利的防卫权与作为法定权利的正当防卫。正当防卫的道德目标是鼓励和保护防卫权，但其制度目的却是限制防卫权，因此表明刑法对防卫权持限制态度的条款才是正当防卫制度的基本条款。从对第20条法律后果的分析可知，第1款和第3款都规定“不负刑事责任”，只有第2款规定“应当负刑事责任”，因此，第2款为正当防卫制度的基本条款。第1款是对第2款中“正当防卫”这一概念的解释，这与《刑法》中的其他解释性规定无异。例如，《刑法》第347条规定了走私、贩卖、运输、制造毒品罪，又在第357条规定了毒品的内涵；第357条就是第347条的补充性规定，发挥解释说明并进一步限定的作用。将第2款理解为基本条款意味着，正当防卫制度中最重要的要件是限度条件，这完全符合司法实务中自觉形成的关注点。第3款则是第2款也就是基本条款的特别规定，即第3款是一种特殊的防卫过当。应该注意的是，虽然第2款和第3款的法律后果完全不同（“应当负刑事责任”与“不负刑事责任”），存在互斥关系，但这种互斥关系是指特殊防卫不存在防卫过当，而并非特殊防卫不属于特殊的防卫过当，也就是说，特殊防卫是一种特殊的防卫过当，而这种防卫过当不再存在防卫过当。虽然第3款明确规定“不属于防卫过当”，但这只意味着特殊防卫不属于基本条款意义上的防卫过当，并不意味着特殊防卫不能具有基于基本条款的延展含义。按照本书的观点，《刑法》第20条第2款为基本条款，第1款为补充条款，第1

---

〔1〕 参见张明楷：《防卫过当：判断标准与过当类型》，载《法学》2019年第1期。

款从属于第 2 款，这意味着如果没有防卫过当制度，则第 1 款的规定与道德权利意义上的防卫权表述无异，则第 1 款的法律属性完全丧失，防卫权行使也将完全不受限制。因此，对第 2 款有效的解释学原理同样适用于第 1 款，但不适用于第 3 款。

（二）特殊防卫并非注意规定

将特殊防卫理解为注意规定，并不符合注意规定的特征和功能。注意规定是对基本规定的重申，只具有提示性作用。同时，在注意规定与法律拟制的区分方面，张明楷教授认为应注意以下几个方面：其一，注意的必要性；其二，具有拟制的实质理由；其三，条款内容是否相同；其四，法益侵害是否存在重大区别；其五，条款是否具有特殊内容。[1] 按照上述原理，如果将特殊防卫理解为注意规定，意味着司法者应特别注意，当防卫者遭受严重危及人身安全的暴力犯罪时，其反击导致不法侵害人伤亡的，不应追究防卫者刑事责任。但是防卫权是一项道德权利，不仅与生俱来，而且约定俗成。如果司法者能够理解一般防卫，那么他就更能理解特殊防卫，并不存在司法者能够理解对一般性侵害可以正当防卫，而无法理解且忽视严重危及人身安全的暴力犯罪进行防卫的情况，因此，特殊防卫并无特别注意的必要。有观点认为，1997 年刑法典之所以增设第 20 条第 3 款就是因为司法实务中对正当防卫的限制过严，往往将正当防卫认定为防卫过当或不构成防卫。[2] 这并不符合实务情况，在指导案例中，司法者都会特别关注并专门论证防卫限度、防卫起因和防卫时间，没有理由认为司法者在严重危及人身安全的暴力犯罪案件中会忽视正当防卫的适用。实务中较少或者错误适用特殊防卫的问题不是司法者对特殊防卫缺乏注意导致的，恰恰是对正当防卫成立条件过分关注、过严理解导致的。司法者也认识到，应该综合考虑不法侵害和防卫发生时的各种情状，并一再强调“法律不强人所难”，但司法实务仍然受到“唯结果论”的

---

〔1〕 参见张明楷：《刑法分则的解释原理》，中国人民大学出版社 2011 年版，第 642 ~ 644 页。

〔2〕 参见陈璇：《正当防卫、维稳优先与结果导向——以“于欢故意伤害案”为契机展开的法理思考》，载《法律科学》2018 年第 3 期；张明楷：《防卫过当：判断标准与过当类型》，载《法学》2019 年第 1 期。

诟病。这主要就是因为现有理论无法解释防卫不适时和阻却责任的正当防卫的难题,这些理论难题也是司法实务的困扰所在,可难题的解决并非将特殊防卫理解为注意规定,甚至将特殊防卫理解为注意规定更不利于难题的解决。另外,如果将特殊防卫理解为《刑法》第 20 条第 1 款的注意规定,又将第 20 条第 2 款理解为对第 1 款限度条件的补充规定,就意味着特殊防卫同样存在防卫过当,这与《刑法》规定是矛盾的,因为《刑法》第 20 条第 3 款明确规定特殊防卫"不属于防卫过当"。综上所述,特殊防卫并不具备注意规定的特征和功能。

(三)特殊防卫属于法律拟制

特殊防卫具有拟制的实质理由。拟制规定产生的根据是,按照原有的解释学方法对规范的解释与经验事实的密切联系情状存在不合理、不经济的差异,因此有必要在不符合原有解释学原理的情况下,将该经验事实赋予与基本条款同样的法律效果。例如,犯罪嫌疑人在盗窃后离开现场的过程中,遇到事主阻拦追击,而当场使用暴力的,属于《刑法》第 269 条规定的情况,按照抢劫罪处理。盗窃及其事后行为并不当然符合《刑法》第 263 条抢劫罪的典型行为模式,但这确是经验事实上与抢劫的构成要件密切关联的情状,将其赋予抢劫罪的法律效果,更加符合公众的实质正义观。因此拟制规定为"形似实异"的规定,不能用关于基本条款的解释学原理来解释,也不能简单地通过文义解释来理解。对拟制规定的解释一定要关注基本条款在解释学原理上无法包容而又存在密切关联的经验事实。

认为特殊防卫属于注意规定的观点,当然认同对特殊防卫等同适用一般防卫的解释学原理。第一,特殊防卫属于违法阻却事由;第二,特殊防卫同样存在限度问题,只不过在面对"严重危及人身安全的暴力犯罪"时,"造成不法侵害人伤亡"是当然符合限度条件的。因此,特殊防卫"不属于防卫过当",是指特殊防卫不符合防卫过当的条件,是防卫适当的典型。按照张明楷教授所坚持的法益权衡理论,"违法阻却事由的成立,是对受法所保护的对应利益进行权衡的结果。在违法阻却事由的状态中,所遵从的标准就是受到较高评价的利益优于受到较低评价的利益。既然如此,就需要对不法侵害者的利益与防卫人的利益进行比较”[1]。这种解释学原理在司法实务中得到了很好的贯彻,成为“唯结果论”的理论基础。在于欢案中,于欢母子虽久受围困,但对方在人数占优、年轻力壮的情况下,既未携带、使用工具,也未强化拘禁、升级威胁,在警察介入之前如此,在警察介入之后更无理由认为拘禁和威胁会强化升级,“而其却持刃长15.3厘米的单刃尖刀连续捅刺4人,致1人死亡、2人重伤、1人轻伤”。按照法益权衡理论,于欢母子的人身自由和人格尊严的轻微损害与1人死亡、2人重伤、1人轻伤的生命健康的丧失相比较,于欢的行为毫无疑问是防卫过当。张明楷教授在论述时既将特殊防卫理解为注意规定,又坚持法益权衡理论,最终结论却是正当防卫,实在令人无法理解。[2] 显然,在于欢案和朱凤山案中,同质性的情节都是客观上难以认为存在与不法侵害人死亡、重伤相当的防卫人受侵害法益,甚至防卫人受到威胁的法益明显轻于不法侵害人丧失的法益,但从防卫人主观上看,其在遭受反复侵扰,脱困无望的焦虑、紧张、激愤的情绪下,认为危险会随时升级的认识是完全合理的,简单说就是客观上有出路、主观上不可能。这是以法益权衡为理论基础的注意规定所无法解决的问题。在于海明案中同样存在这样的问题,虽然于海明案被司法机关认为是鼓励正当防卫的典型案件,但是在于海明夺刀前,不法侵害人只是在用刀“击打”,而非砍刺;于海明夺刀后,迅速“捅刺”,[3]双方力量瞬间发生明显变化,如果仍不考虑防卫人的主观状态,依旧坚持以法益权衡原理为理论基础的注意规定说,恐怕也只能得出防卫过当的结论。可见,只有将《刑法》第20条第3款理解为拟制规定,即客观上存在防卫过当,但主观上具有不可谴责的责任阻却事由,才能为上述难题的解决提供合理的解释学出路。

---

〔1〕 张明楷:《正当防卫的原理及其运用——对二元论的批判性考察》,载《环球法律评论》2018年第2期。

〔2〕 参见张明楷:《防卫过当:判断标准与过当类型》,载《法学》2019年第1期。

〔3〕 经法医鉴定并结合视频监控认定,在7秒时间内,刘海龙连续被刺砍5刀,其中,第1刀为左腹部刺戳伤,致腹部大静脉、肠管、肠系膜破裂;其余4刀依次造成左臀部、右胸部并右上臂、左肩部、左肘部共5处开放性创口及3处骨折,死因为失血性休克。具体案情详见最高人民检察院检例第47号:于海明正当防卫案。参见《关于印发最高人民检察院第十二批指导性案例的通知》,载中华人民共和国最高人民检察院网,https://www.spp.gov.cn/xwfbh/wsfbt/201812/t20181219_402919.shtml#2。

陈璇教授提出了"行为优先于结果"的防卫限度判断方法，即行为过当是结果过当的前提和基础，行为不过当，即便结果过当，也可认定为正当防卫；并认为可以由此推导出《刑法》第20条第3款属于注意规定的结论。但他在以此理论解释于欢案时，首先认可了于欢的行为从法益权衡的角度是过当的，在进一步认为于欢不属于防卫过当，而应认定为正当防卫时，他提出了如下理由："于欢刀刺的行为属于当时情况下为有效制止不法侵害、保障防卫人安全所必不可少的防卫措施""于欢要想即时突出重围、摆脱被扣押的处境，仅仅赤手空拳与对方搏斗几无成功的可能""激烈反击是为预防不测所必需""防卫人无法准确估计侵害究竟会往何种方向发展、是否会升级和扩大，而一旦侵害果真演化为致命的袭击，则防卫时机很可能早已一去不返""任何一名有基本社会经验的公民在此场景下都会感受到侵害累积升高的危险""受害公民都势必产生深重的危机感，预测到等待自己的可能是更为严重和激烈的袭击。"[1]可见，在陈璇教授的理论中，与其说是行为优于结果，不如说是行为人优于结果，也就是承认了于欢案应通过责任阻却事由出罪，或者说《刑法》第20条第3款是对责任阻却事由的拟制规定，是阻却责任的防卫过当。当然，得出这样结论的前提是，《刑法》第20条第1款和第2款属于违法阻却事由，如果认为前两款既包括违法阻却事由，也包括责任阻却事由，那么也可以认为第20条第3款属于注意规定。但笔者认为，前两款属于违法阻却事由，第3款属于责任阻却事由，因此特殊防卫属于法律拟制，而非前两款的注意规定。

从上述分析来看，即便是持注意规定说的学者，在其认定于欢案属于正当防卫时，采取的也是责任阻却的观念。从防卫人的角度出发，当公力救济也无法使其有效脱困（于欢案），或者滋扰不断并随时可能累加升级（朱凤山案），或者情势急剧转变但难以有效控制（于海明案）的情况下，按照"法律不强人所难"的基本法理，即便存在法益权衡上的客观过当，也不能在主观上谴

---

〔1〕 陈璇：《正当防卫、维稳优先与结果导向——以"于欢故意伤害案"为契机展开的法理思考》，载《法律科学》2018年第3期。

责防卫人。这些不可谴责的情况因属于违法层面的防卫过当而不可能在基本条款中出罪,但又确属与基本条款规定存在密切联系的经验事实,因此只能通过法律拟制的技术来解决。按照本书的观点,基本条款的解释学功能仍然是违法阻却事由,这是正当防卫的制度目的决定的。如上所述,防卫权与正当防卫制度属于不同范畴,正当防卫的制度目的是限制防卫权而非鼓励和保护防卫权,而法益权衡理论的强大生命力恰恰是由此决定的,将法益权衡理论作为基本条款的解释学原理是合理的。笔者认为,基本条款中不包括责任阻却的情形,但基于责任阻却事由与基本条款的密切联系,又不能在正当防卫制度之外解决,因此有必要将特殊防卫认定为法律拟制。[1]

三、特殊防卫应为责任阻却事由

笔者认为,《刑法》第 20 条第 3 款规定的特殊防卫属于责任阻却事由,具体来说,是关于缺乏期待可能性而阻却责任的规定。姜涛教授认为,"不法是判断行为人的行为是否为法律激励的行为,有责是判断行为人的行为是否为法律宽恕的行为"[2]。而缺乏期待可能性的情状属于法律宽恕事由,于欢案就是缺乏期待可能性的防卫过当的典型,其具体表现是在"慌乱、恐惧、惊吓"的情绪下,无法作出客观合法的选择,侵害了优越的法益。但他认为于欢案并不属于我国《刑法》第 20 条第 3 款规定的特殊防卫,显然在他看来第 3 款是注意规定,因此整个第 20 条的规定都是阻却违法的正当防卫;如果认为存在阻却责任的正当防卫,那只能在第 20 条之外运用期待可能性理论解释,

---

〔1〕 周光权教授也认为,《刑法》第 20 条第 3 款属于拟制规定。"由于《刑法》第 20 条第 2 款对于防卫限度的规定,同时违反防卫行为相当性(没有'明显超过必要限度')和利益均衡性(并未'造成重大损害')的,才属于防卫过当;而《刑法》第 20 条第 3 款基本上只重视防卫必要性,对利益均衡原理并不特别考虑……这样的立法基本等于放弃了利益衡量,优先考虑了防卫行为的相当性。由于《刑法》第 20 条第 3 款主张行为只要具有防卫相当性,即可成立正当防卫,其限制条件和第 2 款相比要少一个,因此,可以认为《刑法》第 20 条第 3 款属于法律拟制(特别规定),而非注意规定。"周光权:《论持续侵害与正当防卫的关系》,载《法学》2017 年第 4 期。但周教授这种认识是形式上的,"对利益均衡原理并不特别考虑"是因为第 3 款的防卫限度本来就是基本条款的题中之义,还是另有正当化根据,则全未提及。因此与本书观点并不相同。

〔2〕 姜涛:《行为不法与责任阻却:"于欢案"的刑法教义学解答》,载《法律科学》2019 年第 1 期。

这也是与他认为违法阻却事由是封闭的而责任阻却事由是开放的观点相一致。笔者赞同姜涛教授关于于欢案属于缺乏期待可能性的防卫过当的结论，但笔者认为，因缺乏期待可能性而阻却责任的正当防卫无须在《刑法》第20条之外进行开放解释，第3款即是关于此项内容的明确规定。也就是说，特殊防卫指的就是因缺乏期待可能性而阻却责任的正当防卫。

（一）期待可能性是作为责任阻却事由的特殊防卫的法理基础

哲学上的自由意志理论是期待可能性的哲学基础。“将行为理解为自由意志的产物，使自由意志占据归责中心的观点，对其后的学说产生了很大影响。”“国家目的中合道德性的设立，限制了教育和威慑作为刑法的目的，预防代替了复仇。”[1]无论将期待可能性理解为责任的基础还是责任的要素，在阻却违法的正当防卫制度中，防卫过当应当负刑事责任，但如果缺乏期待可能性，即便防卫过当，也无法追究刑事责任。也就是说，存在阻却责任的正当防卫，期待可能性是规范责任论的当然结论。而规范责任论的特色是，在与法律规范的关系上把握责任。因此，有必要对期待可能性进行法理学探讨，而这正是一个涉及法定权利与道德权利关系的论题。“总之，有一个道德标尺，它从最明显和最必要的道德义务的底层开始，向上升到人类力所能及的最高成就。这一标尺中有一个看不见的指针，它标志着义务的道德告终而开始了愿望的道德的分界线。在这一界限以下，人们将因失败而受到谴责，但却不能指望因成功而受到赞扬；在这一界限以上，人们将因成功而被人尊敬，因失败而使人感到惋惜。”[2]防卫权是愿望道德的范畴，行使防卫权是人自由状态的实现。也就是说，人能够按照自己的决定来捍卫自己的权利，实现自己的自由，摆脱不利状态。司法者在刑事政策上对正当防卫的鼓励是对愿望道德的认同，而在具体案件的裁判中只存在判断是否过当的问题，进而表明需要预防过当的防卫，而非鼓励不过当的防卫。如图4.1所示，在一般防卫权和特殊防卫权中，虽然二者都属于愿望道德，但特殊防卫权更接近愿

〔1〕 张明楷：《期待可能性理论的梳理》，载《法学研究》2009年第1期。
〔2〕 [美]富勒：《法律的道德性》，郑戈译，商务印书馆2005年版，第7页。

望道德的理想状态，因为特殊防卫权的行使可以超越防卫过当的限制，尊重自然心理状态下的决定，实现自我权利的保护。因此，如果一般防卫权能够受到鼓励，那特殊防卫权更应该受到鼓励。这种愿望道德下的自由决定状态，就是期待可能性理论的法理基础。防卫过当属于义务道德的范畴，也可以说是哈特所指的次要规则的内容，是防卫权受到法律限制的表现，对一般防卫权的限制形成了基于法益权衡的防卫过当制度，对特殊防卫权的限制形成了基于期待可能性的特殊防卫过当制度。这里所谓的特殊防卫过当，是指在一般防卫过当的前提下，由于期待可能性减弱而减轻处罚的情况。在这两种防卫过当中，特殊防卫过当更靠近义务道德与愿望道德的界分点，一般防卫过当相对远离这个界分点，特殊防卫过当处于道德上更可宽恕的情况。因此，在同样减轻处罚的情况下，特殊防卫过当应轻于一般防卫过当。

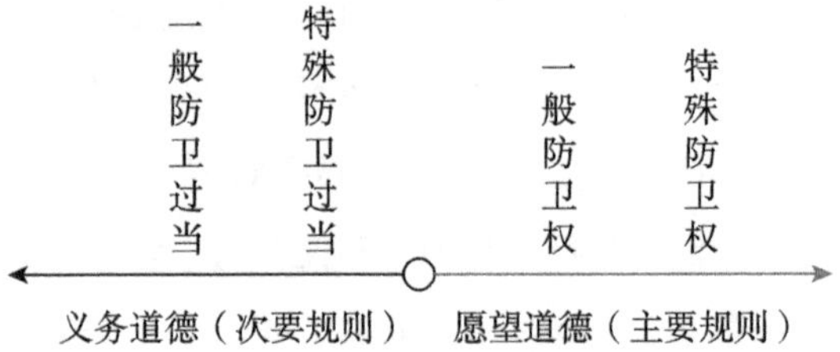

图 4.1　道德与防卫问题关系

沃尔德伦（Waldron）认为，“在权利领域里，正如在其他领域里那样，清楚认定其理论所依赖的深层假设，就变得颇为重要了。例如，如果两种不同的权利理论立足于一种对个人自由的重要性的共识，那么，在原则上，就没有理由说它们之间的任何具体的分歧不应该在理性上是可解析的。但是，如果两种不同的权利理论建立在不同的基本价值的基础上。那么，在这些深层承诺之间就会有某种程度的不相适应，而且可能无法解决它们之间的表面分歧”。[1] 愿望道德中的权利人是防卫人，义务人是侵害人；而义务道德中的权利人却变成了侵害人，义务人是防卫人。如果立足于限制防卫权滥用的平等理念，也就是实在法的角度，我们应该深入讨论的是如何合理认定防卫过

〔1〕 Jeremy Waldron, *Theories of Rights*, Oxford University Press, 1984, p. 3 – 4.

当的问题，当然也包括阻却责任的防卫过当问题。

（二）作为责任阻却事由的特殊防卫的要件

按照笔者的观点，《刑法》第 20 条第 2 款关于防卫过当的规定为正当防卫制度的基本条款，其中包括一般防卫过当和特殊防卫过当。这里的一般防卫过当，是指按照法益权衡原则，明显超过必要限度造成重大损害的情况；这里的特殊防卫过当，是指在一般防卫过当的前提下，因期待可能性减弱而减轻处罚，但仍要负刑事责任的情形。第 3 款规定了阻却责任的正当防卫，也即阻却责任的一般防卫过当，因期待可能性减弱而不负刑事责任的情形。或者说，第 1 款规定了阻却违法的正当防卫，第 3 款规定了阻却责任的正当防卫；第 2 款规定了法益权衡意义上的防卫过当，第 3 款规定了期待可能性意义上的防卫过当。对特殊防卫的认定应注意以下 4 个条件。

第一，以防卫过当为前提。特殊防卫的成立要以一般防卫过当为前提，如果通过法益权衡得出的结论是，防卫保护的法益优于侵害损害的法益，则可直接认定为正当防卫，没有必要适用特殊防卫，这是由阶层论的逻辑顺序决定的，先进行违法判断，再进行责任判断，如果存在违法阻却事由，则无须再判断责任阻却问题。例如，在检例第 48 号侯雨秋正当防卫案中，[1]侯雨秋虽然是在“慌乱、恐惧、惊吓”之下实施防卫行为，但侵害人已经造成了侯雨秋和其他人重伤的危险，侯雨秋的反击虽造成侵害人死亡，但仍然在“必要限度”之内，因此可基于法益权衡原则直接认定为正当防卫，无须通过缺乏期

〔1〕 侯雨秋系葛某经营的养生会所员工。2015 年 6 月 4 日 22 时 40 分许，某足浴店股东沈某因怀疑葛某等人举报其店内有人卖淫嫖娼，遂纠集本店员工雷某、柴某等 4 人持棒球棍、匕首赶至葛某的养生会所。沈某先行进入会所，无故推翻大堂盆栽挑衅，与葛某等人扭打。雷某、柴某等人随后持棒球棍、匕首冲入会所，殴打店内人员，其中雷某持匕首两次刺中侯雨秋右大腿。其间，柴某所持棒球棍掉落，侯雨秋捡起棒球棍挥打，击中雷某头部致其当场倒地。该会所员工报警，公安人员赶至现场，将沈某等人抓获，并将侯雨秋、雷某送医救治。雷某经抢救无效，因严重颅脑损伤于 6 月 24 日死亡。侯雨秋的损伤程度构成轻微伤，该会所另有 2 人被打致轻微伤。参见《关于印发最高人民检察院第十二批指导性案例的通知》，载中华人民共和国最高人民检察院网，https://www.spp.gov.cn/xwfbh/wsfbt/201812/t20181219_402919.shtml#2。

待可能性出罪。又如,检例第45号陈某正当防卫案,[1]陈某在"慌乱、恐惧、惊吓"之下实施防卫,但由于防卫所造成的危险和损害与侵害所造成的危险和损害符合法益权衡原则,因此可直接认定为正当防卫,无须认定为特殊防卫。只有在不符合法益权衡原则的一般防卫过当的情况下,才存在通过特殊防卫出罪的必要。需要指出的是,《刑法》第20条第3款规定的"不属于防卫过当",是指不属于一般防卫过当,这与特殊防卫需要以一般防卫过当为前提并不矛盾。

第二,客观可能,主观不可能。所谓客观可能,是指从事后的角度判断,防卫人可以采取其他手段脱困;所谓主观不可能,是指从事中的角度判断,由于认识的局限性,防卫人选择可能造成伤亡的防卫手段是值得宽恕的。在于欢案、朱凤山案、于海明案中,从事后的角度判断,他们都可以通过等待公力救济或控制防卫强度来实现正当防卫,但他们的防卫行为都"明显超过必要限度"。三案都是在明显缺乏期待可能性的情况下发生的,防卫人在紧迫状态下,由于正常人认识的局限性,作出了可能的最优选择。如果防卫人作出了次优选择,则应考虑构成特殊防卫过当,也就是因期待可能性的减弱而减轻处罚的情形。这里涉及以何种标准判断主观不可能的问题,即是防卫人标准,还是一般人标准?笔者赞同一般人标准,这里的一般人"不意味着统计学意义上的平均人,而是具有行为人特征的其他多数人"[2]。是否具有期待可能性,以及期待可能性的程度是在比较中发现的,期待可能性运用于司法受

---

〔1〕 2016年1月初,因陈某(未成年人,中学生)在甲的女朋友的网络空间留言示好,甲纠集乙等人,对陈某实施了殴打。1月10日中午,甲、乙、丙等6人(均为未成年人),在陈某就读的中学门口,见陈某从大门走出,有人提议陈某向老师告发他们打架,要去问个说法。甲等人尾随一段路后拦住陈某质问,陈某解释没有告状,甲等人不肯罢休,抓住并围殴陈某。乙的3位朋友(均为未成年人)正在附近,见状加入围殴陈某。其中,有人用膝盖顶击陈某的胸口、有人持石块击打陈某的手臂、有人持钢管击打陈某的背部,其他人对陈某或勒脖子或拳打脚踢。陈某掏出随身携带的折叠式水果刀(刀身长8.5厘米,不属于管制刀具),乱挥乱刺后逃脱。部分围殴人员继续追打并从后投掷石块,击中陈某的背部和腿部。陈某逃进学校,追打人员被学校保安拦住。陈某在反击过程中刺中了甲、乙和丙,经鉴定,该3人的损伤程度均构成重伤二级。陈某经人身检查,见身体多处软组织损伤。参见《关于印发最高人民检察院第十二批指导性案例的通知》,载中华人民共和国最高人民检察院网,https://www.spp.gov.cn/xwfbh/wsfbt/201812/t20181219_402919.shtml#2。

〔2〕 张明楷:《刑法学》,法律出版社2016年版,第328页。

到的最多诟病就是该理论比较模糊,缺乏明确界限。但是,并不存在不经司法实践形成经验就自然具有明确性和稳定性的理论,即便认为法益权衡理论具有明确性,那也只是基于个人生活经验的想象,并非司法经验的现实。例如于欢案造成1人死亡、2人重伤、1人轻伤的严重后果,二审判处故意伤害罪,有期徒刑5年;而朱凤山案造成1人死亡的严重后果,二审判处故意伤害罪,有期徒刑7年。在损害结果差异如此悬殊的情况下,朱凤山案的量刑竟然明显重于于欢案,可见,即便是作为指导案例的案件,也没有对法益权衡理论形成明确而稳定的标准,这并非理论本身的问题,而是司法实践应自觉积累经验的问题。

第三,情绪要素只是表面要素。在关于特殊防卫的研究成果中,与德国《刑法》第33条进行对比是经常采用的比较法研究方法。德国《刑法》第33条规定:"防卫人由于慌乱、恐惧、惊吓而防卫过当的,不负刑事责任。"[1]在认为存在阻却责任的正当防卫的研究中通常特别关心"慌乱、恐惧、惊吓"等心理状态,并认为这是认定缺乏期待可能性的事实基础,德国刑法理论和实务界对此也表达了相同的关切,"此条文适用的关键在于其所规定的三种人类脆弱情绪的界定"。[2] 但罗克辛教授对此提出质疑,"此类情绪在多大程度上可以削弱人的意志是不明确的,而且,即使承认此类情绪确实可以明显削弱人的意志,令人行为失常,那么为什么仅仅在防卫过当的情况下考虑这一因素,而不是让其成为所有犯罪行为的责任阻却事由？而且,为什么此理由适用于违反必要性和应当性标准的情况,却不适用于针对无关第三人进行的防卫？此外,从削弱意志和导致人行为失常这一角度,其他脆弱情绪和强

---

〔1〕 根据姜涛教授的考证,具有相似规定的刑法还有,瑞士《刑法典》第33条第2项规定:"正当防卫人防卫过当的,法官以自由裁量权减轻处罚(第66条)。正当防卫人由于可原谅的慌乱或惊慌失措而防卫过当的,不处罚。"日本《盗犯等防止法》第1条第2款规定:"虽然并没有针对自己或他人的生命、身体或贞操的现在危险,但由于行为人恐怖、惊愕、兴奋或狼狈,而当场杀伤犯人时,不处罚。"日本《改正刑法草案》第14条第2项、第3项规定:"防卫行为超过必要限度的,可以根据情节减轻或免除处罚。""在前项情形下,其行为出于恐怖、惊愕、兴奋或者惊惶失措,因而不能非难行为人时,不处罚。"韩国《刑法》第21条第3项规定:"前项情形下,如其过当行为系在夜间或其他不安的状况下,由于恐怖、惊愕、兴奋或者紧急而引起的,不予处罚。"参见姜涛:《行为不法与责任阻却:"于欢案"的刑法教义学解答》,载《法律科学》2019年第1期。

〔2〕 石家慧:《德国刑法中的正当防卫制度》,载《中国应用法学》2018年第6期。

化情绪亦具有相同效果"[1]。在笔者看来,上述三种情绪只是表面的要素,不需要特别证明,即便防卫人在面对"严重危及人身安全的暴力犯罪"时十分冷静,也有可能因缺乏期待可能性而阻却责任。因此,问题的关键是判断是否缺乏期待可能性,而非判断处于何种情绪,某种情绪只是判断的资料,而非主体本身。[2] 以朱凤山案为例,"朱凤山持铁叉阻拦后报警。……朱凤山躲到一边,并从屋内拿出宰羊刀防备"。在朱凤山作了防卫准备的情况下,其是否存在"慌乱、恐惧、惊吓"的情绪,以及这种情绪达到什么程度是难以证明的,但这并不妨碍对其缺乏期待可能性的认定。因为在这种紧急情况下,其选择以伤害侵害人的方式脱困是完全合理的,不应该要求他在积累升高或变化莫测的危险状态中寻求客观上更优越的帮助。又如,在陈某正当防卫案中,陈某为未成年中学生,结合其年龄考虑,在面对多人暴力围殴的情况下,其生活经验、社会阅历和身体力量的局限,都决定其对防卫行为和结果缺乏期待可能性,至于其当时处于何种情绪并非至关重要的事实。

第四,对我国《刑法》第20条第3款中"正在进行行凶、杀人、抢劫、强奸、绑架以及其他严重危及人身安全的暴力犯罪"正确理解。这里不应将"严重危及人身安全的暴力犯罪"在手段和程度上与防卫手段和程度进行法益权衡,因为这种理解是一般正当防卫的内涵。对于特殊防卫,规定这一前提只是为了限制《刑法》第20条第3款的适用范围,只有在面临"严重危及人身安全的暴力犯罪"才可以通过特殊防卫出罪,否则,期待可能性的适用将会泛化。

第四节　客观处罚条件认定中的谦抑性

与大陆法系"立法定性 + 司法定量"的犯罪规定模式不同,我国《刑法》采取"立法定性 + 定量"的犯罪规定模式,这就产生了如何在司法中解释罪量要素的问题。罪量要素的表现形式多样,例如,"数额较大""情节严重(恶

---

〔1〕 Claus Roxin, Strafrecht AT, Band I, 4. Aufl., C. H. Beck, 2006, SS. 993, 994.

〔2〕 在上述各国的刑事立法中,关于情绪的规定也并不统一,既包括"慌乱、恐惧、惊吓",也包括"恐怖、惊愕、兴奋、狼狈",显然"兴奋"与"恐惧、惊吓"是完全不同的情绪,而"狼狈"则很难界定。

劣)”“严重后果”、行政前置甚至第三人行为等。由于罪量要素形式各异,在司法中如何适用罪量要素就成为实现定罪谦抑的关键问题。实践中,当一项立法颁行后,司法者往往渴望最高人民法院、最高人民检察院快速出台司法解释,否则,对新法中的罪量要素难以认定,而司法解释对罪量要素虽然实现了一定程度的限制,但往往为避免不周延而设置兜底条款,这就又产生如何对司法解释中罪量要素进行解释的问题。对于司法者而言,由于罪量要素的内涵和外延通常都较为模糊,导致罪量要素比定性要素更难认定,因此其对刑法谦抑的威胁往往也是更大的。我们选取以客观处罚条件为代表的罪量要素进行规范解释,以实现刑法的限缩。对于中立性客观处罚条件,主要通过3个主题的讨论实现限制处罚范围的目的:一是区分构成要件要素与客观处罚条件;二是实行行为与客观处罚条件应具有条件关系;三是行为人应对客观处罚条件的发生具有一般人的经验认识。政策性客观处罚条件,体现了刑法谦抑性的要求,要确立其优先适用地位。

一、客观处罚条件的界定

从立法上看,客观处罚条件通常表现为,在构成要件之外决定刑罚启动的事由。张明楷教授认为,不能直接借鉴大陆法系刑法理论中的客观处罚条件概念来解释这种现象。我国传统刑法理论认为行为符合犯罪构成是认定犯罪的唯一依据,同时承认对说明社会危害性不起作用的因素不可能成为构成要件,[1]而大陆法系国家刑法理论中的客观处罚条件是犯罪成立条件之外影响刑罚权发动的要素,因而与我国传统刑法理论相冲突。但张明楷教授受到客观处罚条件和主观的超过要素概念启发,创造性地提出了客观超过要素概念。所谓客观超过要素,按照张明楷教授的界定,是指不需要存在与之对应的主观内容的构成要件要素,同时主张行为人对客观超过要素至少具有认识可能性。客观超过要素概念的提出,化解了客观处罚条件与我国传统刑法理论的冲突而使其纳入我国刑法理论中,但客观超过要素概念本身是否完

---

〔1〕 参见张明楷:《“客观的超过要素”概念之提倡》,载《法学研究》1999年第3期。

全适当,仍须进一步讨论。

黎宏教授否认客观超过要素的必要性,认为这种由第三人引起的结果,是决定行为人的行为是否构成犯罪的重要因素,属于该罪的构成要件结果。理由在于,按照传统刑法理论的观点,犯罪具有社会危害性、刑事违法性及应受刑罚处罚性,第三人的行为使先前已经存在的某种危险增大到了可罚的程度,因此将其作为普通的客观方面看待即可。[1] 笔者认为,黎宏教授的观点有混淆构成要件结果与实害结果之嫌。诚然,并不是只有和行为人的行为有因果关系的要素才对行为的社会危害性具有影响,但作为构成要件要素之一的结果,必然要求与行为人的实行行为具有刑法上的因果关系。因此对于第三人造成的与行为人的实行行为没有刑法上因果关系的结果,不能简单地将其还原为违法性事实。

周光权教授认为,并不一定要在传统刑法理论体系下对这种现象进行研究,“比较务实的态度是肯定阶层犯罪论体系的价值”“承认客观处罚条件的存在,并对此进行充分研究”[2]。但是,周光权教授并没有讨论如何将客观处罚条件与我国传统刑法理论相融的问题。周光权教授以是否对违法性有影响为区分标准,将客观处罚条件区分为内在的客观处罚条件与外在的客观处罚条件,认为内在的客观处罚条件在性质上属于违法要素,但由于其出现“取决于很多偶然因素”,因此要求行为对其具有高度模糊性认识即可。同时认为,张明楷教授所提倡的客观超过要素实质上就是内在的客观处罚条件,在已有概念能够说明问题的情况下,无须再造一个概念。

否定说的观点并不符合中国的司法实际,例如,被害人在遭到强奸后,因心理难以承受而跳楼自杀,司法实践中,会将这种情况认定为强奸罪法定刑升格情节中的“致使被害人重伤、死亡或者造成其他严重后果的”。一方面,无论从相当因果关系的角度,还是从客观归责理论的角度,都很难说明强奸行为与被害人自杀的因果关系,如果对因果关系理论进行任意的扩张,则可

---

〔1〕 参见黎宏:《论“客观处罚条件”的若干问题》,载《河南省政法管理干部学院学报》2010 年第 1 期。

〔2〕 周光权:《论内在的客观处罚条件》,载《法学研究》2010 年第 6 期。

能造成比结果责任更严重的法治破坏；另一方面，行为人对被害人是否会自杀完全无法控制，也无法认识，否则在被害人不自杀的情况下，是否要认定被害人为结果加重犯未遂呢？显然不能得出这样的结论，将被害人自杀的结果归于行为人有违责任主义原则。同时，强奸罪侵害的法益是女性的性自主决定权，并不当然包括生命健康权，如何将强奸行为之外的死亡结果归于行为人，否定说难以解释。因此，无法按照否定说的观点将上述问题在传统的教义学理论中解决，也不能任意扩大对教义原理的解释盲目适应实践需要，而客观处罚条件的理论恰恰是针对上述情况提出的。

肯定说中，张明楷教授的客观超过要素理论与周光权教授的内在客观处罚条件理论无异，其基本内容，一是认为客观处罚条件属于违法性要素，二是降低责任主义的要求，只要有模糊的认识就可以归结责任。例如，周光权教授认为，内在客观处罚条件属于非典型的违法要素，其处于实行行为的“延长线”上，能够影响和揭示违法性，对其要有所认识。但他又认为，存在与违法性关联极其微弱的客观处罚条件；客观处罚条件将违法性提升到刑法预设的可罚性程度；客观处罚条件类似于相当因果关系中的介入因素，但这种介入因素具有偶然性，非常间接，相隔时间很长；行为人对客观处罚条件应具有认识，但这种认识是高度模糊的认识。[1] 从周教授上述观点来看，所谓内在客观处罚条件与不法要素相比，除了现象上的差别外，在教义原理和功能上没有差异。但这种理解却难以自圆其说，既然是刑法预设的可罚程度，那么为何又是偶然的、极其微弱的、非常间接的？既然要求对不法要素有所认识，又为何是极度模糊的认识？这种认识如何判断？可见，肯定说要么没有区分构成要件要素与客观处罚条件，要么只是描述了客观处罚条件的现象，而没有提供教义原理和解释技术。

笔者认为，关于惩罚的问题不能脱离刑罚目的去探讨，因此应基于一般预防和特殊预防的需求，结合德日阶层理论和我国刑事司法实践，可以将客观处罚条件划分为中立性客观处罚条件和政策性客观处罚条件两种类型。

---

〔1〕 参见周光权：《论内在的客观处罚条件》，载《法学研究》2010 年第 6 期。

前者是指不反映不法和责任，但基于一般预防的需求而增加可罚性的要件。例如，前述强奸案中被害人事后自杀的情况，无法将被害人事后自杀理解为强奸不法预设的法益侵害和行为类型，也无法论证完全符合责任主义的要求。但强奸与事后自杀具有经验上的关联性，因此从一般预防强奸的角度，要加重处罚。后者是指基于特殊预防需求而前置于刑事诉讼程序的刑罚启动事由。例如，逃税罪中的行政前置程序，未经税务机关的查处，虽然可以立案侦查，但不得启动刑罚。如果行政程序的运行能够有效实现法益救济，则无必要启动刑罚；若行为人仍不履行义务，则产生特殊预防必要，可以启动刑罚。这完全符合刑法谦抑之补充性和宽容性的要求。

因此，根本上说，对客观处罚条件的限制解释实质上是对预防需要的限制，即不能为了预防犯罪而任意扩大处罚范围，这就是以此为视角的刑法谦抑要求。客观处罚条件是立法上对可罚范围的限制，符合刑法谦抑的要求，但司法上对客观处罚条件的解释却存在使处罚范围扩大的可能，因此，立法上的谦抑愿望只有转化为司法上的谦抑效果才能实现刑法谦抑的目标。

二、中立性客观处罚条件认定的谦抑要求

（一）明确区分构成要件要素与客观处罚条件

构成要件是不法类型，其教义学机能是贯彻罪刑法定原则，而构成要件要素则是围绕危害行为展开的表征不法性的主客观要素。按照罪刑法定原则和责任主义的要求，故意规制机能是构成要件的机能之一，也就意味着，客观构成要件要素应为故意的认识内容，如果无法证明行为人对此要素存在认识，则阻却故意；如果连认识的可能性都不具备，则阻却过失，进而难以成立犯罪。可见，构成要件要素具有两个特征：一为不法类型性，即完善不法类型不可或缺的要素；二为认识内容性，即其应在主观认识范围内。由此，产生的问题是，我国刑法中的罪量要素是构成要件要素，还是客观处罚条件？

例如,在各地多有发生的“天价葡萄案”“天价豆角案”中,[1]盗窃罪中所要求的“数额较大”是构成要件要素还是客观处罚条件?就是广为争议的问题。如果认为属于构成要件要素,则在盗窃数额认识错误的情况下,难以认定行为人承担刑事责任,或者只能承担基本犯的刑事责任,而不应认定为加重犯;如果认定为客观处罚条件,则不要求行为人对“数额较大”有所认识,或者说即便行为人对此产生错误认识,也不影响对故意的认定。对此,张明楷教授认为,从我国刑法既定性又定量的立法模式出发,应将“数额较大”理解为构成要件要素,否则,在我国立法模式中难以区分犯罪的故意与违法的故意,然则二者在可谴责性上是不同的;[2]而陈兴良教授则认为,“数额较大”属于客观处罚条件,不在认识内容之列,因此应以实际发生的数额追究刑事责任。[3] 笔者认为,“数额较大”既不属于内在的客观处罚条件,也不属于外在的客观处罚条件,应认定为构成要件要素;如果行为人对此缺乏认识,则难以认定为盗窃罪。将“数额较大”理解为构成要件要素也具有实质合理性:一方面,“数额较大”是直接表征不法性的要素,与具有不法和责任的中立性的客观处罚条件有所不同,前者具有物理上的客观性,后者具有经验上的客观性。因此,应将其理解为不法本身的要素,而非与不法有关的要素。另一方面,在我国犯罪规定模式中,既然将数额作为区分罪与非罪、轻罪与重罪的标准,就有理由要求行为人对此有所认识,以区别其可谴责程度。同理,在对司法实践中多发常见的几种犯罪的认定中都应注意此问题,例如非法吸收公众存款罪、集资诈骗罪中的“数额较大”、侵犯人身权利犯罪中的“重伤、死亡”、渎职犯罪中的“重大损失”都属于构成要件要素,而非客观处罚条件,在认定这些犯罪时,绝不能唯结果论。

---

[1] 参见《法律专家论证“天价葡萄案”馋嘴民工面临批捕》,载中国法院网,https://www.chinacourt.org/ article/detail/2003/08/id/77415. shtml,最后访问日期:2018 年 9 月 20 日。《海口现天价黄花鱼案:男子“捡”2 条鱼被判刑赔 2.3 万》,载中新网,http://www. hi. chinanews. com. cn/hnnew/2018 - 09 - 03/470686. html。《哈尔滨天价豆角案有进展 犯罪嫌疑人刘吉路被批捕》,载新浪网,http://news. sina. com. cn/s/2004 - 08 - 06/10253312966s. shtml。

[2] 参见张明楷:《论盗窃故意的认识内容》,载《法学》2004 年第 11 期。

[3] 参见陈兴良:《判例刑法教程》(分则篇),北京大学出版社 2015 年版,第 129 页。

因此,对罪量要素应明确区分构成要件要素和客观处罚条件,尤其不应将构成要件要素理解为中立性客观超过要素。后者具有不法的中立性,且不具有认识内容性,与构成要件要素不具有相同的教义学原理,错误认定将造成责任主义的破坏,有违刑法谦抑理念的要求。

(二)实行行为与客观处罚条件应具有条件关系

在区分构成要件要素与中立性客观处罚条件的基础上,对于属于中立性客观处罚条件的要素的认定,应建立起某种法律上的因果关系,以避免陷入严格责任的误区。关于刑法上的因果关系,主要有条件说、相当因果关系说和客观归责理论3种学说。对于中立性客观处罚条件与实行行为的关系,可以排除客观归责理论,因为按照客观归责理论,结果应发生在构成要件的效力范围内,但客观处罚条件具有不法和责任的中立性,不可能实现于构成要件的效力范围内。相当因果关系说也难以为客观处罚条件提供理论支撑;即便是采用相当因果关系,也要认可结果发生在实行行为的危险范围之内,如果完全脱离实行行为的危险范围,则难以认为存在相当性。

例如,最高人民法院、最高人民检察院《关于办理诈骗刑事案件具体应用法律若干问题的解释》(法释〔2011〕7号)第2条第2款规定,“诈骗数额接近本解释第一条规定的‘数额巨大’、‘数额特别巨大’的标准,并具有前款规定的情形之一或者属于诈骗集团首要分子的,应当分别认定为刑法第二百六十六条规定的‘其他严重情节’、‘其他特别严重情节’”。其中前款情节包括,“(五)造成被害人自杀、精神失常或者其他严重后果的”。相同的规定也出现在最高人民法院、最高人民检察院、公安部《关于办理电信网络诈骗等刑事案件适用法律若干问题的意见》(法发〔2016〕32号)中,其中第2条第2项规定,“1.造成被害人或其近亲属自杀、死亡或者精神失常等严重后果的”。上述规定中,被害人甚至其近亲属自杀、死亡或者精神失常,完全不可能在作为财产罪的诈骗类犯罪的构成要件中得到评价,因为人身安全和健康生命并不在诈骗罪的法益保护范围之内,所以此情节属于中立的客观处罚条件,但无法通过客观归责理论或者相当因果关系说解决其关联问题。

为了避免扩大处罚范围,造成间接处罚,笔者认为客观处罚条件与实行行为应具有条件关系。条件关系是关于事实因果关系的理论，其遵循事理逻辑，认为在先发生的引起结果的事项都属于条件，进而产生因果关系，为了限制条件关系的泛滥，又产生了原因说，即各种条件中，有力而重要的条件为原因，[1]原因与结果之间的关系才是值得法律关注的因果关系。本书对实行行为与客观处罚条件的关系采条件关系中的原因说。仍以上述司法解释为例，被害人甚至其近亲属自杀、死亡或者精神失常，是与诈骗行为具有社会生活上的经验关联性的情形，这种关联性一方面要通过典型案件获得犯罪学上的实证基础，另一方面要符合特定时期刑事政策的需要。对于诈骗犯罪，尤其是电信网络诈骗犯罪，其危害性已经远远超出对个人财产的危害，甚至形成对公共安全和社会秩序的严重侵害，在广具社会影响力的典型案件中，被害人事后自杀死亡、精神失常的情况并不鲜见，因此将此种情形作为诈骗罪的客观处罚条件既符合社会生活经验，也满足一般预防的需要。

但不能认为任何情况下，只要是因被诈骗而自杀死亡或精神失常就属于"其他严重情节""其他特别严重情节"，必须对客观处罚条件的进行限制解释。具体来说，上述司法解释在认定"其他严重情节""其他特别严重情节"中还列举了其他情形，被害人因被诈骗而自杀死亡或精神失常应是其他情节的结果，才能成为"有力而重要"的原因，例如"(四)诈骗残疾人、老年人或者丧失劳动能力人的财物的"，如果诈骗丧失劳动能力的人的财物，造成被害人因缺乏财物救济而自杀死亡或者精神失常的，应属于诈骗罪的客观处罚条件；如果虽然诈骗的被害人是老年人，但诈骗财物为有纪念意义的饰品，导致该老年人因情绪激动而自杀死亡或精神失常，则不属于诈骗罪的客观处罚条件，进而不属于诈骗中的"其他情节严重""其他特别严重情节"。

又如，最高人民法院、最高人民检察院《关于办理侵犯公民个人信息刑事案件适用法律若干问题的解释》(法释〔2017〕10 号)第 5 条第 2 款规定，"实施前款规定的行为，具有下列情形之一的，应当认定为刑法第二百五十三条之一第一款规定的'情节特别严重'：(一)造成被害人死亡、重伤、精神失常

---

〔1〕 参见陈兴良：《规范刑法学》，中国人民大学出版社 2013 年版，第 131 页。

或者被绑架等严重后果的";此规定属于侵犯公民个人信息罪的客观处罚条件,对其应作限制解释,即只有被害人因信息泄露而遭遇违法犯罪威胁或侵害,导致死亡等结果,才能适用本罪的客观处罚条件,不能认为被害人因信息泄露后而自杀死亡的任何情形都属于客观处罚条件。

总之,与特定犯罪保护法益不具有社会生活经验上的联系,不具有一般预防需求,不能在其他情节中得到体系解释的情节,不能认定为中立的客观处罚条件,不能由此认定为犯罪。

(三)行为人应对客观处罚条件的发生具有一般人的经验认识

不能依照严格责任原则认定客观处罚条件,或因为客观处罚条件具有不法和责任的中立性,就认为只要出现客观处罚条件就要启动刑罚或者加重刑罚,如果客观处罚条件完全超出行为人的经验性认识,那么科处刑罚就无法实现一般预防的需求,进而导致刑罚无效。由于客观处罚条件应与特定犯罪的保护法益存在社会生活经验上的联系,实行行为与客观处罚条件应存在原因说的"有力而重要"的条件关系。例如,强奸后自杀的情形,虽然强奸罪所保护的法益是女性的性自主决定权,但事后自杀与强奸行为存在社会生活经验上的原因关系,强奸所造成的精神强制绝不限于犯罪行为进行之时,影响是深远的,这种基于社会生活经验的原因关系并非空想,而是有犯罪学研究和典型案件社会影响支撑的,进而产生了一般预防的必要。因此,要求行为人对客观处罚条件具有一般人的经验性认识是正当和可行的。

但值得注意的是,行为人对客观处罚条件的发生具有一般人的经验认识,检控方无须负担举证责任。由于客观处罚条件并非意外的情节,因此只要能够证明行为人具有刑事责任能力,则推定其对客观处罚条件具有认识。可以认为,对客观处罚条件的认识是一种抗辩事由,也就是说,行为人应举证证明自己不具有一般人的经验性认识,如果举证不能,则应认定此客观处罚条件可适用于行为人。

另外,应注意严格区分对客观处罚条件的认识与构成要件要素的认识。生产、销售劣药罪中的"对人体健康造成严重危害"属于构成要件要素,行为人对此应具有罪过意义上的认识,检控方应举证证明行为人对此结果具有罪过认识,否则,本罪无法成立,绝不能仅证明存在因果关系就认定行为对人体健康造成了严重危害,也不能仅凭借一般人的经验性认识推定行为人能够认识到严重危害。

（四）中立性客观处罚条件不得类推适用

不能将特定犯罪的客观处罚条件类推适用于其他犯罪,即便是具有相同法益侵害性的犯罪也不能类推适用。例如,最高人民法院、最高人民检察院《关于办理盗窃刑事案件适用法律若干问题的解释》(法释〔2013〕8 号)第 2 条规定,"盗窃公私财物,具有下列情形之一的,'数额较大'的标准可以按照前条规定标准的百分之五十确定:……(七)盗窃救灾、抢险、防汛、优抚、扶贫、移民、救济款物的;(八)因盗窃造成严重后果的"。这一规定与上述诈骗罪司法解释的规定在很多情形上都是相同的,那么能否认为,"因盗窃造成严重后果的"也包括"造成被害人或其近亲属自杀、死亡或者精神失常等严重后果的?"笔者认为,客观处罚条件是基于与构成要件的社会经验关联(要求具有犯罪学上的实证基础和典型案件表现出的刑事政策需要),为了满足一般预防需要而设计的限制处罚范围的条款,如果司法解释规定了相同或相似的其他情节,而没有明确规定该客观处罚条件,就难以认为该客观处罚条件所表明的情形是该罪一般预防需要的内容,基于刑事政策设定的事由不得类推适用。因此,不能将"造成被害人或其近亲属自杀、死亡或者精神失常等严重后果的"认为是"因盗窃造成严重后果的"的内容,其不属于盗窃罪的客观处罚条件。同理,在抢劫罪、抢夺罪、敲诈勒索罪和侵占罪中也不适用。

三、政策性客观处罚条件认定的谦抑要求

相比中立性客观处罚条件,政策性客观处罚条件与构成要件的不法和责任完全没有关联,其基于特殊预防的需要而设计,是前置于刑事诉讼程序的刑罚启动事由。政策性客观处罚条件充分体现了刑法作为最后法、补充法的属性。具体包括 3 种类型:

第一,特定程序前置型。即对于具有不法和责任的行为,优先经由特定的行政程序处理,否则,难以认定其可罚性,阻却刑罚的启动。例如《刑法》

第201条中规定逃税罪,其中第4款规定是在逃税罪的不法和责任已然具备的情况下,如果行为人在追缴程序中履行特定义务,则不再具有特殊预防的必要性,进而阻却刑罚启动,可见在逃税罪中一般预防的功能是交由税法来实现的,[1]这是刑法补充性的表现。又如《刑法》第196条第2款规定,"前款所称恶意透支,是指持卡人以非法占有为目的,超过规定限额或者规定期限透支,并且经发卡银行催收后仍不归还的行为"。其中的发卡行催收程序,也属于政策性客观处罚条件。

值得注意的是,应区分政策性客观处罚条件与构成要件要素,例如,司法实务中对交通肇事罪和重大责任事故类犯罪,总要求由行政部门首先对案件性质作出认定,如果无法认定为专门领域的犯罪,则只能按照一般过失犯罪处理,这种确定是否为专门领域犯罪的行政程序?其实是对不法类型的确定,属于反映不法内容的构成要件要素,这类要素包含在对"违反交通运输管理法规""违反有关安全管理的规定"的理解中,要求行为人对此有所认识。

第二,自主恢复法益型。即在不法和有责已然实现的情况下,行为人通过补救手段使得受到侵害的法益得到恢复,进而丧失特殊预防必要的情形。例如,最高人民法院《关于审理非法集资刑事案件具体应用法律若干问题的解释》(法释〔2010〕18号)第5条第3款规定,"集资诈骗的数额以行为人实际骗取的数额计算,案发前已归还的数额应予扣除"。按照我国刑法对集资诈骗罪的通常理解,本罪为诈骗罪的特别法,关于诈骗罪的教义原理完全适用于本罪,那么集资诈骗后的返还行为仅属于量刑情节,而不应影响已然的不法和责任,但司法解释却将事后返还的数额从实际发生的不法数额中扣除,这意味着行为人在返还财产的部分消除了特殊预防的必要,进而阻却刑罚启动,因此案发前归还的行为属于政策性客观处罚条件。又如,上述司法解释第3条第4款规定,"非法吸收或者变相吸收公众存款,主要用于正常的生产经营活动,能够及时清退所吸收资金,可以免予刑事处罚"。其中"及时

---

〔1〕 参见我国《刑法》第201条第4款规定,"有第一款行为,经税务机关依法下达追缴通知后,补缴应纳税款,缴纳滞纳金,已受行政处罚的,不予追究刑事责任;但是,五年内因逃避缴纳税款受过刑事处罚或者被税务机关给予二次以上行政处罚的除外。"

清退所吸收资金”具有非基于不法和责任减弱的刑罚阻却效果,在上述情况下特殊预防的必要性消失,因而阻却刑罚。[1]

第三,不告不理型。即在当事人权利自治的领域,如果被害人不行使追诉权,则刑罚处罚无法启动。例如,刑法中的亲告罪,在不法和责任要素之外,要求“告诉的才处理”。而是否告诉取决于被害人的意愿,与已然的不法和责任无关,如果被害人不行使诉权,则刑事诉讼程序无法启动。刑法之所以在亲告罪中保留被害人的诉权,主要是基于当事人之间的生活关系和个人隐私属于自治领域,公权力不宜过度介入。因此,在被害人不行使诉权的情况下,国家也没有特殊预防的必要,从而得以阻却刑罚的启动。

有学者将客观处罚条件区分为积极的客观处罚条件和消极的客观处罚条件,[2]笔者所主张的中立性客观处罚条件可以认为属于积极的客观处罚条件,而政策性客观处罚条件属于消极的客观处罚条件,但这种区分是描述性的,客观处罚条件的功能都是消极性的。政策性客观处罚条件阻却刑罚的功能是显见的,中立性客观处罚条件是通过限制经验性侵害结果的范围来限制处罚范围的。因此,客观处罚条件的功能在于实现刑法补充性、宽容性和经济性的谦抑要求。

---

〔1〕《刑法修正案(九)》实施前,《刑法》第241条第6款规定,“收买被拐卖的妇女、儿童,按照被买妇女的意愿,不阻碍其返回原居住地的,对被买儿童没有虐待行为,不阻碍对其进行解救的,可以不追究刑事责任”;《刑法》第390条第2款规定,“行贿人在被追诉前主动交待行贿行为的,可以减轻处罚或者免除处罚”。此两款规定也属于政策性客观处罚条件。

〔2〕参见柏浪涛:《构成要件符合性与客观处罚条件的判断》,载《法学研究》2012年第6期。

第五章　刑事司法中的量刑谦抑

第一节　量刑谦抑的基本原则及其实现路径

一、量刑谦抑概说

(一)量刑谦抑的界定

刑罚是犯罪人所应承担的刑法非难的直接体现,刑罚的裁量即量刑,是依法对犯罪人裁量刑罚,“依法决定对犯罪分子是否判处刑罚,判处何种刑罚、刑度或所判处刑罚是否立即执行的刑事审判活动”。[1] 有关刑罚裁量的内容是否包含不判处刑罚的问题,理论上的认识经历了一个过程。有观点认为,量刑是“依法判处适当刑罚的一种审判活动”。刑法谦抑性在司法中是否得到贯彻,在量刑中体现得最为明显。所谓量刑谦抑,是指司法机关在裁量刑罚的过程中,秉持谦抑理念;在刑种和刑度的裁量中,尽量体现刑罚的轻缓要求,将刑罚的量限制在必要的最小限度,使刑罚的裁量符合刑法谦抑性之补充性、宽容性和经济性的要求。

(二)量刑谦抑的要求

量刑谦抑主要体现在两个方面:一是刑罚裁量上的轻刑化,二是犯罪处罚方式的非刑罚化。只有在量刑上坚持刑法的谦抑性,才能保证刑罚存在的

---

〔1〕 参见杨春洗等:《刑法总论》,北京大学出版社 1981 年版,第 243 页。高铭暄、马克昌主编:《刑法学》,北京大学出版社、高等教育出版社 2010 年版,第 269 页。

合理性和正当性。在坚持消极的责任主义的基础上，贯彻先责任刑后预防刑的量刑步骤，才能更好地实现量刑谦抑。

1. 轻刑化

轻刑化是相对于重刑化而言的，是指在动用较轻的刑罚就能达到刑法的目的，实现刑罚的功能时，就不动用较重的刑罚。对于轻刑化的理解刑法学界存在如下观点：其一，认为“轻刑化是指通过立法降低一些犯罪的法定刑幅度，从而达到整个刑事制裁体系的缓和化”；其二，认为“轻刑化和趋于缓和是两个内涵外延都不尽相同的概念，轻刑化包括刑罚结构整体向轻刑的方向发展，又指具体某一类刑罚配置也是较轻的”；其三，认为“轻刑化泛指一种刑事政策的实际趋向和发展取向，实际表现为相对较轻的刑罚应对，以及倡导以尽可能轻的刑罚来惩罚和控制犯罪的刑事政策”。[1]

需要注意的是，量刑谦抑要求的轻刑化，并不是一味地要求轻刑，而是指在实现刑罚功能的前提下实现刑罚功能的最少刑罚量，主要包括短期自由刑、罚金刑和缓刑的适用等方面。轻刑化尚未成为现阶段我国刑法的主流思潮，未得到司法实践的一致认可，但要有节制地合理适用刑法，轻刑化是不可或缺的重要理念，它将是一个动态的不断发展的过程，不会一蹴而就，却代表现代刑事法治发展的方向。

刑法的发展在于实践，实践的基础在于社会的发展进步，基于现代法治人权保障的根本要求，刑法发展中罪刑法定主义以及刑法谦抑性理念日渐重要，成为刑法现代化的应有之义。刑法谦抑理念，是现代刑法不断走向文明的一个重要标志。第二次世界大战后，人们逐渐认识到重刑主义的弊端，刑罚并不是越严苛越有效；要确保刑罚的惩治和威慑效果，单纯适用重刑是难以实现的。我国刑法结构一直处于“厉而不严”的状态，其最大的特点就是刑罚总量大、量刑重，刑事立法还存在疏而不密等问题。再加上违法与犯罪界限模糊，难以形成民众对法律的自觉遵守与对司法公正的信任，严苛的刑罚并不会真正地达到抑制犯罪的效果。诚然，随着我国社会发展与刑事政策

---

〔1〕 参见童德华、张斯珂：《轻刑化及其时代向度》，载《净月学刊》2018 年第 4 期。

的变化,刑罚圈的扩张是一种顺应现状的立法势态,法网扩大的同时保证其严密性和量刑的轻刑化则显得尤为重要。对此,“凡是适用较轻的制裁方法足以抑止某种犯罪行为、足以保护合法权益时,就不要规定较重的制裁方法”[1]。

刑法谦抑性在量刑中的轻刑化要求是由立法和司法共同完成的,司法中的刑法裁量固然受到立法上刑罚配置的影响,但是立法上配置的刑罚毕竟是一个抽象的幅度,而司法中则涉及在法定刑幅度内对具体刑事案件适用刑罚,刑事司法上的量刑谦抑,对刑法谦抑性的实现具有重要意义。

2. 非刑罚化

非刑罚化是相对于刑罚化而言的,是指在不动用刑罚手段就能实现刑法目的时尽量不动用刑罚,而采用非刑罚处罚措施来替代,从而使刑事制裁手段多样化和缓和化。在我国《刑法》第37条明确规定免于刑事处罚和非刑罚处罚措施的基础上,《刑法修正案(九)》又增加了从业禁止的规定。[2]

非刑罚化运动是与非犯罪化并驾齐驱的当代刑法改革的两大主题之一,是目的刑主义刑法思想与报应刑主义思想论战的产物。[3] 经历了目的刑论与报应刑论的长期争论后,报应刑论成为我国刑法学界采纳较广的观点,而在将刑罚作为对犯罪行为的报应性惩罚以外,也重视其所应达到的社会目的。与报应刑相对的是刑罚结构在广义上的转变,刑事法律后果由单纯的有罪即有罚,逐渐转变为不同程度地对犯罪行为进行非刑罚化的处理。在立法层面以免除处罚情节与免刑制度的设立为表现,而在刑事司法尤其是量刑方面,则是通过适用非刑罚处罚措施来实现对轻度犯罪的谦抑性处理。可以说,非刑罚化不仅是一种立法趋势,也是一种司法导向,在量刑过程中认识到

---

〔1〕 张明楷:《论刑法的谦抑性》,载《法商研究》1995年第4期。

〔2〕 我国《刑法》第37条规定:“对于犯罪情节轻微不需要判处刑罚的,可以免予刑事处罚,但是可以根据案件的不同情况,予以训诫或者责令具结悔过、赔礼道歉、赔偿损失,或者由主管部门予以行政处罚或者行政处分。”《刑法修正案(九)》在第37条之一规定中增加:“因利用职业便利实施犯罪,或者实施违背职业要求的特定义务的犯罪被判处刑罚的,人民法院可以根据犯罪情况和预防再犯罪的需要,禁止其自刑罚执行完毕之日或者假释之日起从事相关职业,期限为三年至五年。”

〔3〕 参见梁根林:《非刑罚化——当代刑法改革的主题》,载《现代法学》2000年第6期。

非刑罚化的必要性，既有利于克服短期自由刑的弊端，也有利于实现社会有效治理的目标。我国的刑罚体系一直是以自由刑为中心，但随着我国刑罚理论的发展，特别是对犯罪人特殊预防的重视，单纯地适用自由刑，特别是广泛地对大多数犯罪都适用短期自由刑已经难以实现刑罚的目的。短期自由刑的弊害主要表现在以下几个方面：一是刑期短暂，无法完成罪犯矫正与改善，以至于因严厉性弱而导致威慑力不足，很难实现刑罚的特殊预防目的，导致罪犯服刑期满后的再犯率较高；二是监狱亚文化导致罪犯羁押期间容易发生交叉感染，增加再犯的可能性和其人身危险性；三是短期自由刑给罪犯带来物质上和精神上的双重灾难，罪犯被释放后回归社会困难；四是过度关押造成监狱人满为患，增加执行成本。[1] 所以，要改善我国的刑罚体系，减少短期自由刑的适用，重视非刑罚处罚措施是关键。非刑罚化是量刑谦抑的必然要求，在量刑时严格控制和把握适用刑罚的条件；在采用非刑罚处罚方法能有效控制和预防犯罪时，就将刑罚排除在适用之外。只有坚持消极责任主义原则，坚持先责任刑后预防刑的量刑步骤，在刑罚的选择和适用中保持审慎的态度，才能摆脱重刑主义的桎梏，与宽严相济的刑事政策相符合，真正调整改善我国的刑罚适用结构，实现刑事司法中的量刑谦抑。

二、量刑谦抑的基本原则

(一)比例原则

作为一项公认的宪法性原则，比例原则被认为是现代公权力运行体系中的“帝王条款”。刑罚权的行使当然也要遵循比例原则。[2] 按照比例原则的要求，司法者在行使裁量权时，应在追求目的与实现手段之间保持均衡。比例原则是在合法原则基础上对公权提出的更高要求，公权的施行要在目的的实现、秩序的维护与私益的保障之间求得平衡。因此，相比合法原则，比例原则具有更丰富的实践理性内涵。具体来说，其包含 3 项子原则：

---

〔1〕 参见张德军：《短期自由刑执行机制改革研究——以社区矫正制度的完善为视角》，载《法学论坛》2014 年第 4 期。

〔2〕 参见王世洲：《刑法的辅助原则与谦抑原则的概念》，载《河北法学》2008 年第 10 期。

一是妥当性，即手段应适于目的的实现，或者说要以正当手段实现正当目的。妥当性解决实现法定目的的手段的种类和性质问题。妥当的手段首先是法律授权使用的手段，其次是有利于目的实现的手段。例如，在量刑中对刑种的选择，对于贪利性犯罪、经济犯罪、企业犯罪或者主要依赖金钱作为手段的犯罪，应考虑适用财产刑，一方面在“同态”的意义上实现报应，另一方面也有利于实现预防目的；又如，对于人身危险性较小的犯罪人适用缓刑，对于减轻国家负担和实现犯罪人回归社会都有好处；再如，对罪行轻微的特定犯罪人适用禁止令，可以实现防卫社会与刑法报应的统一。反之，广泛地对经济犯罪或企业犯罪中的个人犯罪人尤其是企业家适用自由刑，忽略对财产刑和保安处分措施的选择，显然不符合妥当性原则。对轻微财产犯罪或侵犯人身权利的犯罪广泛适用短期自由刑，也是不符合妥当性原则的表现。

二是必要性，即在妥当的刑罚中应选择与犯罪的法益侵害性相当的刑度。“重罪重罚，轻罪轻罚，罪刑相称，罚当其罪”的主要内涵，就是量刑的必要性。妥当性强调刑罚种类的适当，必要性则注重刑罚程度的适当。必要性原则是指导报应刑裁量的原则，要求刑罚报应的量不能超过犯罪的法益侵害程度；重刑主义显然就是对必要性原则的违背。

三是相称性，即当符合必要性原则的刑罚与预防目的的实现不适应的时候，应调整刑度；如果刑罚的适用不利于预防目的的实现，则应改为科处非刑罚措施。相称性的要求突破了报应目的必须实现的限制，这意味着，当刑罚所带来的消极成本远大于报应目的实现所带来的积极效益时，刑罚本身就不再具有正当性。相称性原则是预防刑裁量的原则，当刑罚的科处难以实现预防再犯的目的时，即便该刑罚的裁量具有必要性，但其也不符合相称性的要求，进而不符合比例原则。

在对比例原则的理解和贯彻中，妥当性、必要性和相称性形成了递进的3阶层关系。首先，刑罚种类的选择是适合犯罪特点或犯罪人特点的；其次，妥当的刑种的刑度应与犯罪的法益侵害程度相称；最后，必要的刑罚还应是有利于预防目的实现的刑罚，否则，应选择非刑罚措施。

(二)并合主义

并合主义是一种为了解决刑罚报应目的与预防目的的二律背反问题而形成的折中理论,其本质与相对报应刑论相同。[1] 相对报应刑论认为,刑罚的本质虽然是作为报应的祸害与痛苦,但刑罚的目的是预防犯罪。[2] 因为承认犯罪的前提是行为人相对的意思自治,所以其理论核心仍然是刑罚是对行为人犯罪行为责任的非难。在具体案件中量刑,必须根据刑法的规定,区分所判处刑罚欲达成的效果或目的。所以究竟如何适用刑罚才能体现其正当性,是刑罚目的理论要解决的问题,主要表现为报应刑论与目的刑论的争议。

最初的报应刑论,也称正义理论或赎罪理论,是一种绝对的报应理论。德国唯心主义哲学为其提供了哲学基础。康德认为,报应和正义是现行法律的基础,无论实施、命令或者共同实施谋杀的杀人犯有多少,都必须使他们全部承受死亡的痛苦。黑格尔也认为,犯罪是对刑法的否定,而刑罚则是对这一行为的否定之否定,“对犯罪的扬弃,在其按照概念是对侵犯的侵犯这个范围内,是重新报应”[3]。绝对的报应刑论有其不可忽视的缺陷,因为对行为人罪责的报应不能单纯只靠刑罚来体现,报应也无法成为刑罚正当化的唯一依据,刑罚的执行若仅仅是为了给行为人施加痛苦,则并不能完全消除社会损害化的经常性心理。而且,完全不考虑行为人再犯可能性而对其判处重刑,明显有失公正。

与报应刑论相反,目的刑论认为,刑罚的价值体现在对犯罪的预防效果之上,分为一般预防目的效果和特殊预防目的效果。特殊预防目的是阻止行为人再犯,是通过刑罚来矫正行为人;一般预防目的则是防止一般民众犯罪,是利用刑罚对民众产生一种心理强制。刑罚的犯罪预防目的应当被肯定,但目的刑论导致犯罪论与刑罚论之间的割裂,表现在犯罪人的罪行程度与犯

---

〔1〕 参见张明楷:《新刑法与并合主义》,载《中国社会科学》2000 年第 1 期。

〔2〕 参见[日]西田典之:《日本刑法总论》,刘明祥、王昭武译,中国人民大学出版社 2007 年版,第 14 页。

〔3〕 [德]罗克辛:《德国刑法学总论》(第 1 卷),王世洲译,法律出版社 2005 年版,第 37 页。

罪人将要判处的刑罚没有必然联系。同时,目的刑论使犯罪人沦为预防犯罪的工具,对犯罪人特殊预防必要性大小的评估也将导致对犯罪人的不定期刑。

并合主义中基于对报应刑和预防刑关系认识的不同,又可分为报应统合说与预防统合说。[1] 报应统合说认为,道义责任是刑罚正当性基础,也是量刑的基准,虽然量刑中也要考虑预防犯罪目的,并认为"目的刑构成对责任刑的制约",但一般预防和特殊预防都是为了促进"国家道义秩序的维持",并不具有独立意义。可见,报应统合说更接近于绝对的报应刑。预防统合说以消极的责任主义为前提,认为可以基于预防目的的需要修正责任刑,但不能超越责任的范围;该理论积极追求预防效果的实现,并不认同以道义报应界定责任的内涵,但坚守责任主义;在如何处理一般预防与特殊预防的关系上,预防统合说认为必须将特殊预防目的的实现限制在一般预防的保障要求之内。

笔者赞同预防统合说:第一,刑罚的裁量应坚持消极的责任主义,以责任刑限制预防刑,防止将刑罚单纯作为威慑一般人的手段或改造犯罪人的唯一方法,这是对法治国家人权原则的贯彻。第二,必须独立考虑预防犯罪目的的实现,预防目的不是维护国家的道义秩序,而是威慑或教化一般人,并使犯罪人不再犯罪,乃至有效回归社会。如果完全没有预防的必要,则即便有责任也不应科处刑罚,即以预防限制责任,这是现代法治社会发展的需要。第三,在一般预防与特殊预防的关系上,特殊预防优于一般预防,在完全缺乏特殊预防需求时,不应仅为了一般预防而科处刑罚。

(三)责任主义

要证明刑罚的正当化根据,仅依据行为人实施了侵害行为这一点还不够充分,还必须要求行为人对该行为负有责任。行为人若对行为无责任就不应

---

[1] 参见李冠煜:《量刑基准的研究——以责任和预防的关系为中心》,中国社会科学出版社2014年版,第136~143页。

受处罚,这一原则就是责任主义。[1] 责任主义一般被表述为“无责任则无刑罚”。但值得注意的是,责任主义在定罪和量刑中具有不同的内涵和功能。定罪中的责任主义的内涵是,只具有不法性还不能成立犯罪,必须是有责的不法才能成立犯罪,有责性是构成要素,是犯罪的基础,从功能上说,定罪中的责任主义突出了有责性在限制犯罪成立范围上的作用。但量刑中责任主义的内涵是,量刑的基础是有责的不法的类型和程度,从功能上说,量刑中的责任主义以有责的不法的程度所决定的责任刑来限制量刑。简言之,“犯罪论的责任判断犯罪的成立与否,而量刑责任判断其程度”[2]。

自古典学派诞生以来,责任主义的发展和传播深刻影响着刑事立法与司法的变迁,在刑罚的裁量上,责任主义的主要作用在于限制刑罚的任意扩张。责任主义包括积极责任主义与消极责任主义,与刑法谦抑性更契合的是主张无责则无罚的消极责任主义。在刑罚的配置上,刑罚量的大小是依据行为人责任的大小确定的,这在个案的刑罚裁量中,能够避免自由裁量权范围内可能出现的不适当的量刑结果。所以消极的责任主义也可被称为量刑中的责任主义。同时,在消极责任主义指导之下进行的以责任为中心的量刑并不是不考虑刑罚的预防性目的,而是将责任作为科处刑罚的前提。刑罚与行为人的责任相适应,由此产生的一般预防的效果可能更自然,也更能被期待。[3]

消极责任主义是在对于刑罚正当化路径的探索中被充分论证与推崇的量刑原则。其表达的量刑原理就在于强调责任是刑罚的依据,同时也是量刑的界限,要坚持以责任为中心,限制对于一般预防和特殊预防在量刑中的考量。所以,“否定必罚主义意义上的消极的责任主义是刑法谦抑性的另一种

---

〔1〕 参见[日]松原芳博:《刑法总论重要问题》,王昭武译,中国政法大学出版社 2014 年版,第 18 页。

〔2〕 [日]冈上雅美:《关于责任刑的意义和量刑事实的问题点(一)》,载《早稻田法学》1993 年第 68 卷第 3、4 号。定罪事实与量刑事实的外延不同,前者为构成要件事实,后者不仅包括构成要件事实,还包括反映不法和有责程度的非构成要件事实和反映可罚性程度的事实。我国《刑法》第 61 条规定:“对于犯罪分子决定刑罚的时候,应当根据犯罪的事实、犯罪的性质、情节和对于社会的危害程度,依照本法的有关规定判处。”由此可知量刑事实的外延更大。

〔3〕 参见[日]城下裕二:《量刑理论的现代课题》(增补版),黎其武、赵姗姗译,法律出版社 2016 年版,第 4 页。

表述”[1]。

要实现量刑谦抑，就必须以消极责任主义为指导，发展量刑理论，探究量刑方法。从我国量刑的相关规定来看，没有充分体现消极责任主义的要求，缺乏以责任主义对量刑的制约。如《最高人民法院关于常见犯罪的量刑指导意见》(法发〔2013〕14号)［以下简称《量刑指导意见(2013)》］和《量刑指导意见(2017)》都没有区别影响责任刑的量刑情节和影响预防刑的量刑情节。虽然在量刑方法上表现出需要综合被告人的罪行、社会危害程度以及刑事责任的大小进行判断的要求，但依然没有设立更为科学的标准来对量刑进行制约。如《量刑指导意见(2013)》在如何确定宣告刑中，规定："量刑情节对基准刑的调节结果在法定最高刑以上的，可以依法确定法定最高刑为宣告刑。"如果坚持消极责任主义的要求，则不会出现这种情况。因为量刑方法和过程不应该是对量刑情节进行量化之后的简单叠加。在消极责任主义原则指导下的量刑步骤应该是在法定刑幅度内确定责任刑，再以此为上限通过对预防刑情节的考量以及影响宣告刑因素的考虑来作出最终的裁量。并且，这两部量刑指导意见都没有规定非刑罚处罚措施和保安处分的宣告，只是狭义地对宣告刑罚作了相应的指导。

在确立量刑方法时以消极责任主义为指导，其目的在于运用“责任”确定实现“刑罚限定机能”。在量刑中考虑的量刑情节，也应据此分为影响责任刑的情节和影响预防刑的情节，而刑罚裁量中的重刑化多是出于预防目的的考虑导致的，以消极责任主义为指导确立量刑方法能够保障量刑中刑法谦抑性的有效实现。

三、量刑谦抑的实现路径

(一)选择量刑方法的困境

量刑具有不同的标准和模式，为了使量刑具有合理性，必须对量刑标准、量刑事实以及量刑过程进行深入研究。在过去的几十年中，外国学者越来越

---

〔1〕 张明楷：《责任主义与量刑原理——以点的理论为中心》，载《法学研究》2010年第5期。

致力于量刑问题的研究，提出了不同的量刑模式，大致有6种：(1)规定量刑要以行为人的责任为根据，同时列举具体量刑事实；(2)规定量刑要以行为人的责任为基础，同时考虑“刑法目的”，并列举具体的量刑事实；(3)规定量刑时，既要考虑行为人的社会危险性程度，又要考虑刑罚目的，并对具体的量刑事实进行列举；(4)规定在量刑时应该考虑犯罪的轻重和犯罪人的犯罪性，并对具体的量刑事实进行列举；(5)只规定“刑罚目的”；(6)只规定量刑时应该考虑的目的。[1]

根据我国《刑法》第61条的规定，[2]结合刑法中有关从重、从轻处罚、累犯、自首、立功等具体量刑制度的规定，我国的量刑制度应该是考虑社会危害程度并列举具体量刑事实的规定方式。我国从2003年开始试点量刑规范化，至2013年最高人民法院发布《量刑指导意见(2013)》，对量刑的指导原则、量刑的基本方法、常见量刑情节的适用以及常见犯罪的量刑作出具体指导意见，表明最高人民法院在审判阶段实现司法者对于个案中犯罪人具体量刑统一标准，避免量刑不公和量刑不均所作出的努力，可以说量刑规范化和量刑谦抑在价值追求上具有一致性，量刑规范化的推行也有利于纠正刑罚裁量中个案量刑畸重的问题，有利于实现量刑谦抑。但是，结合我国刑法个罪在罪刑阶段设置上刑罚的衔接式规定方式，现行量刑规范化的规定方式也可能对个案谦抑造成障碍。有学者指出，中国的立法细密、具体，不同罪刑阶段的刑罚相互连接，导致司法裁量空间受到立法的严格限制，虽然司法权力滥用之余地缩小，但司法公正实现的困难程度也加大了。[3] 越是以更加细密的规则来限制司法中的刑法裁量，越有可能导致司法上难以解决的事例增多，实现个案量刑谦抑的余地也就越小。

(二)区分责任刑与预防刑是实现量刑谦抑的基本方法

量刑方法是量刑规范化改革中颇具争议的问题，关于量刑方法的构建，

---

[1] 参见冯军：《量刑概说》，载《云南大学学报(法学版)》2015年第3期。

[2] 我国《刑法》第61条规定：“对于犯罪分子决定刑罚的时候，应当根据犯罪的事实、犯罪的性质、情节和对于社会的危害程度，依照本法的有关规定判处。”

[3] 参见李洁：《论量刑规范化应当缓行——以我国现行刑事立法模式为前提的研究》，载《吉林大学社会科学学报》2011年第1期。

理论上提出了许多观点。有学者认为,应当依靠技术来推进制度的优化,主张以现代科学技术弥补法官"理性不足"的缺点,认为量刑技术如"数值量化""积分量化"等能为量刑制定严格且科学的规范标准。[1] 但量刑方法并不单纯是一种技术,量刑是一种人文活动,不是单靠数量关系、数值统计、数学建模等量化方法就可以完整构建的。还有学者认为,对量刑方法的确定应该推行规则主义,量刑方法应该以成文立法的形式加以确定,如司法解释以及各种量刑指导意见等规范文本,能为量刑提供稳定且权威的方法。[2] 但规则主义也弱化了量刑说理,单纯靠制度的铺垫和强制执行来达到所谓的量刑均衡,殊不知规则是最应该在一定方法实践运用之后才能总结得来的,所以用制度生硬地创设方法是颠倒了制度与方法设计的顺序。还有学者认为,量刑方法就是对量刑程序的归纳,"量刑方法,是指根据案件具体情况,基于法定刑经由处断刑达至宣告刑,法院所采取的具体操作模式与程序"[3]。但量刑程序是司法程序问题,量刑方法是涉及实体的刑罚裁量问题,二者本就属于不同范畴,量刑程序的确是量刑公正的保障,但绝不等同于量刑方法。亦有学者认为量刑方法应该以分段式的量刑过程为基础进行构建,认为量刑方法应该是一个过程,[4] 具体表现为:在确定法定刑或处断刑后,依本罪的具体构成事实在相应法定刑幅度内确定量刑起点,再依据从重或从轻处罚情节确定宣告刑,在案件存在数罪、缓刑情节、减刑情节、假释情节等情形下,依相应的量刑制度,确定本案的执行刑。[5]

实际上,量刑观念的确立比形式化量刑方法的探讨更具基础性作用。上述不同的量刑方法,无论以什么形式进行构建,都没有区分责任刑情节和预防刑情节的概念,更没有确立在责任刑的范围之下在法定刑最低限度之上量刑的观念,也就很难达成量刑谦抑的目的。从当前推行的各种量刑指导性规

---

[1] 参见高一飞、陈海平:《从技术到制度:我国量刑程序改革述论》,载《政法论丛》2006 年第 6 期。

[2] 参见骆多:《规范化量刑方法构建基础之检讨》,载《法商研究》2016 年第 6 期。

[3] 张小虎:《刑罚论的比较与建构》,群众出版社 2010 年版,第 374 页。

[4] 参见骆多:《规范化量刑方法构建基础之检讨》,载《法商研究》2016 年第 6 期。

[5] 参见石经海、骆多:《量刑过程视角下量刑方法分段构建研究》,载《中国刑事法杂志》2015 年第 1 期。

范文件来看,其中确实包含了对影响特殊预防情节的考虑,但是没有考虑到一般预防必要性等对量刑应该产生的影响。究其原因,是没有在确定量刑方法时确立以消极责任主义为基础的责任刑与预防刑的区分。

1. 幅的理论与点的理论的冲突

如何在量刑中确定责任刑与预防刑的关系,理论上存在幅的理论与点的理论两种方案。

幅的理论认为,责任刑是一个幅度,预防目的的实现应在这个幅度之内,而不应超出幅度。例如,我国《刑法》对故意伤害致人重伤的案件规定了3年以上10年以下有期徒刑的刑罚。按照幅的理论,司法者应以社会生活的一般正义观念,确定该行为的法益侵害程度和有责性大小,结合对此类案件典型判例的裁判,如果通常裁判的低刑为5年,而高刑为10年,则5年以上10年以下即为该案的责任刑幅度,在此幅度内,司法者可以进一步考虑特殊预防和一般预防需要。幅度的根据是有责的不法的程度,之所以是幅度而不是确定的刑罚点是基于司法者认识的局限和正义观念的经验性。对幅的理论的主要批判意见是:一方面,如果责任刑是浮动的,那么就无法限制司法权的任意性;另一方面,责任刑幅度对于预防刑裁量的限制能力是可疑的,因为持幅的理论的学者赞同在特殊情况下可以突破责任刑的上下限裁量刑罚,如"在明确承认有必要推动再犯防止或保安的例外场合,允许超过责任刑决定刑罚;在明显没有再犯可能以及必然产生收容于设施中的必要效果时,也可以低于责任刑而量刑"[1]。

点的理论认为,责任刑是一个点,司法者只能在不过分偏离这个点的范围内根据预防犯罪的目的修正责任刑,最终决定刑罚。点的理论虽然认为责任刑的点是刑罚的核心,但也承认点只是相对的,预防目的要在点的附近实现。[2] 把责任刑确定为一个相对精确的点,以此限制刑罚权的任意性,这固然是理想的状态,但这也是该理论相较幅的理论缺乏实践性所在,点的理论

---

〔1〕[日]井田良:《量刑理论和量刑情节》,载《现代刑事法》2001年第21号。

〔2〕参见[日]城下裕二:《量刑基准的研究》,成文堂1995年版,第90~91页。

把责任刑的点作为责任主义的逻辑起点。其面临的批判意见是,"量刑责任占据的地位下降为不过是观念的起点,把作为终点的具体的刑量决定委之于预防目的。而所谓观念上的起点能否在算术的意义上确定,或者是否只能在感觉上捕捉?制约最终预防性考虑的责任方向是否已经在这一起点时被弄清?于是,科处与责任相适应刑罚的起点就降低"〔1〕。同时,既然承认责任刑的点只能是相对的,那就与幅的理论不谋而合。

2. 幅的理论与点的理论的调和

从上述对幅的理论和点的理论的论述可见,无论哪种理论都坚持并合主义和消极责任主义的立场;在量刑的具体方法上,都是首先确定责任刑,其次以预防刑调整责任刑,最后形成宣告刑。〔2〕因此幅的理论与点的理论是可以调和的。"在此意义上,虽然承认实际存在的责任是一个幅度,但是法官应该将责任刑确定于一点。所谓责任量不明确的幅度,只是责任刑具体化过程中思考上的中间产物而已。这样理解的话根据责任的幅度把责任刑收缩于一点,与根据点的责任的近似值确定责任刑之间,仅存在用语的不同,没有实质差异。可见现在的理论状况从幅的理论和点的理论的争议,转向与完全不平行的、能否只用责任刑决定刑量的重点讨论。"〔3〕因此关于量刑方法的讨论关键已经不是点的理论与幅的理论的对立和调和,而是在消极责任主义的立场上,确定哪些情节是影响责任刑的情节,哪些情节是影响预防刑的情节,既不用责任刑否定预防刑,也不使预防刑超越责任刑的限制。

第二节　法定刑选择中的量刑谦抑

一、法定刑的刑法机能

所谓法定刑,是指《刑法》对特定犯罪规定的刑种及幅度。法定刑以罪

〔1〕［日］本庄武:《从刑罚论所见的量刑基准》,载《一桥法学》2002年第1卷第1号。

〔2〕参见李冠煜:《量刑基准的研究——以责任和预防的关系为中心》,中国社会科学出版社2014年版,第201页。

〔3〕［日］冈上雅美:《关于责任刑的意义和量刑事实的问题点》,载《早稻田法学》1993年第68卷第4号。

行轻重和一般预防必要性大小为根据确定。[1] 刑罚权的运行被分为三个阶段,刑罚的创制、刑罚的裁量和刑罚的执行,不同的阶段与不同的刑罚目的相对应,法定刑是由立法者创制的,其中包含了对责任的报应和对一般预防的预设。罗克辛教授认为,刑法的实现表现为刑的法定、科刑和刑的执行,且被分别正当化,这三个阶段是相互重合的,后续阶段在其内部容纳先前阶段所具有的各原则。在刑的法定阶段,刑法的目的是法益的补充性保护的一般预防;在科刑阶段,以法定刑的一般预防为前提,并在行为人责任的量划定的范围内考虑特别预防之后进行量刑;在行刑阶段,将之前的刑罚目的和机能作为前提,主要以再社会化的目的为优先。[2]

(一)抽象个罪责任刑的幅度

具体个罪的责任刑是一个点,抽象个罪的责任刑是一个幅度。因为在立法阶段,立法者面对的是抽象个罪,立法者在制定刑法时,不可能知晓具体每一个犯罪人的人身危险性如何。立法者能够考虑到的仅仅是抽象个罪的报应以及对犯罪一般预防的需要,不可能与未来将要发生的具体个罪的报应和特殊预防形成一一对应的关系。[3] 在我国,立法者对抽象个罪责任刑幅度的思考,最终表现为刑法中相对确定的法定刑,而法定刑必须考虑抽象个罪的危害性可能达到的上限和下限,由此确定一个幅度,因此可以说法定刑是抽象个罪责任刑的幅度。这一判断具有两层含义:第一,选择某个法定刑之后,责任刑的点必然落在这个法定刑之内;第二,影响责任刑的情节与影响法定刑的情节性质相同,这对分析法定刑的选择具有重要意义。

(二)一般预防的考虑

刑罚的目的是预防犯罪,预防犯罪可分为一般预防与特殊预防。前者在于预防一般人犯罪,后者旨在防止犯罪人再犯罪。一般预防又可以分为积极的一般预防与消极的一般预防。消极的一般预防论也称威慑预防论,指通过

---

〔1〕 参见张明楷:《责任刑与预防刑》,北京大学出版社 2015 年版,第 234 页。

〔2〕 转引自李冠煜:《量刑基准的研究——以责任和预防的关系为中心》,中国社会科学出版社 2014 年版,第 129～130 页。

〔3〕 参见冉巨火:《经验而非逻辑:责任主义量刑原则如何实现》,载《政治与法律》2015 年第 6 期。

惩罚犯罪人来威慑一般人以防止其犯罪;积极的一般预防论也称规范预防论,指通过惩罚犯罪人来增强一般人对法律的忠诚以防止其犯罪。把一般预防放在法定刑中考虑,具有合理性。

一般预防不能像特殊预防一样,仅在预防刑的裁量中考虑。特殊预防必要性是个别判断,本质是综合所有影响预防刑的情节对行为人的再犯危险性进行评估。而一般预防并非个别判断,一般预防必要性的大小取决于一般人犯该罪的可能性。可能性大,则意味着一般预防必要性大,反之则一般预防必要性小。评估一般人犯个罪的可能性的方法主要是统计个罪在实践中的发生率。这一过程是立法者要考虑的问题,在立法中法定刑幅度的确定实际上已经考虑到一般预防的必要性。司法者不可能在具体适用法律过程中去统计个罪的发生率数据。

(三)法定刑以下判处刑罚的特殊情况

我国《刑法》规定的法定刑均为某一个幅度,这个幅度有上限和下限。对于幅度的上限,可以认为是犯罪行为危害性最重时的情况,问题在于如何理解责任刑的下限。根据并合主义与消极责任主义,预防刑要在责任刑之下进行裁量,如果在某一个具体案件中,责任刑的点落在加重法定刑的幅度内,那么可否基于特殊预防的考虑在该法定刑的下限以下宣告最终的刑罚。例如甲为了给重病的老伴治病而盗窃了乙数额巨大的财物,司法者综合全案情节,认为甲主观恶性小,特殊预防必要性小,对甲判处数额巨大的法定刑过重,对他的亲人也会产生不利影响,不利于甲回归社会,此时可否对甲在数额较大的法定刑内判处刑罚呢?我国《刑法》第 63 条第 2 款规定了经核准的特殊减轻处罚程序,[1] 因此本案司法者若想对甲在数额较大的法定刑内判处刑罚,需要报请最高人民法院核准。通常来讲,法定刑以下判处刑罚中的“特殊情况”仅限于国防、外交、民族、宗教等特殊情况,但是基于刑事立法预后的困难,以及经济社会发展中出现的各种新情况,确实出现较多在法定刑幅度

---

〔1〕 我国《刑法》第 63 条第 2 款规定:“犯罪分子虽然不具有本法规定的减轻处罚情节,但是根据案件的特殊情况,经最高人民法院核准,也可以在法定刑以下判处刑罚。”

内判处刑罚导致量刑过重的案件。近年来，在法定刑以下判处刑罚的情况不再像之前一样绝无仅有。如备受关注的许霆案，一审、二审和再审后，最终经最高人民法院核准，判处被告人有期徒刑 5 年。[1] 至此，法定刑以下判处刑罚的特殊程序开始浮出公众视野，之后，司法实践中也陆续出现类似案例，如云南“许霆案”、达瓦加甫非法出售珍贵濒危野生动物制品案、孙某某盗窃案、杨某某非法收购出售珍贵濒危野生动物案等。[2] 这些案例均和国防、外交、民族、宗教等情况没有关系。由此，经核准在法定刑以下判处刑罚逐渐成为特殊案件的救济渠道进入司法实践中。当然这并非否定法定刑的下限对于预防刑的限制作用，只是在特殊情况下提供了一种量刑谦抑的路径和可能，以实现刑法的宽容性。

二、量刑谦抑对法定刑选择的具体要求

法定刑的选择是裁量刑罚的第一步。法定刑选择后，意味着责任刑的点只能在该法定刑幅度内确定，同时最终的宣告刑原则上也要处于法定刑最低刑之上责任刑的点之下。选择的法定刑过高，必定导致最终的宣告刑过高。因此，正确选择法定刑极其重要。量刑谦抑要求在选择法定刑时，应严格限制加重法定刑的适用条件。严格限制加重法定刑的适用条件有利于实现轻刑化的要求，即如果用较轻刑罚就能达到控制和预防犯罪的效果，就要避免适用较重刑罚。轻刑化并不排斥加重法定刑的适用，但反对加重法定刑的滥用。为避免加重法定刑的滥用，在选择法定刑时，应注意准确识别法定刑的

[1] 对于许霆案，在 2008 年全国人民代表大会召开期间，最高人民法院副院长姜兴长在接受记者采访时明确表示，“广州许霆案”属于恶性取款，定罪判刑是应该的，但这是一个特殊的盗窃案件，判处盗窃金融机构罪显然不合适，应该综合考虑法律效果和社会效果，“从我目前了解的情况来看，一审判处无期徒刑明显过重”。参见《最高人民法院副院长姜兴长：“许霆案”一审量刑明显过重》，载人民网，http://npc.people.com.cn/GB/28320/116286/116599/6983219.html，最后访问日期：2019 年 6 月 10 日。后该案经最高人民法院核准，在法定刑以下判处刑罚。

[2] 达瓦加甫非法出售珍贵、濒危野生动物制品案，参见《刑事审判参考》2008 年第 6 期，第 51～56 页。孙某某盗窃案，参见李剑弢、唐建秋：《法定刑以下判处刑罚的特殊情况和量刑》，载《人民司法》2015 年第 14 期。杨某某非法收购、出售珍贵、濒危野生动物案，参见《临沂兰山法院作出首例“法定刑以下量刑”判决》，载搜狐网 2019 年 3 月 1 日，http://www.sohu.com/a/298437362_99968569。

升格条件,不能归责于不法的结果不得作为法定刑升格的依据以及运用同类解释规则对兜底条款进行限制解释等。

(一)准确识别法定刑升格条件

在确定被告人构成犯罪后,接下来的任务是选择相应的法定刑。对于存在多罪刑阶段的犯罪,如果存在法定刑升格或者降格的条件,则应当选择加重或者减轻的法定刑;否则,应当选择基本的法定刑。法定刑升格条件与犯罪论问题紧密相关,某一个情节既可以同时是犯罪成立的条件和法定刑升格的条件,也可以仅是法定刑升格的条件。仅影响犯罪成立而不影响法定刑的条件不存在;法定刑是抽象个罪责任刑的幅度,影响责任刑的情节同时也是影响法定刑的情节,犯罪成立的条件必然与责任刑直接相关。作为法定刑升格条件的情节,在犯罪论意义上,应当属于加重法定刑构成中的构成要件要素。"根据违法类型说,只有表明违法行为类型的特征才属于构成要件要素。"〔1〕因此,构成要件要素的判断标准有二:违法性和类型性。违法性的本质是法益侵害,所以构成要件是能够表征法益侵害的要素。类型性的内涵既指构成要件要由法律明确规定,也指构成要件行为与构成要件结果之间要具有类型性,按照客观归责理论,〔2〕即具体的结果在客观上能够归责于行为人的行为。然而,即使存在明确的标准,依然难以将该标准直接适用于我国刑法进行构成要件要素的判断。因为在我国刑事"立法定性 + 定量"的犯罪规定模式下,刑法中有大量表明行为违法的量的要素,如情节严重、数额巨大等。同时,罪量是区分同一类型的行为是一般违法还是犯罪的唯一标准,〔3〕如何对这些要素进行属性定位和功能解读,对刑法谦抑性在量刑中的实现具有重要意义。

1. 数额犯

数额犯,"是指以法定的数额作为基本犯既遂形态犯罪构成的定量因

---

〔1〕 张明楷:《加重构成与量刑规则的区分》,载《清华法学》2011 年第 1 期。

〔2〕 客观归责理论是德国刑法学从因果关系理论基础上发展起来的学说,旨在解决客观上的可归责性问题。客观归责理论所确立的有关规则,对犯罪构成的客观要素进行实质审查,从而使犯罪构成论更加合理化。

〔3〕 参见王强:《罪量因素:构成要素抑或处罚条件?》,载《法学家》2012 年第 5 期。

素的犯罪”。[1] 数额的规定,明显是关于法益侵害程度的规定,应该属于构成要件要素,但问题在于该构成要件要素是不是行为人的认识内容。如果数额是行为人故意认识的内容,行为人以盗窃数额巨大财物的故意盗窃了数额特别巨大的财物,对于超出数额巨大部分的财物,由于行为人对此没有认识,而仅成立盗窃数额巨大的既遂,或者行为人以盗窃数额特别巨大财物的故意盗窃了数额巨大的财物,此时成立盗窃数额特别巨大的未遂犯。如果不认为数额是构成要件要素而认为其是量刑规则,即符合此规则时才适用相应的法定刑,因而行为人成立基本犯还是加重犯,取决于其盗窃的具体数额属于哪一幅度。例如,行为人以盗窃数额巨大财物的故意盗窃了数额特别巨大的财物,对行为人就应该适用数额特别巨大的法定刑。但是,后一种观点有不合理之处:第一,由于行为人对数额特别巨大完全没有认识,让其承担盗窃数额特别巨大的责任,有违责任主义,同样有违刑法的谦抑性理念;第二,将数额理解为量刑规则无法解释法定刑升格的正当化根据问题,如上所述,法定刑升格的原因只能是有责的不法的增加,将没有责任的要素作为法定刑升格的根据,与刑罚的正当化根据冲突。综上,数额巨大、数额特别巨大作为法定刑升格条件时,属于加重法定刑构成要件要素。

2. 情节犯

情节犯,是指我国《刑法》分则中明确规定以“情节严重”(情节恶劣)作为犯罪成立的情节要求或者以此作为认定该罪既遂形态的犯罪类型。[2] 情节严重是我国《刑法》中典型的表示犯罪的量的规定,有学者认为,作为犯罪成立条件的情节严重,属于整体的评价要素,[3] 而作为法定刑升格条件的情节严重,属于量刑规则。[4] 因此在适用上存在区别,前者的适用是在行为人符合基本构成要件要素之后,司法者再对全案进行整体评价,判断是否达到

---

〔1〕 王志祥:《数额犯基本问题研究》,载《中国刑事法杂志》2007 年第 2 期。
〔2〕 参见李翔:《刑事政策视野中的情节犯研究》,载《中国刑事法杂志》2005 年第 6 期。
〔3〕 参见张明楷:《犯罪构成要件与构成要件要素》,北京大学出版社 2010 年版,第 239 页。
〔4〕 参见张明楷:《加重构成与量刑规则的区分》,载《清华法学》2011 年第 1 期。

了“严重”的程度;后者的适用具有全有或全无的特点,即只有完全符合了该条件,才能适用相应的法定刑。

但是该种观点存在疑问:第一,同为情节严重,论者没有解释为何基本犯中的情节严重与加重犯中的情节严重在体系定位上存在不同;第二,与司法实践中情节严重的适用现状不符。众所周知,司法解释要将法条中的情节严重具体化为数个明确的规则,这样的做法消除了情节严重含义的模糊性,保证了情节严重在司法适用过程中的统一性。司法者在适用情节严重处理案件时,必然要引用司法解释中的具体规定。因此,情节严重的适用同其他具体的规定没有太大差别。但是,司法解释无法穷尽实践中所有情节严重的情形,这表现为司法解释对情节严重的解释中的最后一项多为“其他情节(特别)严重的情形”。如何把握“其他情节(特别)严重”,仍然是需要研究的问题。

3. 违法所得数额较大

数额分两种,一种是“数额较大”中的数额,另一种是“违法所得数额较大”中的数额。如我国《刑法》第217条规定的侵犯著作权罪中的“违法所得数额较大”似乎与法益侵害没有直接关系。因此有学者认为违法所得数额并没有为行为的违法性提供实质依据,因此在性质上不是构成要件要素。[1]

应该说,违法所得数额与法益侵害之间存在间接的联系,具有推定法益侵害程度的功能。首先,不可否认,实践中存在同一不法行为的违法所得有较大差别的情况,然而,我们也应当承认,违法所得与法益侵害程度在多数案件中存在正比例关系。其次,否认违法所得数额的构成要件要素地位同样存在问题。如前所述,影响责任刑的情节与影响法定刑的情节性质相同。违法所得数额既然能够导致法定刑升格的效果,那么其应当归属于不法事实的增加或者责任要素本身的增加。违法所得数额不属于责任要素,那么只能属于不法事实。将违法所得数额视为具有推定法益侵害程度的功能而属于构成要件要素,才能解决这种矛盾。最后,将违法所得数额视为法益侵害程度的推定符合刑法的谦抑性要求。将违法所得数额视为法益侵害程度就意味着违法所得数额属于构成要

〔1〕 参见柏浪涛:《构成要件符合性与客观处罚条件的判断》,载《法学研究》2012年第6期。

件要素,是故意的认识内容之一。与单纯将违法所得数额视为量刑规则相比,增加了适用升格法定刑的条件,提高了适用升格法定刑的要求。

在适用违法所得数额推定法益侵害程度时,只有在无法直接判断法益侵害程度的情况下,才可适用违法所得数额进行推定。这是由违法所得数额的推定作用所决定的。推定只能用于补充,在能够直接认定时没有理由要适用推定。

(二)不能归责于不法行为的结果不得作为法定刑升格的根据

现实发生的结果与实行行为之间要具有刑法上的因果关系,才能将该结果归责于行为人。反过来说,不能归责于行为人的结果不是构成要件事实,不能为责任的增加提供依据,因此不能作为法定刑升格的依据。例如,我国《刑法》第236条规定了强奸罪,其中第3款第5项将"致使被害人重伤、死亡或者造成其他严重后果的"作为法定刑升格条件,在解释上要严格遵循上述原理,亦即被害人重伤、死亡或者其他严重后果与行为人的强奸行为有刑法上的因果关系。如果被害人的重伤、死亡或者其他严重后果不是由行为人的强奸行为造成的,或者虽是由行为人的强奸行为引起但不能认定具有刑法上的因果关系,这种情况下就不能苛责行为人对该结果负责。

我国《刑法》中存在大量不能将实害结果归责于不法行为但仍需要行为人对此负责的规定。例如,最高人民法院、最高人民检察院《关于办理寻衅滋事刑事案件适用法律若干问题的解释》(法释〔2013〕18号)第2条规定,将"引起他人精神失常、自杀等严重后果的"作为情节恶劣的法定刑升格条件之一,显然,他人精神失常或者自杀的结果难以归责于行为人的行为。又如,最高人民法院、最高人民检察院《关于办理侵犯公民个人信息刑事案件适用法律若干问题的解释》(法释〔2017〕10号)第5条第1款第1项规定:"出售或者提供行踪轨迹信息,被他人用于犯罪的。"行为人出售或者提供公民个人行踪轨迹信息后,被他人用于犯罪,虽然在客观上增加了法益侵害的危险,但是该危险结果的发生具有偶然性,行为人对此无法有预见。根据客观归责理论,结果应是构成要件的类型性危险的相当性实现。[1] 因此该危险结果不

〔1〕 参见柏浪涛:《构成要件符合性与客观处罚条件的判断》,载《法学研究》2012年第6期。

能归责于行为人的行为。把不能归责于行为人的结果作为法定刑情节加以考量,不符合量刑原理,违反刑法的谦抑性要求。

（三）运用同类解释规则解释兜底条款

兜底条款作为一项立法技术,将其他条款概括不到的情况放入该条款中,从而达到弥补立法漏洞的效果。我国《刑法》中的兜底条款分为立法中的兜底条款和司法解释中的兜底条款。例如,《刑法》第143条规定:“……对人体健康造成严重危害或者有其他严重情节的……”其中的“其他严重情节”就属于立法中的兜底条款。最高人民法院、最高人民检察院《关于办理侵犯知识产权刑事案件具体应用法律若干问题的解释》(法释〔2004〕19号)第1条第1款规定:“(一)非法经营数额在五万元以上或者违法所得数额在三万元以上的……(三)其他情节严重的情形。”第2款规定:“(一)非法经营数额在二十五万元以上或者违法所得数额在十五万元以上的……(三)其他情节特别严重的情形。”该条是司法解释对假冒注册商标罪中的“情节严重”和“情节特别严重”的规定,其中的“情节严重的情形”和“其他情节特别严重的情形”属于司法解释中的兜底条款。两种兜底条款的适用要受到同类解释的限制。区分法律中的兜底条款与司法解释中的兜底条款,是为了突出司法解释中的兜底条款在解释上更加复杂。对司法解释中的兜底条款进行解释,除了要遵循同类解释的一般原理之外,还要遵循其特殊的解释规则。

我国司法解释中关于“情节严重”具体规定可分为3类,具体包括:第一,表征法益侵害性的规定,如最高人民法院《关于审理掩饰、隐瞒犯罪所得、犯罪所得收益刑事案件适用法律若干问题的解释》(法释〔2015〕11号)第3条第1项规定:“掩饰、隐瞒犯罪所得及其产生的收益价值总额达到十万元以上的;”第二,表征人身危险性的规定,如最高人民法院、最高人民检察院《关于办理侵犯公民个人信息刑事案件适用法律若干问题的解释》(法释〔2017〕10号)第5条第1款第9项规定:“曾因侵犯公民个人信息受过刑事处罚或者二年内受过行政处罚,又非法获取、出售或者提供公民个人信息的”;第三,基于刑事政策考虑而设置的规定,此类规定既不表征法益侵害性,也不表征人身危险性，但此类规定针对的情况在实践中往往伴随本罪发生，因此可以将其归类为基于刑事政策考虑而设置的一种规定，如前文提到的最高人民法院、最高人民检察院有关寻衅滋事罪的司法解释（法释〔2013〕18号）第2条第2项规定“引起他人精神失常、自杀等严重后果的”。

首先，表征法益侵害性的规定可以作为同类解释的依据。这意味着，在认定“其他情节（特别）严重”时，如果被认定的情形与具体条款中某一表征法益侵害性的规定属于同类别，就可以认为该情形属于情节（特别）严重，而适用相应的法定刑。

其次，表征人身危险性的规定不能作为同类解释的依据。法定刑是以罪行轻重和一般预防必要性大小为根据确定的。表征人身危险性的规定属于特殊预防考虑的因素，本身就不应该出现在具体条款中。将特殊预防前置考虑，还会导致法定刑的不当升格，其结果必然导致对犯罪人的处罚过重。这是因为，如果将特殊预防放在责任刑的点之下考虑，无论如何都不可能超出所在法定刑的幅度。如果将特殊预防前置考虑，那么在之后预防刑的裁量中是否应当再次考虑？如果再次考虑是否进行了重复评价，又变相加重了犯罪人的刑罚。因此，表征人身危险性的规定不能作为同类解释的依据。

最后，基于刑事政策设置的规定不能作为同类解释的依据。基于刑事政策设置的规定的最大特点就是政策性，也即该规定本身具有特殊性和不稳定性，只是针对某些人或者某些情形设定，因此不能将其扩大适用。基于刑事政策设置的规定由于具有特殊性，也难以通过该类规定对兜底条款进行同类解释。因此，司法者在适用该类规定时，要具有明确的司法解释依据。

第三节 责任刑裁量中的量刑谦抑

一、责任刑裁量概说

（一）责任刑的裁量方法

责任刑是与责任对应或者相当的刑罚。[1] 影响责任刑的情节，是指能

〔1〕 参见张明楷：《责任刑与预防刑》，北京大学出版社2015年版，第238页。

够直接表征行为人责任大小的情节,包括不法事实和表明责任程度的事实。[1] 对不法具有非难可能性是行为人构成犯罪的基本条件,如果行为人不构成犯罪,即使责任要素本身的程度再高,也不能成为对行为人科处刑罚的理由。从这个意义上来说,对不法的责任在影响责任刑的情节中占据主要地位。

行为人对不法要有责任,没有责任的不法不能成为责任刑增加的根据,但单纯降低不法的事实能够成为责任刑降低的根据。

一方面,能够对责任刑产生影响的责任要素是对不法的责任以外的责任要素。也就是说,对不法所需要的责任要素要从实际的责任要素中扣除,剩下的责任要素才能够成为影响责任刑的根据。如引发强烈社会反响的赵春华案,赵春华摆设射击摊位进行营利活动,当场查获涉案枪形物 9 支及相关枪支配件、塑料弹。经鉴定,涉案 9 支枪形物中的 6 支为法律意义上的枪支。一审判决赵春华犯非法持有枪支罪,判处有期徒刑 3 年 6 个月。[2] 但从违法性认识的可能性角度来讲,本案的判决确有值得商榷之处。违法性认识的可能性是指行为人对其行为违反刑法在主观上具有认识可能性,属于责任要素之一。如果行为人没有违法性认识的可能性,那么即使行为人的行为在客观上产生了法益侵害的结果,也不能将该结果归责于行为人,行为人因此不构成犯罪;如果行为人具有违法性认识的可能性,即使行为人主观上存在认识错误,也不能阻却犯罪的成立,但可以作为从宽处罚的事由。一般认为,违法性认识应当采用推定方法加以证明。[3] 本案中,赵春华在从事经营活动的两个多月期间,对于所使用的气枪的杀伤力理应具有明确的认识,由此可以推断行为人存在违法性认识的契机。同时赵春华又不存在不能认识其行为违法性的主观能力,所以可以认定赵春华存在违法性认识的可能性。但是,非法持有枪支罪保护的法益是枪支管理秩序,属于法定犯,相比于自然犯,一

---

〔1〕 参见张明楷:《论影响责任刑的情节》,载《清华法学》2015 年第 2 期。

〔2〕 参见《赵春华非法持有、私藏枪支、弹药二审刑事判决书》,载中国裁判文书网,http://wenshu.court.gov.cn/website/wenshu/181107ANFZ0BXSK4/index.html?docId=99eb667c556b4c4da90fa71401477038,最后访问日期:2019 年 5 月 20 日。

〔3〕 参见陈兴良:《违法性认识研究》,载《中国法学》2005 年第 4 期。

般人对其了解较少,从这个角度看,也可以说明行为人存在违法性认识的可能性较低。因此,违法性认识的可能性低应该成为赵春华从宽处罚的情节之一。

另一方面,不能将对不法所需要的责任要素之外的责任要素都作为增加责任刑的根据,但如果认为对不法的责任只是成立犯罪所需要的最低程度的责任要素,那么剩余的责任要素则成为增加责任刑的根据。如故意杀人罪的最低刑事责任年龄是12周岁,18周岁的甲犯故意杀人罪,如果不考虑其他因素,在责任刑的确定上,甲应当判处比12周岁到16周岁的犯罪人更高的刑罚。这也意味着,责任程度具有相对性,只有首先确定了一个范围之后,才能有比较的余地。

(二)责任刑与《量刑指导意见(2017)》中基准刑的比较

《量刑指导意见(2017)》第2节第1条第1款规定:"根据基本犯罪构成事实在相应的法定刑幅度内确定量刑起点。"通说认为,这是按照被告人所实施的基本犯的既遂形态确定量刑起点。该意见第2节第1条第2款规定:"根据其他影响犯罪构成的犯罪数额、犯罪次数、犯罪后果等犯罪事实,在量刑起点的基础上增加刑罚量确定基准刑。"此时的基准刑仍然处于既遂模式,与量刑起点不同的是,此时的基准刑增加了犯罪事实,因此可能处于升格的法定刑中;该意见第2节第2条第2款规定,具有数个量刑情节的情况下,优先适用"未成年人犯罪、老年人犯罪……教唆犯等"量刑情节对基准刑进行调节。显然,上述情节均属于影响责任刑的情节,经过这一步骤进行裁量后,所得出的刑罚量就是责任刑的量;该意见第2节第2条第2款同时规定,在适用上述情节对基准刑进行调节之后,"再适用其他情节进行调节"。量刑情节分为影响责任刑的情节与影响预防刑的情节,该意见规定优先考虑影响责任的情节。因此,此处的"其他情节"只能是指影响预防刑的情节;该意见第2节第3条第3款规定,量刑情节对基准刑的调节结果在法定最高刑以上的,可以依法确定法定最高刑为宣告刑。如上所述,法定刑是责任刑的幅度,因此责任刑只能处于法定刑幅度内的某一点,该意见第2节第3条第3款规定的导致基准刑最终超越法定最高刑以上的量刑情节,只能是影响预防刑的情节。该规定以法定刑限制预防刑，从立法意义上看，体现了法定刑对预防刑的限制作用，但从刑事司法的角度看，并不符合消极责任主义的要求。

《量刑指导意见（2017）》中的基准刑是一个变动的概念，由于调节基准刑的情节的不同，其既可以是责任刑也可以是预防刑，关键看其所属的阶段。有学者认为，基准刑由量刑起点和应增加的刑罚量两部分组成。[1] 该学者以2010年量刑指导意见为分析对象，经比对后发现，2010年量刑指导意见与2017年量刑指导意见在量刑步骤和调节基准刑的方法部分，在总体思路上几乎没有差别。但这种观点没有注意到基准刑的变动性，无法解释经过影响责任刑的情节调节后的基准刑和经过影响预防刑的情节调节后的基准刑的确定问题。因此，虽然《量刑指导意见（2017）》关于量刑的基本方法的规定与并合主义基本符合，体现了先确定责任刑再确定预防刑的思路，但变化基准刑的处理方案并不符合以责任刑限制预防刑的消极责任主义要求。

二、量刑谦抑对责任刑裁量的具体要求

责任刑的点是对犯罪人可能科处的最高刑。在责任刑的点之下裁量预防刑，从刑罚的正当性根据角度看，体现了责任刑对预防刑的限制；从量刑谦抑的角度看，避免了不正当的重刑。责任刑过高不利于量刑谦抑的实现，尽管之后还可用预防刑调节责任刑，但过高的责任刑仍可能导致对犯罪人最终科处的刑罚过高。

（一）责任刑点的确定规则

在对法定刑进行选择后，接下来是责任刑的裁量，责任刑是一个点，是可能对行为人科处的最大刑罚量。增加或者减轻责任刑不仅需要明确的根据——影响责任刑的情节，还需要有一个参照点。有了参照点才能在参照点之上或者之下，依照影响责任刑的量刑情节，从重或者从轻处罚。因此，参照点的确定极其重要，而量刑起点就是这个参照点。根据刑法谦抑性理念，量刑起点的确定要遵循这样的规则，即优先评价法定刑升格或减轻情节，在确

---

〔1〕 参见张向东：《从量刑基准到基准刑：量刑方法的革新》，载《中国刑事法杂志》2011年第3期。

定法定刑幅度后,在较低的法定刑幅度内确定量刑起点,之后再根据其他影响责任刑的量刑情节确定最终的责任刑。

优先评价升格或者减轻法定刑幅度的情节。法定刑的确定是确定量刑起点的前提,量刑起点是法定刑幅度内的某一点。这就要求,在确定量刑起点时,要保证升格或者减轻法定刑幅度的情节已经被完全评价。影响责任刑的情节,就其作用而言,可分为加重责任刑的情节和减轻责任刑的情节。在加重和减轻责任的情节内部,又可分为在法定刑幅度内加重和减轻责任刑的情节和在法定刑幅度以外加重或者减轻责任刑的情节。在法定刑幅度以外加重责任刑的情节,立法上与之对应的实为法定刑升格条件,在法定刑幅度以外减轻责任刑的情节,立法上与之对应的表述是减轻处罚;在法定刑幅度内加重责任刑的情节,立法上与之对应的表述是从重处罚,在法定刑幅度内减轻责任刑的情节,立法上与之对应的表述是从轻处罚。

一个案件,既包括在法定刑幅度以外加重或者减轻责任刑的情节,也包括在法定刑幅度内加重或者减轻责任刑的情节时,应当优先评价在法定刑幅度以外加重或者减轻责任刑的情节。如果先评价法定刑幅度以内加重或者减轻责任刑的情节,再评价法定刑幅度以外加重或者减轻责任刑的情节,法定刑幅度以内加重或者减轻责任刑的情节就不能发挥实际的作用。如《量刑指导意见(2017)》第 2 节第 3 条第 1 项规定,“量刑情节对基准刑的调节结果在法定刑幅度内,且罪责刑相适应的,可以直接确定为宣告刑;如果具有应当减轻处罚情节的,应依法在法定最低刑以下确定宣告刑”。如果不优先考虑减轻处罚情节,那么在减轻处罚之后仍然面临如何选择量刑起点的问题。

其一,在较低的法定刑幅度内确定量刑起点。量刑起点是犯罪既遂形态所对应的刑罚量,即对已经确定适用某一个法定刑幅度的犯罪,在排除任何法定或酌定的量刑情节的情况下所对应的刑罚的量。需要明确的是,量刑起点是一个点,而不是一个幅度。如《量刑指导意见(2017)》第 4 节第 3 条第 1 款第 1 项规定,“强奸妇女一人的,可以在三年至六年有期徒刑幅度内确定量刑起点”,明确指出,要在 3 年至 6 年有期徒刑幅度内,而不是这个幅度本身,确定强奸妇女一人的量刑起点。

其二,量刑起点的确定,会对责任刑的点乃至最后对行为人适用的刑罚产生重大影响。如何在法定刑幅度内确定量刑起点呢?从犯罪发生的实际情况来看,常态犯罪所对应的是中间刑偏下乃至接近最低刑的刑罚。[1] 基于这一判断,量刑起点应该尽量在较低的法定刑幅度内确定。例如,15 周岁的未成年张某犯强奸罪,依据《辽宁省高级人民法院〈关于常见犯罪的量刑指导意见〉实施细则(一)(试行)》(辽高法〔2017〕54 号),强奸妇女一人的,可以在 3 年至 5 年有期徒刑幅度内确定量刑起点。如果将量刑起点确定为 3 年,之后再根据该量刑指导意见实施细则第三部分 1(1)的规定,即对"已满十四周岁不满十六周岁的未成年人犯罪,可以减少基准刑的 30% ~ 60%"。[2] 如果基于张某为 15 周岁的未成年人这一减轻责任刑的量刑情节确定减少的刑罚量为 35%,则评价过这一量刑情节后的责任刑不足 2 年;如果将量刑起点确定为 4 年,运用同样的量刑方法,评价未成年人这一量刑情节之后的责任刑是 2 年 7 个月。显然,前者更加符合量刑谦抑的要求。量刑起点应尽量在较低的法定刑幅度内确定,以体现刑法谦抑的宽容性和经济性要求。当然,在较低法定刑幅度内确定量刑起点并不是一味强调选择较低的量刑起点,而是在控制犯罪实现刑罚目的的前提下尽量控制刑罚的使用。

其三,在确定量刑起点之后,就需要根据所有影响责任刑的量刑情节,进一步确定责任刑的点。此时,如何确定影响责任刑的情节就成为责任刑裁量的关键。在确定影响责任刑的情节时,要注意刑法保护之外的结果不能成为增加责任刑的根据,避免对同一情节的重复评价。

(二)刑法保护范围之外的结果不能作为增加责任刑的根据

将刑法规范保护范围之外的结果作为增加责任刑的根据,将导致间接处罚。"所谓间接处罚,是指某种行为或者结果原本不是刑罚处罚的对象,但由

---

〔1〕 参见张明楷:《犯罪常态与量刑起点》,载《法学评论》2015 年第 2 期。张明楷教授在论证中提到,这一点已经在德国得到统计资料的充分证明。

〔2〕《辽宁省高级人民法院〈关于常见犯罪的量刑指导意见〉实施细则(一)(试行)》(辽高法〔2017〕54 号)第三部分 1(1)的规定,对"已满十四周岁不满十六周岁的未成年人犯罪,可以减少基准刑的 30% ~60%"。第四部分(三)1 规定,"强奸妇女一人的,可以在三年至五年有期徒刑幅度内确定量刑起点"。

于该行为或结果存在于某一犯罪中,导致对该行为及结果实施刑罚处罚。"[1]一个犯罪行为可能产生数个结果,但并非每个结果都在刑法规范保护目的范围之内。针对违法行为,如果其他处罚方法适当,就优先适用其他处罚方法,而避免运用刑罚。因此,对于同一犯罪行为造成的不属于刑法规范保护范围内的结果,应由其他法律进行调整,该种结果不应作为增加责任刑的根据。"将罪刑规范并不阻止的结果作为量刑的从重处罚情节,意味着一个犯罪构成所保护的法益无边无际。"[2]因此,间接处罚是对刑法谦抑性的严重背离,必然导致其他法律法规的萎缩以及刑法的不当扩张。

我国刑法中存在将刑法不保护的结果作为增加责任刑根据的规定。上述提到的有关寻衅滋事刑事案件的司法解释(法释〔2013〕18 号)第 2 条第 1 项规定:"(一)致一人以上轻伤或者二人以上轻微伤的。"该项是关于寻衅滋事罪第 1 款第 1 项中"情节恶劣"的规定。由于"情节恶劣"同时作为犯罪成立条件与影响责任刑的情节,因此"情节恶劣"在量刑上的作用是增加责任刑。就身体法益而言,致人轻伤以上才是刑法保护的范围,将致二人以上轻微伤作为认定情节恶劣的依据,实质上是刑法侵入了其他法律调整的范围。在实践中,单纯致人轻微伤,对行为人施加行政处罚或者民事责任就可使被破坏的社会关系恢复平衡,而无须动用刑罚。

(三)避免对同一情节的重复评价

重复评价本身就是一种错误,应当避免。重复评价的结果要么是对犯罪人的处罚过重,要么是对犯罪人的处罚过轻。处罚过重,有违刑法的谦抑性,同时不符合消极的责任主义的要求;处罚过轻,不符合作为刑罚正当化根据之一的公正的报应,同时不足以遏制犯罪的刑罚量,也有违刑法谦抑的初衷。因此应当避免重复评价。避免重复评价的主要要求为:其一,已经在选择法定刑过程中评价过的情节,不得在确定责任刑过程中再次评价;其二,在选择法定刑和确定责任刑过程中评价过的情节,不得在预防刑的裁量中再次评

〔1〕 张明楷:《责任刑与预防刑》,北京大学出版社 2015 年版,第 264 页。
〔2〕 张明楷:《结果与量刑——结果责任、双重评价、间接处罚之禁止》,载《清华大学学报(哲学社会科学版)》2004 年第 6 期。

价;其三,影响预防刑的情节不得在选择法定刑和确定责任刑过程中再次评价。

我国司法解释和司法实践中,经常出现重复评价的现象。这种重复评价事实上混淆了定罪情节与量刑情节。最高人民法院、最高人民检察院《关于办理敲诈勒索刑事案件适用法律若干问题的解释》(法释〔2013〕10 号)第 2 条第 2 项规定,“一年内曾因敲诈勒索受过行政处罚的”。行为人在 1 年内曾因敲诈勒索受过行政处罚,该情节在性质上属于表征行为人人身危险性的要素,应是在预防刑的裁量中考虑的情节,司法解释将其作为犯罪成立的条件之一,从而使其成为影响责任刑的情节,违反了影响预防刑的情节不得在选择法定刑和确定责任刑过程中评价的要求。出现这种现象的原因主要是我国司法实践中,刑罚的裁量过程中缺乏对影响责任刑的情节与影响预防刑的情节界分,未树立用责任刑来限制预防刑的量刑观念。

在适用避免重复评价原则时,要注意具有双重属性的情节的适用规则,最典型的具有双重属性的情节就是犯罪人的目的与动机。目的与动机有时作为影响责任刑的情节,如诈骗罪中要求行为人主观上具有非法占有目的;有时作为影响预防刑的情节,如最高人民法院印发的《〈关于贯彻宽严相济刑事政策的若干意见〉的通知》(法发〔2010〕9 号)第 21 条规定:“对于老年人犯罪,要充分考虑其犯罪的动机、目的、情节、后果以及悔罪表现等,并结合其人身危险性和再犯可能性,酌情予以从宽处罚。”按照同类解释规则,其中的目的、动机与悔罪表现具有同样的性质,因而属于影响预防刑的情节。显然,当行为人的目的与动机作为犯罪成立条件时,其必然属于影响责任刑的情节。问题在于,当刑法没有规定目的与动机作为犯罪成立条件时,其应该属于影响责任刑的情节还是属于影响预防刑的情节?根据刑法的谦抑理念,在量刑时要尽可能实现轻刑化的效果。因此,对于目的和动机的属性定位,要分开来讨论。如果目的与动机能够降低刑罚,则其既可以作为影响责任刑的情节,也可以作为影响预防刑的情节,效果都是减轻处罚。此时,司法者要基于谦抑性的理念,判断是将其作为影响责任刑的情节处罚更轻,还是将其作为影响预防刑的情节处罚更轻,无论选择哪一个,都不能违反轻刑化的标准。如果是使刑罚增加的目的与动机，无论行为人的目的与动机有多恶劣，都不能成为增加责任刑的根据，“目的非法或者目的不当、动机卑鄙或者动机不良，是犯罪的常态，一般不应作为增加责任刑的情节”。[1] 因而，此时的目的和动机只能作为影响预防刑的情节。

第四节　预防刑裁量中的量刑谦抑

一、预防刑裁量概说

刑罚的正当化根据是公正的报应和功利的预防，基于报应所裁量的刑罚是责任刑，基于预防犯罪目的所裁量的刑罚是预防刑。[2] 以消极责任主义与并合主义为指导原则的量刑，其刑罚裁量的步骤应该是在依法选取法定刑之后，首先根据影响责任刑的量刑情节确定责任刑的点，即量刑上限；其次在责任刑之下考量影响预防刑的量刑情节，对刑罚进行调整，确定最终的宣告刑。“在责任刑之下，对预防刑的裁量是实现刑罚目的关键。”[3] 预防刑的裁量相比责任刑的确定更加复杂，因为影响预防刑的情节很多，且其中有大量非类型化的酌定情节，有关预防目的的选择也尚无标准，所以，如何在预防刑的裁量中实现量刑谦抑，还须进行细致的探讨。[4]

（一）预防刑的裁量方法

1. 多种逆向情节下应先考虑从宽情节

《量刑指导意见（2017）》进一步完善了量刑方法，指出要“以定性分析为主，定量分析为辅”，但是仍未对量刑情节作预防和责任的明确划分。同一犯罪人出现多种量刑情节时，提出“同向相加、逆向相减”的刑罚量计算方法，但是，对于数个逆向情节的适用究竟应该先轻后重，还是先重后轻并没有作出明确的规定。该量刑指导意见对于量刑的基本方法调节基准刑方法的第

---

〔1〕 张明楷：《论影响责任刑的情节》，载《清华法学》2015 年第 2 期。
〔2〕 参见张明楷：《论预防刑的裁量》，载《现代法学》2015 年第 1 期。
〔3〕 张明楷：《论预防刑的裁量》，载《现代法学》2015 年第 1 期。
〔4〕 参见［日］城下裕二：《量刑理论的现代课题》（增补版），黎其武、赵姗姗译，法律出版社 2016 年版，第 77～81 页。

3 款规定:“被告人犯数罪,同时具有适用于各个罪的立功、累犯等量刑情节的,先适用该量刑情节调节个罪的基准刑……”立功、累犯都是影响预防刑的情节,且立功是从宽情节,明显趋轻,累犯是从严情节,明显趋重,对于这两种逆向情节的适用顺序,并未明确规定。

有学者认为,应当按照先轻后重的顺序适用多种逆向情节,其论证方法是按照《量刑指导意见(2017)》的方法进行数学计算,“比如,行为人犯故意杀人罪,既是从犯又是累犯还有自首情节,基准刑确定为 10 年,根据量刑指导意见所确定的调节比例,按照累犯加重 30%,从犯减轻 20%,自首减轻 20% 的标准。采用‘同向相加,逆向相减’的调节方法,先轻的计算结果是:10 × (1 - 20% - 20%) = 6,然后在此基础上再加重,最终计算结果为:6 × (1 - 30%) = 4.2。如果采用系数折抵的方法,则计算结果为:10 × (1 - 20% - 20% + 30%) = 9。如果采用先重后轻的调节方法,先重的结果是:10 × (1 + 30%) = 13,然后在此基础上再减轻,最终计算结果为:13 × (1 - 20% - 20%) = 7.8。可见,优先评价趋轻情节与优先评价趋重情节以及同时折抵评价会得出不同的量刑结果……显然,先轻后重的调节方法更有利于被告人,这种价值选择更符合刑罚谦抑性与人道主义精神”。[1] 但该学者在计算中出现了一个失误,在第一种先轻后重的计算方法中,“后重”计算时应该为“6 × (1 + 30%) = 7.8”。所以,按照这种数学计算方法计算出来的数值结果是一样的,以此作为说明应该适用先轻后重顺序处理逆向情节的依据,并不可靠。笔者认为,适用先轻后重的调节方法真正的原因应该是在具有多种逆向情节时,若从宽情节中包含可以依法免除处罚的情节,先适用从严的情节增加刑罚量则没有意义。在量刑时单纯地通过对比例和数值的计算得出量刑结果也显得过于机械化。在司法实践中,司法者也可能会因为先考虑从严的情节而忽略能够足以使被告人免除处罚的情节,所以先考虑从宽情节能有效地避免不必要的刑罚。

---

〔1〕 徐宗胜:《量刑情节并存时的适用根据与方法——兼评〈量刑指导意见(2017)〉中的同向相加、逆向相减方法》,载《时代法学》2018 年第 5 期。

2. 行为人罪行严重不应影响减少预防刑情节的适用

《量刑指导意见(2017)》第三节常见量刑情节的适用中规定:“对严重暴力犯罪、毒品犯罪等严重危害社会治安犯罪,在确定从宽的幅度时,应当从严掌握。”最高人民法院印发的《〈关于处理自首和立功若干具体问题的意见〉的通知》(法发〔2010〕60 号)规定:“虽然具有自首或者立功情节,但犯罪情节特别恶劣、犯罪后果特别严重、被告人主观恶性深、人身危险性大,或者在犯罪前即为规避法律、逃避处罚而准备自首、立功的,可以不从宽处罚。”这些规定中,对于“严重危害社会治安”这一描述,体现的是该类犯罪的社会危害性,属于责任刑评价的范畴,“犯罪情节特别恶劣”“犯罪后果特别严重”等也属于影响责任刑的情节。

但在以上规定中,或是将影响责任刑的情节与影响预防刑的情节放在一起同时考量,或是以这类责任刑的情节来影响对预防刑的裁量。根据并合主义原则,在严格区分了责任刑和预防刑之后,影响这两种刑罚适用的量刑情节就不应该再被交叉适用、重复评价,不能以罪行严重作为不考虑减轻预防刑的情节的理由,否则,会造成对罪行严重的犯罪人一律处以重刑,违背刑法的谦抑性理念。在行为人的特殊预防必要性小时,比如具有自首、立功等情节,就应当考虑在量刑中体现这一部分的评价。刑法既然设立了自首、立功等行为的法律后果,对其有应当减轻处罚甚至可以免除处罚的规定,就应当涵盖所有的犯罪,而不是再以罪行轻重对适用条件加以限制。刑法设计这类规则的目的就是鼓励犯罪的人主动投案主动悔罪。对于罪行严重的罪犯,若自首、立功等情节对其最终的量刑没有任何影响,那么是否会更加助长其逍遥法外的念头,进而不利于真正地打击此类犯罪。所以,在对影响责任刑的量刑情节与影响预防刑的量刑情节作出区分之后,坚持在责任刑的点确定之后考虑预防刑的情节,两者互不决定,不重复评价,这样才能更准确地确定裁量刑罚,避免量刑中的重刑化倾向。

(二) 预防刑的裁量与量刑均衡

《量刑指导意见(2017)》在第一节量刑的指导原则中规定:“对于同一地区同一时期、案情相似的案件,所判处的刑罚应当基本均衡。”但实际上,要在量刑时考虑被告人的再犯可能性,即特殊预防,就必须考虑很多情节;有法定情节,也有酌定情节,不同的人人身危险性也不同,要达到量刑统一,是不现实也不合适的。

有学者指出,量刑规范化改革和《量刑指导意见(2017)》的出台是为了解决我国量刑不均衡的问题。该意见甚至为了缩小范围,将应该均衡量刑的案件限定在同一地区同一时期。[1]

首先,刑法在设定法定刑时,已经考虑到了对相同犯罪设立相同的法定刑幅度,而刑罚的裁量就是在这一法定刑幅度内考虑各种情节。另外,量刑均衡是以什么为标准?我们可以说在对相似案件的被告人的罪行、责任进行非难时,根据责任主义和并合主义所确定的责任刑可以相同或相似(这里的相似案件限定在犯罪情节和结果相同)。但在责任刑的点之下考虑预防刑的情节时,很多差异就会出现。所以,对于相同案件或相似案件判断标准不明确,很难要求量刑统一或量刑均衡。其次,在考虑被告人特殊预防必要性大小时,需要考虑自首、坦白、立功、累犯等法定量刑情节,也要考虑许多酌定情节,而这些情节往往都具有个别化的特征。要对犯罪人"对症下药"地进行矫治和改造,就必须从个别化的量刑情节中挖掘出犯罪人的人身危险性即再犯可能性。从抑制犯罪的目的出发,刑罚个别化更具有合理性。即使是需要考虑预防的情况,也只存在于特殊预防中,且各种行为差别都很大。所以,在各种标准特别是量刑情节标准模糊的情况下,单纯地以一种功利性的目的要求量刑均衡化并不一定符合社会的需求,而且存在重刑主义泛滥的危险。因为一味地要求量刑均衡可能导致偏向重刑化量刑,忽视一些影响预防刑的情节,而且若是相同案件或相似案件量刑均衡,一定是需要参照物进行比对和参考。若被参照的案件量刑畸重,那么参考这类案件后续的量刑可能也会出现裁量过重的问题,背离刑法谦抑性的要求。

---

〔1〕 参见王良顺、汪洁:《实现量刑均衡之路径研究——兼析〈人民法院量刑指导意见(试行)〉》,载《湖南社会科学》2019年第1期。

二、量刑谦抑对预防刑裁量的具体要求

预防刑使刑罚的裁量具有较大的伸缩性。经过预防刑的裁量，可使犯罪人被判处较轻刑罚甚至不给予刑罚处罚。因此，预防刑的裁量是刑罚的裁量中体现量刑谦抑最明显的部分。

（一）对一般预防目的的限制考量

在目的刑论看来，刑罚抑制和预防犯罪的效果是其正当化依据，所以目的刑论与预防刑论是等同的概念。根据预防刑论，刑罚的目的分为特殊预防目的与一般预防目的。因为根据并合主义原则，预防的目的只能在责任刑的范围内实现。在量刑中着重把握特殊预防的目的，限制对一般预防目的的考量，才能实现量刑上的谦抑性。

一般预防理论认为，刑罚的目的不在于报复犯罪人，也不在于矫正犯罪人，而在于对一般大众产生预防犯罪的效果。[1] 一般预防又可以分为积极的一般预防和消极的一般预防。积极的一般预防是指利用刑罚增强公民的规范法律意识，强化公民对法律的自觉遵守，即通过惩罚犯罪人来增强一般人对法律的忠诚以防止其犯罪。但在刑罚的裁量中，司法者很难以一般预防目的为考虑作出裁量。事实上，一般预防的目的已经蕴含在刑法对法定刑的设计之中，什么样的犯罪处以什么样的刑罚，对于刑种、刑期幅度的规定都包含了对一般预防目的的考虑。因为一般预防必要性大小取决于一般人对某种犯罪行为的实施可能性大小，所以在设置某种犯罪的法定刑时，就必须考虑其对普通人的教育引导作用。可以说，这种考虑是立法者应该基于社会普遍经验和认识作出的立法政策上的考虑，而不应该成为司法者在审理个案时对犯罪人的个别化考察。如果是在具体量刑层面，只坚持积极的一般预防目的，不可避免地会将特殊预防必要性小的犯罪人纳入重罪处罚圈。司法实践中，我国也存在因故意杀人而被判处缓刑的例子，如刘某与其丈夫育有一女，但其丈夫好逸恶劳，游手好闲，全靠刘某挣钱养家，还常年对刘某实施家庭暴

---

〔1〕 参见［德］罗克辛：《德国刑法学总论》（第1卷），王世洲译，法律出版社2005年版，第42页。

力,刘某多次提出离婚,遭到其丈夫激烈反对并以报复其亲属威胁。在一次又一次的残忍家暴后,刘某将其丈夫杀害,并主动到当地公安机关投案自首。终审法院考虑到其长期的受暴史和长期无法摆脱家庭暴力所产生的绝望和无助,被告人主观恶性小,是情节较轻的犯罪。与此同时,还考虑到被告人以暴制暴行为指向的唯一性,即只针对被害人,不针对其他人,其人身危险性较小,适用缓刑不仅不会危害社会,而且有助于其子女的抚养,减少其子女因失去家庭管教而误入歧路的可能性,维护社会稳定,所以对其判处有期徒刑 3 年,缓刑 4 年。[1] 因为本案中,刘某是处于无可奈何的绝望中杀害了施暴的丈夫,并主动投案,其再犯可能性很小,特殊预防的必要性就很小,而且判决也符合大众的法感情。所以,积极的一般预防虽然可以由量刑表现出其效果,但绝对不是决定量刑的关键,对预防刑的裁量不能只考虑积极的一般预防。积极的一般预防目的虽然永远存在,但其存在范围,应该仅限于立法层面。消极的一般预防是指通过刑罚惩罚犯罪人来威慑一般民众以防止其犯罪。但在量刑过程中,最不应该考虑的就是消极的一般预防目的,因为一旦利用对犯罪人的惩罚来达到威慑其他人的目的,那么犯罪人在这一过程中完全不是因为自己的罪行而被非难,而是被当作一种"杀鸡儆猴"的工具,其人权与尊严将会受到严重的威胁。更何况,刑罚的一般预防效果不是一种当然的逻辑推理,而是应该通过实证研究得到的结论,但从古至今,刑罚的威慑效果并不能带来社会的安定,反而可能导致司法走向重刑主义的境地。

因此,在预防刑的裁量中,要限制对一般预防必要性的考量,一般预防效果应该是通过刑罚表现出来的一种应有的结果,而不是作为裁量刑罚的原理与根据。

(二)对特殊预防目的的重点考量

特殊预防,是指通过对犯罪人施以刑罚以达到防止其再犯罪的目的。根据德国著名的刑事政策学家弗朗茨·冯·李斯特(Franz von Liszt)提出的概

---

[1] 刘某故意杀死施虐丈夫被判缓刑案,湖南省高级人民法院(2007)湘高法刑终字第 43 号刑事判决书。

念，人们可以在三重形式中发展特殊预防：一是通过对行为人的监禁来保护一般公众免受侵害；二是通过对行为人适用刑罚来威慑后来实施的犯罪行为；三是通过对行为人的矫正来防止再犯罪。[1] 如《德国刑法典》第46条里就有这样的表述："法院在量刑时，应权衡对行为人有利和不利的情况。特别应注意下列事项：……行为人的履历、人身和经济情况，及行为后的态度，尤其是行为人为了补救损害所做的努力。"[2]这说明重视特殊预防才是对犯罪人本身的重视，符合消极责任主义的量刑要求。在责任刑的点之下综合考量影响特殊预防的情节所作出的裁判，才可能在更大限度上符合刑法谦抑性的要求。

在量刑阶段，主要体现的就是量刑的个别化，其重点在于对犯罪人的人身危险性即再犯可能性的考虑。所以，裁量预防刑时，把握好犯罪人所表现出的影响特殊预防的情节是量刑的重点。重点把握特殊预防并不意味着对一般预防目的的放弃，而是在通过对犯罪人处以足以防止其再犯的刑罚中体现出对普通大众的保护与教育。在行为人犯罪后，具有表明其再犯可能性小的悔罪行为，如自首、坦白、立功等，能判断出其特殊预防必要性的大小，在量刑时必须重视这些情节。对于犯罪人的人格要进行全面的把握，应当充分了解其职业、家庭、原生家庭状况以及各种社会履历等，只要是与其犯罪行为有关的要素，就应该纳入特殊预防的考量中。但与此同时，对犯罪人主观恶性和人身危险性的考察，也要避免重复评价。例如，德国《刑法典》第46条第1款第3项规定："属于法定犯罪构成事实的，可不予考虑。"[3]因此，犯罪人所犯罪行的轻重，不应该成为判断犯罪人特殊预防必要性大小的依据。

因此，基于量刑谦抑性的要求，在裁量预防刑时，重点考量特殊预防，而对于一般预防则进行限制考量，并且不考虑消极的一般预防。

（三）对影响预防刑的情节进行实质性判断

根据并合主义，在区分了影响责任刑的情节和影响预防刑的情节后，根

---

〔1〕 参见［德］罗克辛：《德国刑法学总论》（第1卷），王世洲译，法律出版社2005年版，第39页。

〔2〕 《德国刑法典》，徐久生、庄敬华译，中国方正出版社2004年版，第17页。

〔3〕 同上。

据影响责任刑的情节在合适的法定刑幅度内确定责任刑的点,其后就是通过影响预防刑情节的考虑来裁量预防刑。但与影响责任刑的情节不同,影响预防刑的情节范围很广,并且既有法定情节,也包含大量酌定情节。对大量的没有被类型化的酌定情节的考量,是一个更加复杂的问题。

除了自首、坦白、立功等法定量刑情节,还有许多可以表征犯罪人人身危险性的非类型化的量刑情节,如犯罪人有明显的悔罪表现,主动向被害人赔礼道歉,反省自己的罪行;犯罪人虽不符合法定的自首、立功情节,但犯罪人作出了实际的投案举动;还有一些案件中存在被害人过错等情况。这些情节对于犯罪人特殊预防必要性大小的考量是有影响的。有关自首和立功的司法解释对"被亲友采用捆绑等手段送到司法机关"以及"在亲友带领前来抓捕时无拒捕行为",同时又"如实供述的",酌情从轻处罚。[1] 司法解释确认对这种非类型化的情节进行实质性的判断。而且,对于犯罪人特殊预防必要性大小的判断既是综合性的,也是个别化的,不仅仅取决于行为人犯罪后的态度与表现,也取决于对整个案件情节的考量。例如,行为人为了给身患重病的妻子治病而盗窃他人财物,其本身的特殊预防必要性就小,应当在法定刑最低限度之上,责任刑的点之下,考虑对其从宽处罚。

司法者行使自由裁量权的关键,在于对刑法尚未明确规定的情节认定时,进行合理且合乎刑法目的的判断。对于影响预防刑的情节,不能只按照法律规定进行机械化判断,应该综合全案进行实质性判断,这样才有可能在司法中使刑罚的裁量符合谦抑性的要求,既不一味从轻,更不过重,符合最低限度的必要刑罚量的谦抑性要求。

---

〔1〕 参见《最高人民法院关于处理自首和立功若干具体问题的意见》(法发〔2010〕60号)中的规定,"犯罪嫌疑人被亲友采用捆绑等手段送到司法机关,或者在亲友带领侦查人员前来抓捕时无拒捕行为,并如实供认犯罪事实的,虽然不能认定为自动投案,但可以参照法律对自首的有关规定酌情从轻处罚"。

第六章　刑事司法中个罪认定的谦抑性检视

刑法司法中的谦抑性是否得到贯彻，可以在具体犯罪认定中得到检验。司法中具有较大裁量空间的犯罪，主要集中在立法对罪状规定不明确和规定了兜底条款与大量定量因素的犯罪中。对于这些犯罪，司法本来应该通过裁量权的行使适当限制入罪范围，其实际运行情况是否如此，笔者选取作为抽象危险犯的危险驾驶罪和销售假药罪以及非法经营罪3个罪名进行分析。

第一节　危险驾驶罪认定中的谦抑性检视

醉酒型的危险驾驶罪是抽象危险犯的典型罪名，刑法上对其予以强力规制的目的在于更好地减少由于醉酒驾驶所带来的社会风险。但是，刑法对法益保护范围的扩大同时意味着对民众施以更多的限制。如不能合理限定抽象危险犯成立的界限，很有可能会缩小国民的自由范围，使抽象危险犯沦为过度打击的工具。[1] 为了更好地寻找法益保护和自由保障之间的平衡，保障刑法的谦抑性，需要对抽象危险犯的入罪和出罪机制进行考量。

一、对抽象危险犯泛化的反思

（一）抽象危险犯泛化的背景考察

在刑法的基本理论中，抽象危险犯中的“抽象危险”并不是犯罪构成中

---

〔1〕 参见周光权：《刑法总论》，中国人民大学出版社2016年版，第20页。

的构成要件要素，抽象危险所指的是受到刑法规制的行为具有抽象危险，是刑法所拟定的危险。德国刑法学家维塞尔斯(Wessels)教授指出，“行为的危险在这里不是构成要件的标志，而是法律规定存在的理由，法官对此不必审查危险性在个案中是否出现或并未确实出现”。[1] 概言之，所谓的抽象危险犯实质上是立法者通过刑事立法，运用刑罚手段直接规制的行为类型。

现代科技的进步给人们生活带来深刻的变革，推动生活水平和质量不断提升。但随之而来的则是潜在风险越来越大，危险源不断增加。运用传统的社会控制手段已经不能很好地化解危险，无法及时阻断不断出现的危险源对社会生活、身体健康、财产等造成的潜在威胁。在这样的大背景下，就需要不断地将刑法保护前置。刑法具有最后手段性，通常只有在其他法律法规不能妥善维护相关秩序和法益的前提下，才需要动用刑法手段。但是不断提升的风险将刑法保护时间提前，通过刑法的提前介入以实现对风险的有效规避和化解，并且使刑事立法模式从事后追究转变为事前主动预防。基于上述宏观背景的描述，抽象危险犯的立法范式化迎合了风险社会的需要，也是对法益保护内在需求的满足。以危险驾驶罪为例，当前我国的危险驾驶行为数量激增，其行为危害性大，极易造成交通事故，导致他人的人身权益受损。行政处罚对于此类型行为的规制显然较弱，已经不能有效控制行为的发生。危险驾驶行为的刑法规制顺应了民意的要求，是对风险社会的合理反应。

(二)抽象危险犯泛化的反思

近年来，我国刑事立法呈现的一个显著变化就是抽象危险犯增加。虽然，刑法的提前介入减少了危险向实害转变的可能性，但是刑法规制范围的逐步扩大也是对公民个人自由的限缩。

有学者指出，罪刑法定原则具有双重机能，通过形式侧面将法无明文规定的行为排除在犯罪之外，通过实质侧面将没有严重侵害法益的行为排除在犯罪之外。[2] 抽象的危险是构成要件中实行行为所产生的风险，这便与罪

---

[1] [德]约翰内斯·维塞尔斯：《德国刑法总论》，李昌珂译，法律出版社2008年版，第15页。

[2] 参见刘艳红：《实质刑法观》，中国人民大学出版社2009年版，第114页。

刑法定原则的实质侧面存在冲突。若司法适用不当,抽象危险犯则极有可能会对罪刑法定的刑法根基造成冲击。另外,过度规定抽象危险犯也背离了刑法中的罪刑相适应原则,刑法启动的前提原则上是行为已经给法益造成了严重危害,只能以实害为原则,以危险为例外,但是抽象危险犯规制的是行为的抽象危险而非已经造成的法益侵害,刑法规定抽象危险犯的目的在于一般预防,而这种预防是否超过了报应的限度是一个具有较大争议的问题。

(三)抽象危险犯适用中实质说的提倡

如前所述,抽象危险犯大大拓展了刑法的规制范围,甚至有可能突破罪刑法定和罪责主义基本原则的束缚。那么,如何将抽象危险犯限制在合理的范围之内,合理地认定抽象危险就成为学界争论的命题。围绕抽象危险的判断,当前理论界主要有两种主要观点的对立:形式判断的基本立场与实质判断的基本立场。

1. 形式考察机制

形式考察说主张从形式层面对抽象危险进行判断,即只要行为人实施了刑事立法所规制的行为,那么就实现了抽象危险。该说否定了实质判断的必要性,同时也否定了行为人的事后反证。[1] 形式考察说是基于行为无价值论的立场,违反了法规范的行为就自然会产生抽象的危险。在形式考察说内部还存在不同的观点。第一种观点是立法理由说。该说主张抽象危险犯系立法者通过刑法规范所确立,危险不是构成要件,行为才是构成要件。行为人实施了规范所禁止的行为,就要受到刑法的否定性评价。第二种观点是一般危险说。该说主张抽象危险中的"危险"是行为所产生的危险,而不是结果所产生的危险。抽象危险的判断必须是类型化的判断,而不是个别化的判断,这就有别于刑法中具体的危险。抽象危险的判断应结合一般人的认知,当一般人认为存在危险,应当肯定这种危险就是类型化的危险,也即成立抽象的危险。正如日本学者大塚仁所概括,"抽象危险是指一般侵害法益的危

---

〔1〕 参见王霖、阎二鹏:《抽象危险犯认定路径检思与谦抑认定机制重构》,载《国家检察官学院学报》2017 年第 2 期。

险”。[1] 第三种观点是拟制危险说。日本学者大谷实倡导该说,其认为,“一旦某种行为被禁止,无论是否已经发生了危险,都构成犯罪”。[2] 由此可见,该说主张抽象的风险是刑法拟制的,通过刑事立法即可进行判断,而不需要依托于具体的事实。

2. 实质考察机制

正如抽象危险的形式考察是基于行为无价值论,与行为无价值论对立的则是结果无价值论。结果无价值论主张,抽象危险的考察必须是实质考察。“抽象危险犯的实质考察立场,在一定程度上摆脱了形式考察立场在认定方法上浮于形式的表述以及缺乏实质解明。”[3]

实质考察说的核心主张是将“抽象危险”看作结果危险,对抽象危险的判断必须结合具体的行为实施来进行实质判断。如日本学者野村稔认为,“在完全没有法益侵害的场合,也可能出现不得不肯定抽象危险的情形。其结果是,成为对危险犯的假定,实际上对不存在法益侵害危险的行为也要做出违法性的处罚,这是不合理的。”[4] 这种观点在我国也获得相当程度的认可,如黎宏教授指出,“关于抽象危险,要从法律规范和行为时的具体事实进行综合、分析判断”。[5] 通过对抽象危险的实质性判断将不具有法益侵害可能性的实行行为排除在犯罪圈之外,进一步限制抽象危险犯的成立。

同样,在实质考察说的内部也存在规范违反说和法益侵害说的对立。规范违反说提倡的核心观点是,通过行为属性所引发的危险状态判断是否具有结果发生的可能性,当然,判断标准是行为人本身还是一般人的经验,也存在争论。前者是以行为人实行行为时所处的客观环境和行为人主观上危险预判能力为标准,若行为人无法预判到危险或者已经采取了回避危险的可能措

---

〔1〕 [日]大塚仁:《刑法概说》(总论),冯军译,中国人民大学出版社2003年版,第128页。

〔2〕 [日]大谷实:《刑法总论》,黎宏译,法律出版社2003年版,第95页。

〔3〕 王霖、阎二鹏:《抽象危险犯认定路径检思与谦抑认定机制重构》,载《国家检察官学院学报》2017年第2期。

〔4〕 [日]野村稔:《刑法总论》,全理其、何力译,法律出版社2001年版,第105页。

〔5〕 黎宏:《论抽象危险犯危险判断的经验法则之构建与适用——以抽象危险犯立法模式与传统法益侵害说的平衡和协调为目标》,载《政治与法律》2013年第8期。

施，就不能认定成立犯罪。而后者则是通过一般人的生活经验来判断行为是否产生了"抽象危险"。法益侵犯说将考察的重心放在结果的危险属性层面，若行为不能产生法益侵害结果，则虽然符合刑法的犯罪构成要件，但依然要否定危险状态，不能认为是犯罪。如张明楷教授认为，"根据结果无价值论，如果能够证明行为绝不可能产生危险状态的情况下，应否定存在抽象的危险"。[1]

通过上文对抽象危险的形式考察说和实质考察说两种判断方式的介绍，不难发现，两种观点的对立是行为无价值和结果无价值对立的理论延伸。笔者认为，形式考察说以行为无价值为根基，重视对行为本身的评价，但无法体现法益对行为定性的约束，并不利于对抽象危险犯的限缩认定，违背刑法谦抑性精神。具体而言，首先，在实践中可能会出现部分行为虽然在形式上符合构成要件，但是实质上并不具有法益侵害性，该说也会将此类行为纳入刑法规制范畴，会与社会一般的危险观念出现差异。[2] 其次，形式考察说将抽象危险犯和行为犯的界限变得模糊，实际上两者还是存在一定差别的。形式考察立场直接通过行为判断违法性，这与行为犯的认定路径一致。最后，形式考察说中的拟制危险说也饱受诟病。主要原因在于对于抽象危险的判断应该从规范和事实两个层面展开，进行双重判断，但该说只强调规范性判断而忽视了事实判断。

抽象危险的实质考察说更具有妥当性，该说能够在一定程度弥补形式考察说的缺陷，但无论是学说内部的规范违反说还是法益侵害说，都具有片面性。抽象危险的判断必须结合规范和事实，并考察行为不法和结果不法。因此，笔者认为，应在充分肯定实质考察说的基础上，将规范违反和法益侵害相结合，对行为属性和结果属性所造成的危险进行双重判断，这样才能将抽象危险犯的延伸范围限制在合理区间，从而实现刑法谦抑性与抽象危险的平衡。

---

〔1〕 张明楷：《刑法的私塾》，北京大学出版社2014年版，第61页。

〔2〕 例如，在电视剧拍摄中需要录制酒后驾车的镜头，演员为了表演更为真实，酒后驾车。但是整个摄制组已经尽到足够的安全保障义务，并不会产生风险。电影拍摄过程中，有一个在道路上醉酒驾驶车辆的镜头，并且摄影组已经尽到安全保障义务。按照抽象危险犯形式考察的立场，可能就会认定为犯罪。

二、刑法谦抑性在抽象危险犯认定中的具体体现

(一)入罪限缩:行为属性与结果属性危险的双重判断

对抽象危险的判断,应当坚持行为属性与结果属性的双重判断标准,从规范与事实两个层面展开。通过这种判断方式,能够有效控制抽象危险犯的不断扩张,从而更好地体现刑法谦抑性。另外,判断抽象危险应从一般人的视角出发,采用一般人经验说。一般人经验说的优势体现在如下两个方面:其一,采用行为人标准说将使认定标准与行为人主观认识能力密切关联,但是个体认识能力千差万别,必然会导致适用标准的千差万别,使得刑法规范的严肃性和权威性受到损害。其二,根据一般人的判断标准符合社会大众对控制风险的强烈需求。抽象危险往往威胁的是不特定人之权益,从不特定人的角度出发,才能更准确衡量危险程度和危险发生的盖然性,对行为人是否制造了危险的判断也就更客观。

在结果无价值论的立场之上必须考虑行为的结果属性,从而进一步通过结果属性来实现刑法的谦抑性,缩小刑法的适用范围,结果属性是一种事实判断,既然是事实判断就必须结合整体的行为来综合考量和评价。以醉酒型危险驾驶为例,可以考虑的因素主要有:制造危险的时间,制造危险的地点,行为人自身危险防控能力等。由于个体体质的不同,部分人虽然血液检测中的酒精浓度达到醉驾标准,但可能并不会降低行为人的安全防控能力。概言之,结果属性的判断实质上是一种事后的综合判断,而不是事前的判断。

(二)出罪扩张:兼顾刑法第13条“但书”之规定

我国《刑法》第13条中的“但书”条款在出罪方面一直起着极为积极的作用,但是围绕抽象危险犯能否适用“但书”条款则存在肯定说和否定说之间的对立。肯定说认为,我国《刑法》分则中的各个罪名,无论结果犯,还是危险犯、行为犯等都应受《刑法》总则的制约,不能与总则的相关规定相抵触,总则的规定对于不同性质的犯罪同样适用。而否定说则认为,抽象危险犯的认定不需要考虑“但书”的规定,只要符合法定的构成要件,自然就成立

犯罪。如戴玉忠教授认为，既然有刑法明文规定，在道路上醉酒驾驶机动车的构成犯罪，立法者就应认为醉酒驾车不是情节显著轻微危害不大的行为。[1]

我国《刑法》第13条“但书”的规定，对于以危险驾驶罪为典型的抽象危险犯具有显著的出罪机能，适用“但书”规定，给抽象危险犯设立了一个出罪路径。笔者认为，判断“但书”条款的适用核心，需要考察该行为是否是刑法所特有。如果在刑法分则中某抽象危险的危害行为是刑法规范所特有的，不适用“但书”规定。反之，如果该危险行为本身并不是刑法所特别规制，不是刑法所特有，就完全可以适用“但书”条款的规定，对于情节轻微、危害不大的罪行考虑出罪。针对醉酒型危险驾驶的行为，我国《道路交通安全法》已有明确规定，可见酒驾行为并不是刑法单独禁止的，实质上在行政法规中也有相应的罚则，因此可以适用“但书”的规定，作出出罪的司法适用考量。综上，完全可以通过我国《刑法》第13条中的“但书”规定将部分抽象危险犯排除在犯罪圈之外，以此实现刑法的谦抑性。

三、醉酒型危险驾驶罪的二元考察

（一）入罪限缩：醉驾危险与公共危险的双重判断

行为人所实施的行为能否产生抽象的危险需要事实和结果的双重考察。当前，醉酒型的危险驾驶罪已经在我国刑事案件中占有相当大的比例，但此类案件在现实中真正能够威胁到公共安全的并不多。这就需要充分发挥刑法的谦抑理念，从行为危险与结果危险这两个方面对醉酒型的危险驾驶罪进行限缩，减少此类案件的数量，减轻司法机关此类案件的工作量，将更多的司法资源向法益侵害性更大、人身危险性更大的案件倾斜。

行为危险的判断应当根据一般人的经验进行，对是否具有结果发生的危险，则要根据行为发生时所处的环境等各项因素综合判断，并将实行行为纳

---

〔1〕 参见陆诗忠：《论“危险驾驶罪”司法适用中的几个疑难问题》，载《甘肃政法学院学报》2018年第2期。

入考量因素中进行事后判断。醉酒型危险驾驶罪在我国备受关注,原因之一是该罪是典型的抽象危险犯,对醉酒危险驾驶的判断应遵从上述标准。在我国的司法实践中,对醉酒型危险驾驶的认定方式比较简单,先由公安机关对饮酒的驾驶员进行呼气测试,仪器显示达到 80mg/100ml 时,再对驾驶员抽血,以确认数据。此种认定方式过于简单,仅通过酒精含量判断酒驾行为是否危险是片面的,由于个体体质的差异,不同含量的酒精浓度可能会产生非常大的差异。即使同为 80mg/100ml 以上的检测结果,行为人是否具备安全驾驶机动车的能力也存在很大差异。根据一般人的观念,行为人仅仅是喝了少量的酒,难以对驾驶机动车的能力造成非常直接的影响。在司法认定中,醉酒行为本身是社会生活中经常出现的行为,驾驶者醉酒后驾车是事实行为。醉酒型危险驾驶罪的规范目的,是避免行为人在醉酒状态下严重影响正常的驾驶能力,进而对不特定人的人身安全、社会安全造成侵害。但是,醉酒驾驶行为本身不能等同于危害公共安全,至于该行为是否能够对公共安全产生威胁,则需要根据行为当时的客观环境和事实情况进行综合判断,如此才能评价结果危险。

(二)出罪扩张:发挥“但书”的反证机能

醉酒型的危险驾驶行为可以通过《刑法》第 13 条“但书”规定予以出罪。该规定是对危险驾驶所制造的“抽象危险”进行逆向考察。醉酒型危险驾驶行为即使存在事实属性和结果属性,还应考虑该行为所造成的危险是否存在。就社会一般认知而言,即使行为人血液检测结果符合入罪的 80mg/100ml 之硬性标准,也不应当考虑全部入罪,在司法适用中应当允许行为人证明自身醉酒驾驶行为并未危及公共安全。

醉酒驾驶排除抽象危险的事后反证,可以从行为的动机、次数、时间地点、路线等多个主客观事实进行实质考察。例如,行为人和友人饮酒,友人突发疾病,行为人在饮酒情况下开车将其送往医院。虽然行为人的酒精含量超标,客观上符合本罪的构成要件,但是行为人主观上并没有危害公共安全的动机,只是为了救人,从整体上看,应适用“但书”之规定,评价为情节轻微、危害不大,将该行为出罪。

充分发挥《刑法》第13条"但书"规定的出罪机能，将刑法的谦抑性贯穿于醉酒型危险驾驶行为的司法适用之中，就必须对抽象危险犯的认定进行事后检验。一直以来，对醉酒型危险驾驶作为抽象危险犯入罪存在相当大的争议，部分学者认为此类行为不应入罪，保持刑法的谦抑性。笔者认为，刑事立法通过抽象危险犯的立法范式规制醉酒型的危险驾驶行为，从而有效避免此类行为引发的社会风险是有必要的。但在司法实践中，醉酒型危险驾驶的认定存在的"一刀切"做法，忽视了对结果属性的考察，过于强调构成要件的符合性。把握《刑法》分则中关于醉驾犯罪的规定时，当然不能脱离《刑法》总则第13条"但书"的规定而对醉驾行为作出孤立的理解。[1]

因此，构建科学合理的抽象危险犯考察机制，应从行为危险和结果危险的双重评价出发，结合实质考察说的观点，在正向限制入罪的同时，通过"但书"规定扩张反向的出罪路径。尽管刑法的谦抑性在醉酒型危险驾驶罪中受到了挑战，但是，只要在司法实践中严格遵循科学的认定路径，"严入罪，宽出罪"，就能够寻求一个合理平衡。

四、醉酒型危险驾驶罪的司法适用实践考察

醉驾入刑多年以来，人们对于酒后驾车危险性的认识已经大大提高，社会民众已经逐渐形成了较好的防范观念。但是醉酒型的危险驾驶刑事案件数量并未大幅度降低，在基层法院中的案件数量始终居高不下。2019年7月31日，最高人民法院发布了2019年上半年审判数据。相关数据显示，在2019年上半年全国法院所审结的刑事案件中，危险驾驶案数量已经超过盗窃案，成为案件数量最多的罪名。产生这种现象的原因是多元的，既有社会经济的原因，也有执法机关执法趋于严格的原因，但最主要的还是司法机关在办理醉酒型危险驾驶案件中，出罪的意识不足，出罪的司法适用偏向于保守，导致大量案件必须通过审判程序进行"消化"。为减轻法院在审判醉驾

---

〔1〕参见王志祥：《醉驾犯罪司法争议问题新论——浙江最新最佳司法文件六大变化述评》，载《河北法学》2020年第3期。

案件中所面临的案件数量过多的审判压力,进一步明确司法实践中对于醉酒型危险驾驶的认定和适用,深入贯彻宽严相济的刑事政策,进一步减少醉酒型危险驾驶罪案件数量,避免数量庞大的危险驾驶案件占据宝贵的司法资源,我国各地纷纷探索适合本地区的危险驾驶罪适用标准,其中引人关注的是浙江省的相关实践。浙江省高级人民法院、浙江省人民检察院、浙江省公安厅在2019年10月发布了《关于办理"醉驾"案件若干问题的会议纪要》(以下简称《浙江新纪要》)。该纪要的颁行取代了2017年1月上述3部门联合发布的《关于办理"醉驾"案件的会议纪要》(以下简称《浙江旧纪要》),这一司法实践的变化值得深入研究和探讨。

(一)新旧会议纪要所呈现的司法适用变化

2017年发布的《浙江旧纪要》与2019年发布的《浙江新纪要》,都是围绕醉酒型的危险驾驶罪司法认定和司法程序所作出的适用于本地区的规范性指导意见,纵览两个纪要的内容,《浙江新纪要》的重大变化主要体现在如下方面:

其一,对"道路的认定"进行了进一步的限缩,从而将部分醉驾情形由酌定的出罪改为绝对出罪。《浙江新纪要》规定,对于醉酒在广场、公共停车场等公众通行的场所挪动车位的,或者由他人驾驶至居民小区门口后接替驾驶进入居民小区的,或者驾驶出公共停车场、居民小区后即交由他人驾驶的,不属于《刑法》第133条之一规定的在道路上醉酒驾驶机动车。[1] 这一规定将3种情形完全排除在刑法规制范围之外。而之前的《浙江旧纪要》针对上述情形是酌定的出罪,可以不视为犯罪。虽然,《浙江新纪要》的规定认为列举的三种情形不符合醉酒型危险驾驶的客观构成要件,由此进一步扩宽了危险驾驶的出罪路径,与刑法的谦抑性精神相契合。

其二,进一步明确了对于醉酒型危险驾驶犯罪嫌疑人应采取的强制措施。《浙江新纪要》明确规定:"对于'醉驾'案件,经呼气测试或抽血检测,

---

〔1〕 参见《浙江新纪要》第1条规定:"对于醉酒在广场、公共停车场等公众通行的场所挪动车位的,或者由他人驾驶至居民小区门口后接替驾驶进入居民小区的,或者驾驶出公共停车场、居民小区后即交由他人驾驶的,不属于刑法第133条之一规定的'在道路上醉酒驾驶机动车'。"

血液酒精含量在80mg/100ml以上的,公安机关应当予以刑事拘留。但遇本人需要紧急就医等紧急事由不宜立即执行刑事拘留的,可以暂缓执行刑事拘留。”[1]但是,在《浙江旧纪要》中,并未明确规定对此类犯罪嫌疑人一律刑事拘留,上述规定的变化使刑事拘留在此类案件中的适用得到了加强。

其三,在关于诉讼证据的要求中,进一步扩大了证据材料的范围。《浙江新纪要》将“证明车辆行驶轨迹的相关材料”作为醉驾案件证据材料的内容,丰富了证据材料的范围,以此确保醉驾案件证据的完整性。

其四,进一步明确了醉酒型危险驾驶罪适用缓刑的情形,加大了此类案件缓刑适用的比例,将刑罚轻缓化更好地体现在此类案件的刑罚适用之中。《浙江旧纪要》规定,醉酒型的危险驾驶只能适用于酒精含量为180mg/100ml以下认罪认罚,并且没有其他从重情节的被告人。[2] 而《浙江新纪要》则扩大了缓刑的适用范围,行为人醉酒驾驶汽车,只要没有8种从重情节,且认罪悔罪就可以适用缓刑。这一规定删除了对酒精浓度限制的条款,缓刑适用范围大大扩展。

其五,适用不起诉和免予刑事处罚的范围进一步扩大。《浙江新纪要》将适用范围从酒精含量在140mg/100ml以下提高至170mg/100ml以下。

其六,对于部分满足条件的醉酒型危险驾驶罪案件,可以不移送审查起诉。该制度是一个创新举措,《浙江新纪要》规定,醉酒驾驶汽车,酒精含量在100mg/100ml以下,且无8种从重情节,危害不大的,可以认为是情节显著轻微,不移送审查起诉;醉酒驾驶摩托车,酒精含量在180mg/100ml以下,危害不大的,可以认为是情节显著轻微,不移送审查起诉。增加不移

---

[1] 参见《浙江新纪要》第3条。

[2] 从重情节主要包括8种:(1)造成他人轻伤及以上后果的;(2)在高速公路上醉酒驾驶的;(3)醉酒驾驶营运机动车、中型以上机动车或者严重超员、超载、超速驾驶的;(4)无驾驶汽车资格的(驾驶证被扣留、超出驾驶证年审期限未满1年、驾驶证记分满12分状态未满1年的除外);(5)明知是不符合机动车安全技术检验标准或者已报废的汽车而驾驶,驾驶无牌机动车或者使用伪造、变造或其他车辆的机动车牌证的;(6)在被查处时有驾车逃跑或严重抗拒检查行为的;(7)在诉讼期间拒不到案或者逃跑的;(8)曾因酒后驾驶3年内、醉酒驾驶5年内被追究的。

送审查起诉的情形可以进一步节省司法资源，将符合条件的案件终止在侦查环节。

（二）对变化趋势的解读与分析

《浙江新纪要》的出台引起了学者和实践工作者的普遍关注，尤其是两部纪要之间的变化引发了深入的探讨。《浙江新纪要》的宗旨在于尽量缓解醉酒型危险驾驶罪的适用所带来的繁重压力，减轻司法机关的负担。在实践中，醉酒型危险驾驶案件数量在大部分地区已经超过了盗窃罪，成为基层人民法院管辖案件中比例最高的刑事案件类型。但是，此类案件的事实比较清楚，证据简单，行为人的醉驾行为往往并未产生严重后果，从刑法谦抑性以及刑事诉讼中轻刑快审、繁简分流的角度来看，应当对上述变化作出肯定。不过，新举措也存在值得商榷之处。现就上文指出的新变化中涉及醉酒型危险驾驶罪司法适用领域的相关举措予以简要评析。

第一，《浙江新纪要》将3种情形作出绝对出罪的规定扩宽醉酒型危险驾驶罪的实体出罪路径。实质上，之所以将若干情形作出绝对的出罪适用，是由于这些情形都发生在广场、公共停车场的车位，以及居民小区内部道路。《浙江新纪要》将上述道路排除在了《刑法》中本罪所认定的“道路”范围之外。虽然司法适用的初衷是为本罪寻求更好的出罪路径，但是也有学者指出这样的规定实质上违背了上位法的规定。最高人民法院、最高人民检察院、公安部《关于办理醉酒驾驶机动车刑事案件适用法律若干问题的意见》（法发〔2013〕15号）明确规定，“在道路上醉酒驾驶机动车中的‘道路’，适用《道路交通安全法》的有关规定”。《道路交通安全法》明确将“广场、公共停车场等用于公众通行的场所”纳入“道路”的范畴之中。[1] 由此可见，相关立法已经明确将广场、公共停车场认定为“道路”，《浙江新纪要》的规定与上位法不符合。而且，小区内的道路如果允许社会车辆通行，那么小区道路就有了“公

---

〔1〕 参见《道路交通安全法》第119条的规定，“‘道路’，是指公路、城市道路和虽在单位管辖范围但允许社会机动车通行的地方，包括广场、公共停车场等用于公众通行的场所”。

共性质”,也同样应认定为是“道路”。[1]《浙江新纪要》拓宽出罪路径的出发点是值得肯定的,但是出罪依据值得商榷。笔者认为,在《浙江新纪要》中所规定的绝对出罪 3 种情形,完全可以通过我国《刑法》第 13 条的“但书”规定出罪,而不需要通过否定“道路”的性质出罪,同样可以起到相同的效果,实现拓宽出罪路径的司法目的。[2]

第二,《浙江新纪要》将车辆行驶轨迹作为证据材料纳入定罪量刑的考量因素之中具有积极意义,这一规定也有助于实现个案的实体公正。在醉酒型危险驾驶罪中,驾驶是客观行为,车辆行驶轨迹能够客观证明行为人驾驶情况,进而判断行为人驾驶行为能否产生危害公共安全的危险。该客观证据具有极强的证明力,可以非常直观地展现出醉酒对行为人驾驶影响力的大小,可以对抽象危险犯的结果属性进行具体考量。根据常识可知,不同驾驶者受酒精的影响程度大相径庭,进而醉驾行为所导致的危险存在很大差异。司法实践中,醉驾行为的认定多是依据酒精含量而忽视了酒精含量对个体的不同影响程度,这便造成刑罚适用的片面性。《浙江新纪要》这一适用变化具有较大借鉴意义。

第三,扩大缓刑适用范围,取消了适用缓刑情况下酒精含量的限制。这一变化体现了刑罚轻缓化的要求,也是对轻微刑事犯罪的扩大缓刑适用比例趋势的遵从。在缓刑适用中,取消酒精含量的规定意味着对这类案件缓刑适用条件的大幅度放宽,值得肯定。不过,就各地相关数据来看,醉酒型危险驾

[1] 依据《刑事审判参考》所刊载的第 891 号指导案例——廖开田危险驾驶案的裁判理由,《刑法》设置危险驾驶罪时并没有对“道路”作限制性规定,故“道路”的范围应当与《道路交通安全法》的规定保持一致。就小区道路是否属于危险驾驶罪罪状中的“道路”而言,关键是要看该道路是否允许社会车辆通行。就开放性小区而言,社会车辆可以随便进出、停放,在该小区内醉酒驾驶机动车的行为构成危险驾驶罪。参见刘志伟、田旭:《案例刑法》,法律出版社 2019 年版,第 172 页。

[2] 依据《刑事审判参考》所刊载的唐浩彬危险驾驶案的裁判理由,就为挪车而短距离醉驾的案件而言,如果没有发生实际危害结果或者仅发生轻微碰、擦后果的,可以根据具体情节,认定犯罪情节显著轻微,适用“但书”条款,不作为犯罪处理或者作免予刑事处罚处理。如果仅发生轻微的交通事故,致使车辆刮擦、致人轻微伤等,且行为人认罪、悔罪,积极赔偿被害人损失并取得谅解的,也可以不作为犯罪处理或者作免予刑事处罚处理。如果发生致人轻伤以上的交通事故,一般不宜认为犯罪情节显著轻微,但结合具体案情,行为人的认罪、悔罪表现和赔偿情况,为体现从宽处罚精神,可以对被告人适用缓刑。

驶罪在各地适用缓刑的比例差别很大,我国学者专门对此问题进行了数据分析,相关研究成果显示,“2017 年被宣告缓刑的案件数量占当年醉驾型危险驾驶罪总数的 56%,2018 年为 54.6%,但各省市的缓刑比例参差不齐,比如 2017 年湖北缓刑案件比例为 86.9%,北京为 25%,辽宁为 18%;2018 年湖北缓刑案件比例为 75.3%,北京为 5.1%,辽宁为 28.3%”[1]。笔者认为,扩大缓刑适用,取消酒精含量的限制值得肯定。首先,醉驾型危险驾驶罪的法定最高刑为拘役,本罪是典型的微罪,基于轻缓化的刑事政策应当向微罪更为倾斜,能判处缓刑的尽量不判处实刑。“为体现出对法定最高刑为 3 年有期徒刑的轻罪的更大从宽处罚的幅度,就有必要实行以宽中更宽为基调的刑事政策。”[2]其次,即使造成现实侵害的因醉驾引发的交通肇事罪,相当部分的案例对被告人都判处了缓刑,那么对于没有发生实质侵害的醉酒型危险驾驶提高缓刑适用比例是应有之义,否则会产生刑罚的轻重倒挂。针对醉酒型危险驾驶行为,酒精含量的数据是量刑必须考虑的要素,但不能仅依据酒精含量而作出“一刀切”的刑罚裁量。对犯罪人适用缓刑,应综合考虑各种情节,取消适用缓刑酒精含量的硬性规定,这有助于大幅提高此类案件适用缓刑的可能性和比例,符合刑事政策的需要。

第四,《浙江新纪要》的变化还体现在进一步打通了酌定不起诉的通道,放宽了限制,这一变化同样符合刑法谦抑性的要求。根据实证数据,各地司法机关对于醉酒型危险驾驶适用不起诉的比例差异非常大,有学者对此进行过分析,“2016 年以来,东部 Z 省 S 市 Y 区醉驾相对不起诉人数占受理人数的 58%,占所有相对不起诉人数的 49%。2019 年以来,该院醉驾案件相对不起诉率已经达到 62%,而适用不起诉比例较低的地方则该数据仅为 3% 左

---

〔1〕 孙硕:《缓刑视角下的醉驾刑事案件》,载《人民司法》2019 年第 10 期。

〔2〕 对醉驾的治理,应当是查处上的从严和司法处理整体上宽中更宽的有机结合。通过不断加大对酒驾醉驾的查处力度,建立稳定的常态化执法机制,破除酒驾醉驾者的侥幸心理,使驾驶人员对酒驾形成“违法必究”的心理预期,可以从源头上最大限度地杜绝酒驾醉驾的发生。这与从宽的刑事政策并不矛盾。参见王志祥:《醉驾犯罪司法争议问题新论——浙江最新最佳司法文件六大变化述评》,载《河北法学》2020 年第 3 期。

右"[1]。应当说,浙江省的实践探索有助于将醉酒型危险驾驶案件通过酌定不起诉程序的方式进行分流,为此类案件程序出罪提供更为宽阔的路径。醉酒型危险驾驶在没有造成法益现实侵害的情况下是微罪,但是一旦起诉并处以刑罚,实质上会给被告人带来非常严重的附随后果,例如开除公职、限制就业等。往往这种附随后果较于拘役更为严重。因此,出于刑罚适用轻缓化的考虑,有必要将醉驾者的"犯罪人"标签删除,不必全部都流向审判程序,大幅度提高醉驾案件司法处理的无罪化比例,放宽不起诉的限制条件是重要举措,值得肯定。

综上所述,醉酒型危险驾驶罪的出罪路径必须从实体和程序两个方面充分考虑,构筑实体出罪和程序出罪的双重路径;两者不可偏废,都能够对推动此类案件的出罪起到重大作用。此类案件的实体出罪应当重视《刑法》第13条的"但书"条款,将部分情节轻微、危害不大的犯罪进行出罪处理。程序上的出罪则要密切关注不起诉的适用,尤其是酌定不起诉。酌定不起诉的法定条件更为宽泛,这就需要司法机关结合案件、结合具体的客观行为、结合行为人的综合表现等各种情节,充分运用酌定不起诉的程序机制予以恰当出罪。

第二节　销售假药罪认定中的谦抑性检视

一、销售假药罪抽象危险犯的性质界定

鉴于社会药品安全事件频发的现状,为了加强刑法对广大人民群众生命健康的保护,《刑法修正案(八)》对生产、销售假药罪作了立法修正,调整了其犯罪构成要件,降低了入罪门槛,增强了可操作性。[2] 其中包括删除"足以严重危害人体健康的"要件,取消销售假药罪基本犯单处罚金的规定以及删除罚金刑中有关数额的具体规定等重大修改。这样就降低了销售假药罪的入罪门槛,解决了司法中"足以严重危害人体健康的"认定难题,体现出从

---

〔1〕 蔡巍:《"醉驾"不起诉裁量权的适用及完善》,载《苏州大学学报(哲学社会科学版)》2019年第5期。

〔2〕 参见全国人大常委会法制工作委员会主任李适时在第十一届全国人民代表大会常务委员会第十六次会议上所作的《关于〈中华人民共和国刑法修正案(八)(草案)〉的说明》。

刑事政策上从严惩治销售假药犯罪，构筑严密犯罪刑事法网的立法倾向和努力。但是对于修正后的销售假药罪的性质如何，存在不同观点：一种观点认为，删除“足以严重危害人体健康的”要件，只要存在销售假药的行为即构成犯罪，是将这一犯罪由危险犯修改成行为犯；[1]另一种观点认为，“足以严重危害人体健康”的规定是一种具体危险犯的规定，删除这一要件，意味着将销售假药罪由具体危险犯修改为抽象危险犯；[2]同时，亦有观点认为修正后的销售假药罪既是抽象危险犯也是行为犯。[3] 目前，学者对销售假药罪性质展开专门研究的成果较少，而且大多没有论述理由。

修正后的销售假药罪应当是一种抽象危险犯，本书在论述中采用这一立场。学界对于行为犯这一概念存在多种观点。有学者认为，行为犯是指只要实施了《刑法》分则所规定的某种危害行为就构成犯罪既遂的犯罪，[4]这是从犯罪停止形态上进行的界定；有学者认为，行为犯是指行为人只要单纯实施《刑法》分则所规定的构成要件的行为就足以构成犯罪，而无须发生一定的犯罪结果，[5]这是从犯罪成立角度进行的界定。无论学者对于行为犯的界定如何，均不否认行为犯是与结果犯相对应的概念，都认为行为犯的成立不依赖特定结果的发生。而危险犯是与实害犯相对应的概念，危险犯是以对法益发生侵害危险作为处罚根据的犯罪，实害犯是以对法益的实际侵害作为处罚根据的犯罪。依据危险状态的不同，危险犯分为具体危险犯和抽象危险犯。具体危险犯是指将危险状态作为构成要件要素而规定在《刑法》条款中，法官必须就具体之案情，逐一审酌判断，认定构成要件所保护之法益果真存在具体危险时，始能成立犯罪之危险犯；抽象危险犯是指符合构成要件中

---

〔1〕 参见郎胜主编：《中华人民共和国刑法释义》，法律出版社2011年版，第183页。高铭暄、陈璐：《〈中华人民共和国刑法修正案（八）〉解读与思考》，中国人民大学出版社2011年版，第9页。储槐植、李莎莎：《生产、销售假药罪若干问题研究——以〈刑法修正案（八）〉第23条为视角》，载《江西警察学院学报》2012年第1期。

〔2〕 参见陈兴良：《“风险刑法”与刑法风险：双重视角的考察》，载《法商研究》2011年第4期。

〔3〕 参见高铭暄、马克昌主编：《刑法学》，北京大学出版社、高等教育出版社2011年版，第378页；周光权主编：《刑法历次修正案权威解读》，中国人民大学出版社2011年版，第355页。

〔4〕 高铭暄主编：《中国刑法学》，中国人民大学出版社1989年版，第160页。

〔5〕 陈兴良：《刑法哲学》（上），中国政法大学出版社2009年版，第269页。

所预定之抽象危险之危险犯。[1] 因此，具体的危险犯需要司法人员对危险是否存在作出具体判断，而抽象危险犯一般只要实施了构成要件的行为即存在抽象的危险就可认定构成犯罪，无须司法人员作出具体判断。同时，对于危险犯与行为犯的关系问题，学者之间存在不同的主张，有学者认为，行为犯包括了危险犯；[2]有学者认为二者截然不同，[3]仅就犯罪分类的标准不同而言，二者应有重合。[4] 基于犯罪的实质为法益侵害的立场，犯罪是对法所保护的利益或价值造成侵害或引起危险（威胁）[5]，就修正后的销售假药罪而言，笔者认为将其性质界定为抽象危险犯较为合适。修正前，销售假药罪中"足以严重危害人体健康"的要件是具体危险犯的规定，危险是否存在需要司法结合案件具体情况作出判断，而这一要件的删除，意味着司法可以基于销售假药行为本身的存在即认定其具有对法益侵害的危险，进而认定犯罪成立，此时销售假药罪转变为抽象危险犯。同时，基于犯罪应至少具有法益侵害的危险，行为犯也是如此。如果仅有销售假药的行为，没有对法益侵害的危险，就不应认定为犯罪，所以从这一角度而言，行为犯应是抽象危险犯。根据抽象危险犯的基本理论，一般而言，只要实施了销售假药的行为就认定产生了抽象的危险，进而构成犯罪。而认为销售假药罪是行为犯的观点，在论述时也多认为之所以实施了销售假药的行为就构成犯罪，是因为销售行为本身就蕴含了刑法所不允许的法益侵害危险。

二、销售假药罪认定中的犯罪化和重刑化倾向

纸面上的"死法"即静态的、抽象的法规范只有经过法的实施环节才能转化为实践中的"活法"，不仅立法本身的科学性影响具体的司法，而且每个国家的国情、法律环境、司法体制、司法者的各方面素质等，均会直接或间接

---

〔1〕 林山田：《刑法通论》，台北，三民书局 1986 年版，第 106 页。

〔2〕 陈兴良：《刑法哲学》（上），中国政法大学出版社 2009 年版，第 272 页。

〔3〕 高铭暄主编：《中国刑法学》，中国人民大学出版社 1989 年版，第 169 页。

〔4〕 二者的关系是一个复杂的问题，涉及犯罪的实质是法益侵害还是规范违反等刑法基本理论。这不是本书研究的重点，笔者赞成犯罪的实质是侵害法益。

〔5〕 张明楷：《新刑法与法益侵害说》，载《法学研究》2000 年第 1 期。

影响法律实施的效果。[1] 同时,法律的适用过程也仅仅是个追随、接近立法的过程,立法的实际效果取决于司法实践的有关情况。《刑法修正案(八)》于 2011 年 5 月 1 日开始施行,销售假药罪在实践中的运行是否达成了立法修正所欲达到的目的,立法的修正又对司法实践产生了何种实际影响,需要充分研究。

对销售假药罪的司法运行情况进行研究,首先需要确定研究样本和研究维度。对于研究样本的选取而言,司法者实施法律的最终成果是案例,案例是研究法律运行最重要的载体。因此,各级法院关于销售假药罪的司法判决案例能够在很大程度上反映这一罪名的实际运行效果。笔者选取某副省级城市 3 个基层法院关于销售假药罪的全部生效司法判决作为研究样本,时间范围为 2011 年 5 月 1 日至 2013 年 1 月 6 日(以法院受理案件之日起至法院判决生效之日止),其中,A 法院,生效判决为 91 份,适用修正前刑法的为 31 份,适用修正后刑法的为 60 份;B 法院,生效判决为 96 份,适用修正前刑法的为 23 份,适用修正后刑法的为 73 份;C 法院,生效判决为 64 份,适用修正前刑法的为 15 份,适用修正后刑法的为 49 份。另在其他 3 个基层法院随机抽取样本共计 15 份,适用修正前刑法的共计 3 份,适用修正后刑法的共计 12 份,以上司法判决共计 266 份,其中适用修正前刑法的共计 72 份,适用修正后刑法的共计 194 份。

在研究维度的确定上,基于《刑法修正案(八)》对于销售假药罪的修正,结合司法实践情况,选取犯罪行为、刑罚裁量以及犯罪行为与刑罚裁量的对应关系作为研究的主要维度,对销售假药罪的司法运行实际情况进行分析。

维度一,犯罪行为。销售假药罪规制的是销售假药的行为,这类行为社会危害性的大小主要取决于生产、销售假药的种类、数量、次数,生产、销售假药的销售金额、未销售的数量以及是否对人体健康造成严重危害或具有其他严重情节等,同时对销售假药这一类型犯罪行为进行研究也应关注犯罪行为发生地的问题。

---

〔1〕 参见刘树德:《实践刑法学·总则》,中国法制出版社 2010 年版,第 4 页。

适用修正后刑法的司法判决共计 194 份,其犯罪行为的具体情况详见表 6.1。

表 6.1　适用修正后销售假药罪犯罪行为统计

分类	类型	案件数量	所占比例/%
药品种类	性药	183	94.33
	其他	11	5.67
销售金额	100 元以下	119	61.34
	100 元以上	75	38.66
销售次数	无	9	4.64
	1 次	147	75.77
	2 次	35	18.04
	3 次以上	3	1.55
有无查获	有	55	28.35
	无	139	71.65
销售地点	性保健品店	93	47.94
	药店	43	22.16
	其他	58	29.90
是否共同犯罪	是	15	7.73
	否	179	92.27

适用修正前刑法的司法判决共计 72 份,其犯罪行为的具体情况详见表 6.2。

表 6.2　适用修正前销售假药罪犯罪行为统计

分类	类型	案件数量	所占比例/%
药品种类	性药	70	97.22
	其他	2	2.78
销售金额	100 元以下	29	40.28
	100 元以上	43	59.72

续表

分类	类型	案件数量	所占比例/%
销售次数	无	5	6.94
	1次	64	88.89
	2次	2	2.78
	3次以上	1	1.39
有无查获	有	45	62.50
	无	27	37.50
销售地点	性保健品店	23	31.94
	药店	38	52.78
	其他	11	15.28
是否共同犯罪	是	3	4.17
	否	69	95.83

从表6.1、表6.2可以看出，自2011年5月1日修正后的销售假药罪实施以来，无论是依据修正前刑法还是修正后刑法，司法实践中，假性药占了假药的94%以上，同时就适用修正前刑法的司法判决而言，因销售“VIAGRA”被认定为销售假药的占了相当大比例。因部分司法判决中并没有论述药品被认定为假药的具体依据，无法对药品被认定为假药的原因作详尽分析，但在有论述的司法判决中因“未在我国被批准进口上市销售”而被认定为假药的占40%以上，因“没有或伪造许可证或者批准文号，且属于处方药”而被认定“足以严重危害人体健康的”占适用修正前刑法的司法判决中的60%以上。就被认定为犯罪的销售行为而言，适用修正后刑法的判决中，销售金额在人民币100元以下的占60%以上，适用修正前刑法的判决中，销售金额在人民币100元以下的占40%以上，而无论适用修正前刑法或修正后刑法，销售次数为1次的均占75%以上，犯罪行为发生在性保健品店和药店的均占70%以上。就司法判决的具体情况而言，大量的情节显著轻微的销售假药的行为被认定为犯罪，如陈某某在某地早市地摊上以每盒人民币10元的价格向高某某出售状元郎牌、参茸肾宝牌疑似假药

各一盒，被公安机关抓获，经认定上述药品为假药；又如赵某在位于某地的某化妆品店内出售"FINE VIAGRA"（精品伟哥）和"TIGER BROTHER"（法国虎哥），被公安机关当场查获上述药品各一盒，经认定，上述药品未在我国被批准进口上市销售，为假药，价值人民币 6 元。

维度二，刑罚的裁量。量刑是刑法适用中至关重要的一环，通过刑罚的裁量确定给予犯罪行为相应的刑罚，刑法的目的才能达成。本部分对销售假药罪修正前后的刑罚具体裁量进行分析，包括拘役、有期徒刑、缓刑、罚金等刑罚的适用情况。

适用修正后刑法的销售假药罪的司法判决共计 194 份，犯罪人数共计 218 人，其刑罚裁量实际情况详见表 6.3。

表 6.3　适用修正后销售假药罪量刑情节与量刑情况统计

刑罚裁量	类型	犯罪人数	所占比例/%
量刑情节	认罪	210	96.33
	积极缴纳罚金	175	80.28
	犯罪未遂	159	72.94
刑罚	拘役	215	98.62
	有期徒刑	3	1.38
	缓刑	27	12.39
	罚金(5000 元以上)	218	100.00

适用修正前刑法的销售假药罪的司法判决共计 72 份，犯罪人共计 79 人，其刑罚裁量实际情况详见表 6.4。

表 6.4　适用修正前销售假药罪量刑情节与量刑情况统计

刑罚裁量	类型	犯罪人数	所占比例/%
量刑情节	认罪	78	98.73
	积极缴纳罚金	47	59.49
	犯罪未遂	26	32.91

续表

刑罚裁量	类型	犯罪人数	所占比例/%
刑罚	拘役	75	94.94
	有期徒刑	4	5.06
	缓刑	10	12.66
	罚金(500元以下)	46	58.23

从表6.3、表6.4可以看出,就销售假药罪的刑罚裁量而言,无论是适用修正前的刑法还是修正后的刑法,适用拘役的均占94%以上,这也就意味着绝大部分的案件都是销售假药罪的基本犯。就适用修正后刑法的销售假药罪的刑罚裁量而言,结合本书图3.2可以发现,并处适用的罚金刑的罚金数额较高,数额在1万元以上的占到80%以上,数额在3万元以上的占到近50%,而没有数额在5000元以下的,5000元似乎成了销售假药罪罚金刑的起点。就适用修正前刑法的销售假药罪适用罚金刑的情况而言,因修正前刑法"并处或者单处销售金额百分之五十以上二倍以下罚金"的立法设定,罚金的数额一般较少,但仍有个别案例突破了这一立法设定,判处的罚金数额远远高于销售金额的2倍。在缓刑的适用上,无论适用修正前的刑法还是修正后的刑法,缓刑的适用比例均在12%左右,这一比例非常低,况且在本书所涉及的销售假药罪90%以上属于基本犯的情况下,这在一定程度上反映出对于销售假药罪较强的打击力度。

维度三,犯罪行为与刑罚裁量的对应关系。对何种犯罪行为进行何种刑罚的裁量是整个刑法运行的核心过程,对有关销售假药罪之犯罪行为与具体刑罚裁量之间的具体分析,可以更直观地反映出这种刑法运行的详尽过程,进而对其适用问题进行价值衡量、判断。我们首先从上述194份和72份司法判决中分别随机选取若干案例,分析销售假药罪的犯罪行为与刑罚裁量之间的关系,同时就销售金额和罚金刑数额作详细分析。

适用修正后刑法的典型案例:

案例一:曹某某在某地以30元的价格将标识"Vigour"的药片一片销售给高某某,经鉴定上述药品为假药,曹某某认罪态度较好,判处拘役4个月,并处罚金人民币2万元。

案例二:王某某在某地以90元价格将“德国黑金刚”两盒、“黑金”一盒销售给赵某某,上述药品经鉴定为假药,王某某认罪态度较好,判处拘役6个月,并处罚金人民币5万元。

案例三:李某某在某地以30元价格将“银伟哥”一片销售给杜某某,上述药品经鉴定为假药,李某某认罪态度较好,积极缴纳罚金,判处拘役1个月,并处罚金人民币5000元。

案例四:孙某与焦某经预谋后在药房内以30元、20元的价格向白某销售美国“伟哥王”及“鹿鞭藏虫草”各一盒,上述药品经鉴定为假药,孙某认罪态度好,焦某所起作用较轻,分别判处:拘役6个月,并处罚金人民币3万元;拘役5个月,并处罚金人民币3万元。

案例五:侦查机关于王某经营的保健品店查获“夜超人”四盒,经鉴定上述药品为假药,王某积极缴纳罚金,判处拘役2个月,缓刑3个月,并处罚金人民币2万元。

从使用修正后刑法的5个典型案例中,可以看出,销售假药罪的刑罚裁量存在明显的重刑化倾向。就销售假药的行为而言,5个案例中最轻的为以30元的价格销售一片“银伟哥”,较重的是以90元的价格销售“德国黑金刚”两盒、“黑金”一盒,但是无论是最重的还是最轻的销售行为,在笔者看来均显著轻微,社会危害性不大。就刑罚裁量而言,5个案例中,被告人均被判处拘役,只有一人适用了缓刑;就并科适用的罚金刑而言,在有销售金额的4个案例中,最低的罚金数额为人民币5000元,是销售金额的167倍左右,最高的罚金刑为人民币5万元,是销售金额的556倍左右,而倍数最高的达到了667倍数左右;在没有销售金额、被查获“夜超人”4盒的案例中,罚金刑的数额达到人民币2万元。

以上5个案例,在一定程度上可以反映出销售假药罪定罪和科刑中的重刑化倾向,同时这一倾向在销售金额与罚金刑数额的对比中更能得到体现。具体情况详见图6.1和图6.2。

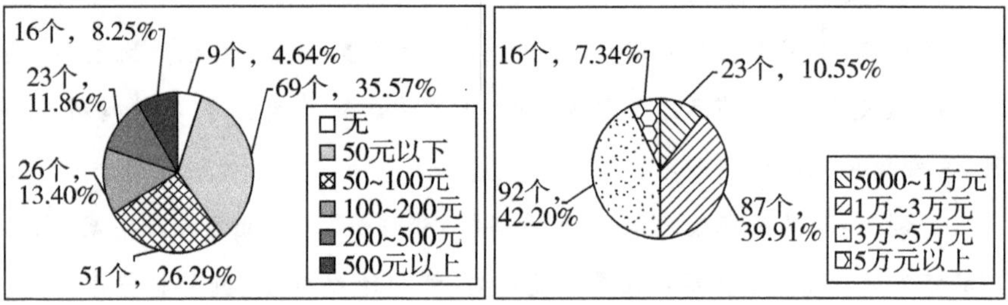

（a）销售金额 （b）罚金

图 6.1 适用修正后销售假药罪销售金额与罚金对比

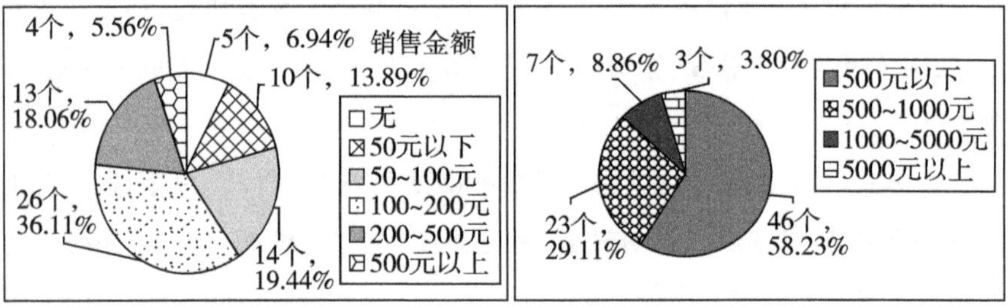

（a）销售金额 （b）罚金

图 6.2 适用修正前销售假药罪销售金额与罚金对比

适用修正前刑法的典型案例：

案例一：李某以 100 元的价格出售标识为"VIAGRA"药品 10 片，并在其经营的保健品店内收缴上述药品 32 片，经鉴定为假药，足以严重危害人体健康，李某部分犯罪未遂，认罪态度较好，能主动缴纳罚金，判处拘役 3 个月，并处罚金人民币 200 元。

案例二：张某在其经营的性趣加盟店以 200 元的价格将标识为美国生产的"VIAGRA"出售给刘某，被公安机关当场抓获，公安机关同时在店内搜缴"VIAGRA"1 瓶 2 盒，经鉴定为假药，如购买者服用足以严重危害人体健康，张某部分犯罪未遂，认罪态度较好，积极缴纳罚金，判处拘役 2 个月，并处罚金人民币 2150 元。

将适用修正前刑法的案例与适用修正后刑法的案例对比来看，其销售行为上的区别在于是否需要销售行为足以严重危害人体健康，而足以严重危害人体健康的认定标准大多适用了最高人民法院、最高人民检察院《关于办理生产、销售假药、劣药刑事案件具体应用法律若干问题的解释》(现已失效)第1条第5项的规定,即“没有或者伪造药品生产许可证或者批准文号,且属于处方药的”。在刑罚适用上区别较大的是罚金刑的数额,适用修正前刑法的案例罚金数额较小也是基于立法的限制,但是仍有极少数突破了立法限制。

三、司法应消解而非扩大立法修正带来的问题

销售假药罪的立法修正和司法扩张与风险社会不无关系,近年来屡禁不止的安全事件促使着风险支配下的社会舆论不停推进,人们对于安全保障有了更高的诉求,“结果本位主义的刑法在危险预防与法益保护方面显得力不从心,于是作为结果的危害渐渐不再是刑法关注的重心,尤其在法定犯中,惩罚的根据越来越不依赖于现实的侵害结果,而是取决于具有风险的行为本身”[1]。刑法开始更多倾向于在实害发生之前进行规制,导致刑法的扩张趋势明显。就假药犯罪而言,出现了2006年齐齐哈尔第二制药有限公司制售假药案、安徽华源公司的假欣弗案,2007年全国多地出现的假冒“人用狂犬疫苗”案等一系列造成严重社会危害的重大刑事案件,加剧了人们对药品安全的担忧,在功利导向的风险规制语境中,刑法采取了应急式的对策,对销售假药罪作了立法修正。

就立法的修正而言至少有两点需要给予理性考量:一是《刑法修正案(八)》将销售假药罪由具体危险犯修正为抽象危险犯,这一修正将犯罪关口前移,降低入罪标准,未必是合适的。抽象危险犯是法律依据人们的一般经验判定某类行为本身蕴含了对法益侵害的高度危险而设定的一类犯罪,是对法益保护的前移,这种前移必须具有充分的根据,只有对依据一般社会生活经验的判定离实害发生距离很近并且发生的概率较高的危险行为才能实行

---

〔1〕 参见劳东燕:《犯罪故意理论的反思与重构》,载《政法论坛》2009年第1期。

犯罪化。[1] 我们来分析是否具有将销售假药行为设定为抽象危险犯的现实依据。诚然药品安全涉及每个人的切身利益,直接关系到人民群众的生命健康安全,销售假药的行为蕴含了对人民群众健康安全实际损害的高度盖然性,这种损害一方面指使用假药后对使用者人身健康的损害,另一方面指因假药的使用而耽误治疗的时机所造成的损害。但是,是否销售假药的行为都蕴含了实害发生的高度盖然性?未必。这与我国刑法上设定的其他抽象危险犯不同,如生产、销售有毒、有害食品罪,在这一罪名中,食品指的是"掺入有毒、有害的非食品原料的"食品,这种食品的销售必然会对人民群众身体健康造成损害,对作为犯罪对象的食品采用的是刑法上的实质判断标准即有毒、有害,而在假药的认定标准上,我国采用的是行政法上的形式认定标准,即按《药品管理法》第48条的规定属于假药和按照假药处理的药品、非药品,在依据该规定被认定为假药的案件中,假药本身未必是有毒、有害的,未必蕴含着实害发生的高度盖然性,甚至有相当一部分假药是不可能造成实际损害发生的。在被认定为生产、销售假药犯罪的案件中,假性药占90%以上,而性药被认定为假药有相当大一部分是因为这种药品未在我国获批上市销售,也即这类案件被认定为犯罪,不是因为假药本身蕴含着对健康的危害,而是出于对药品秩序的考量。[2] 假性药中也有相当一部分并不具备导致实际损害发生的可能性。

二是取消单处罚金以及"销售金额"与罚金比例的规定,固然意味着从刑事政策上从严惩治销售假药行为,也增加了罚金刑适用的灵活性,但是这种规定也同时意味着销售假药罪刑罚适应性的减少和司法机关罚金刑自由裁量的增加。立法将实践中千差万别的销售假药行为进行类型化处理,将其设定为犯罪,需要对这类行为危害性最大和最小的可能性给予关注,就这类

---

〔1〕 参见张明楷:《"风险社会"若干刑法理论问题反思》,载《法商研究》2011年第5期。

〔2〕 这里涉及销售假药罪所要保护的法益问题,由于这一罪名放在我国《刑法》第三章第一节中,其保护的法益是我国的药品管理秩序和人民群众的生命健康权,看似其保护的主要法益在于前者,但是,生命健康的法益应重于秩序的法益,同时秩序的背后应有个人法益的支撑,刑法排除单纯违反秩序的行为。参见[德]克劳斯·罗克辛:《德国刑法学总论》(第1卷),王世洲译,法律出版社1997年版,第13页。

行为而言，固然有如齐齐哈尔第二制药有限公司制售假药案一样造成十几人死亡具有极其严重危害性的情况，但是也应注意到这类行为本身具有的极其轻微危害的可能性，如销售极少量假药的行为等，而依据罪刑相适应的基本原则，单处罚金的取消，也就意味着对于这类行为不再具有作为犯罪处理而科处刑罚的实质依据。取消"销售金额"与罚金比例的规定后，可以看到在适用修正后刑法的194个司法判决中，罚金刑的最低数额为人民币5000元，数额在1万元以上的占近90%，数额在3万元以上的占了近50%，如此高数额的并科罚金刑不仅不能反映其所代表的刑罚轻缓化的发展趋势，而且结合具体的犯罪行为来分析，也不符合罪刑相适应的基本原则，同时无限额的罚金刑本身是否合理就是一个问题。[1] 在194份司法判决中，有1/3左右的犯罪人无固定职业，被科以较重的罚金明显会更加加重其经济负担，降低其回归社会的可能性，不得不说适用高额罚金刑的社会效果堪虞。

销售假药罪运行中的重刑化倾向除与立法修正欠缺理性考量有关之外，与对有关理论的认知偏差和司法实践中对刑法的过度依赖不无关系。在立法已作修正的情况下，可以考虑从以下几个方面限制因立法修正欠缺理性考量带来的问题。

一是厘清抽象危险犯的有关理论，为销售假药罪提供出罪的可能。关于抽象的危险犯是否只要行为存在即可证明危险存在，进而认定犯罪成立的问题，有观点认为抽象危险犯是一种法律拟制的危险，它是法律依据人们的一般经验而拟制的风险，具有发生危害的潜在性，因此我们无须对其行为本身是否具有发生严重危害的可能性或者现实性作出判断，仅根据其行为的形式即可肯定其抽象危险的存在。[2] 这种观点本身就自相矛盾，在具体的案件中，行为是否具有抽象的危险并非完全无须判断，只是无须作具体的判断，仍要作一般性的判断。抽象危险犯中的危险仍然是一种现实的危险，只是认定

---

〔1〕 关于罚金刑的详尽论述，参见李洁：《论罪刑法定的实现》，清华大学出版社2006年版，第269～274页。

〔2〕 参见薛进展、王思维：《风险社会中危险犯的停止形态研究》，载《华东政法大学学报》2009年第5期。

抽象危险犯中的危险时，对作为判断基础的事实进行的抽象程度高，若根据一般社会生活经验能够判定不存在危险时，即应排除抽象危险犯的成立。[1]也就是说，在司法中不能仅仅因为销售假药的行为存在而认定犯罪成立，仍需要根据一般生活经验作出判断。司法实践中，应该允许反证的存在，即"允许被告人证明在当时具体情况下，自己的行为确实不同于普通情况下的类似行为，确实能够证明该行为不产生侵害客体的危险性"，从而证明自己的无罪。[2]

二是以《刑法》总则"但书"的规定作为对销售假药罪的成罪限制。关于犯罪的成立问题，我国《刑法》采取的是"立法定性 + 定量"的犯罪设定模式，这种量的规定主要表现为《刑法》总则第 13 条"情节显著轻微危害不大的，不认为是犯罪"以及《刑法》分则中大量存在的"情节严重""数额较大""情节恶劣""损失严重""造成严重后果"等表明行为危险性程度的规定，在分则具体罪名没有明确量的要求时，总则量的要求当然适用，这种量的要求同样应作为对抽象危险犯的适用性限制。[3] 受到《刑法》总则犯罪概念的限制，并非只要有行为即可认定存在抽象的危险的存在，进而认定销售假药罪的成立，这样会导致模糊刑法与行政法的界限，颠覆部门法的划分。应坚持基本的犯罪判断标准，对于实践中大量销售数量、数额极少假药的显著轻微的违法行为，应当排除在犯罪之外。

三是处理好刑法与行政法的关系，适用行政法的有关规定处理情节轻微的销售假药行为。我国行政法对销售假药的违法行为进行了规制，即《药品管理法》(2001 年)(已失效)第 74 条规定："生产、销售假药的，没收违法生产、销售的药品和违法所得，并处违法生产、销售药品货值金额二倍以上五倍以下的罚款……"这一规定在销售假药罪修正后被虚置，在《刑法修正案(八)》施行后，与其修正前的适用情况大相径庭。有关资料显示，近年来每

---

〔1〕 参见张明楷：《"风险社会"若干刑法理论问题及反思》，载《法商研究》2011 年第 5 期。

〔2〕 参见鲜铁可：《新刑法中的危险犯》，中国检察出版社 1998 年版，第 105 页。

〔3〕 参见谢杰：《"但书"是对抽象危险犯进行适用性限制的唯一根据》，载《法学》2011 年第 7 期。

年药监部门查处并给予行政处罚的生产、销售假劣药、假劣医疗器械等违法行为有20多万件，而被追究刑事责任的案件数量较少，2005～2008年，全国法院审结的生产、销售假药、劣药犯罪案件只有300余件，〔1〕而《刑法修正案(八)》实施之后，仅某副省级城市3个基层法院不到2年时间内审理的销售假药罪这一单个罪名的案件就超过了200件。〔2〕具体分析有关司法判决可以看出，假性药占所有案件的95%以上，同时销售行为发生在各种性保健品店和药房的占70%以上，销售假药罪几乎成为打击假性药犯罪的专项规定。假如有关职能部门依法履行职权，加强对性药以及有关药房、性保健品店的监管，性保健品店和药店销售假性药的现象不难得到解决。

四是通过刑事强制措施和刑罚的适用，实现销售假药罪的罪刑均衡。我们注意到在销售假药犯罪刑事强制措施的适用上，取保候审的使用率极低。在本书所涉及的全部266份司法判决中，有70%以上的犯罪嫌疑人被侦查或审查起诉机关采取取保候审措施，但是在被采取取保候审强制措施的案件中，有70%左右的犯罪嫌疑人被审判机关决定逮捕；在刑罚的适用上，销售假药罪呈现出缓刑使用率低和并科的罚金刑数额极高的特点，这反映出司法中存在明显的重刑化倾向。为了限制因立法修正欠缺理性考量所带来的问题，可以在刑事强制措施上适用取保候审和在刑罚的裁量上适用缓刑，同时降低并科适用罚金刑的数额，以达到罪刑均衡的法律运行效果。

事实上，销售假药罪在司法认定中的犯罪化和重刑化倾向，虽然源于立法上对销售假药罪的修正，但更多的是由刑法司法中对谦抑性的背离造成的。司法本应可以通过"但书"条款以及进行实质解释等方式限制立法修正可能带来的销售假药罪犯罪圈的不当扩大等问题，司法不但没有如此，反而基于销售假药有关专项整治的要求，对销售假药罪的入罪不作限制，进一步

---

〔1〕参见最高人民法院研究室编：《最高人民法院司法解释(2009)》，法律出版社2010年版，第112页。

〔2〕《刑法修正案(八)》实施后，因我国刑法从旧兼从轻的适用原则，适用修正前刑法的案件在3个基层法院不到两年的时间内也有70多份，这也在一定程度上反映出刑法修正之前销售假药被追究刑事责任的案件极少的情况，恐怕不是刑法本身造成的，而是刑法的实施执行中的问题造成的。

扩大犯罪成立范围,在刑罚裁量上也尽量不适用缓刑这种轻缓刑罚适用方式,对高额罚金刑的适用不仅没有做到罪刑相适应,反而进一步背离了罚金刑轻刑化的本质属性,造成罚金刑适用的异化。因此,可以说,销售假药罪在司法认定上严重背离了刑法谦抑性的基本要求。

第三节 非法经营罪认定中的谦抑性检视

我国现行《刑法》中的非法经营罪脱胎于 1979 年《刑法》中的投机倒把罪。投机倒把罪的发展变迁和我国社会经济发展变化相契合,最初是为了规制非法买卖行为,但是随着市场经济的逐步活跃,该罪逐渐覆盖了经济活动的诸多领域,适用范围越来越大。投机倒把罪与罪刑法定的基本原则背道而驰,成为一个名副其实的“口袋罪”。由此,学术界主张废除投机倒把罪的意见逐渐占据上风。非法经营罪正是在这一背景之下确立,是对投机倒把罪的破与立,具有一定的合理性。但是,非法经营罪的罪状模式是一种概括式的立法表述,为日后非法经营罪的不断扩张埋下“隐患”。时至今日,“非法经营罪的扩张似乎呈现了一种‘脱缰’之势。一方面,非法经营罪的明确性体现了罪刑法定原则的要求,体现了其较之投机倒把罪的进步之处;另一方面,也正是由于其尚待提高的明确性,导致了该罪的毁誉参半,开启了该罪的扩张滥觞”[1]。因此,有必要对非法经营罪在司法中的扩张问题进行反思。

一、非法经营罪在司法适用中的扩张

非法经营罪的扩张既表现在立法层面,但是更重要的是体现在司法层面。本书主要从司法的角度阐释非法经营罪扩张的现状及其相关问题。应当说,本罪在司法领域的不断扩张已经引发学者的广泛关注,此种司法现象是对立法的僭越,并不利于实现立法目的。正如学者指出的,“最高院通过不断出台司法解释的方式意图完善本罪的界限范围,但是实际效果却与之背道

---

〔1〕 参见王安异:《非法经营罪适用问题研究》,中国法制出版社 2017 年版,第 26~27 页。

而驰，从一定意义上说，该罪的界限范围没有因为司法解释的增加而越发明晰，相反却表露出日渐模糊的反向效果”〔1〕。我们从司法解释和司法实践两个方面对非法经营罪的司法扩张进行分析。鉴于在第三章中已经对司法解释的扩张进行了论述，在此仅就非法经营罪在司法实践中的扩张进行分析。

非法经营罪作为我国《刑法》分则第三章“破坏社会主义市场经济秩序罪”中的个罪，在司法实践的适用中同样存在明显的扩大化趋势。究其原因，在于司法机关在具体的适用中往往将本罪作为兜底罪名，将很多所谓的“非法经营行为”全部纳入非法经营罪之中，从而在根本层面忽视了本罪的立法本意。“司法实践的扩张使得该罪的外延内涵的周延性遭受破坏，在很大程度上造成刑罚权的滥用，大大降低了公众对司法的信任度和尊崇度，使得罪刑法定原则以及刑法的谦抑性遭到破坏。”〔2〕本罪在司法实践中的扩张主要体现在以下几个方面：

第一，司法实践中对非法经营罪经营主体的不适当扩张。

伴随我国市场经济的不断发展，越来越多的市场主体参与到经济活动中。这其中，既有合法合规经营的主体，同时也不可避免地存在缺乏相应经营资质的主体在某一领域从事经营活动。例如，无证经营网约车业务、租车业务、旅游业务、电子商务业务等。但是，司法实践中并没有充分考虑行业的市场经营现状以及经营失范行为的法益侵害程度等，往往采取严苛的认定标准，倾向于将缺乏主体经营资格的经营行为都纳入非法经营罪的规制范围之内。这种司法实践层面的扩张是与刑法的谦抑性背道而驰的。例如，肖某某、李某某非法经营罪案就是典型的对经营主体进行扩张而造成适用法律错误的案件。2010～2014年，两位被告人在未取得行政部门许可的情况下设立了废机油回收处理厂，“非法”经营废机油的回收业务。在经营期间，该处理厂获利一千余万元。审判机关认为，被告人肖某某、李某某无证经营废机油

〔1〕 参见黄美强：《适度扩张与理性限缩：适用非法经营罪的应然途径》，载《法治论坛》2018年第3期。

〔2〕 郑勇：《非法经营罪的扩张：原因及其对策》，载《中国刑事法学杂志》2018年第1期。

回收业务的行为构成非法经营罪;[1]两位被告人成立的废机油回收处理厂没有相应的经营资质,依据国务院2013年颁布的《危险废物经营许可证管理办法》(以下简称《管理办法》),对其进行刑事处罚。但是,《管理办法》并未明确规定回收废机油属于国家特许经营的范围,[2]其第24条规定,只有在伪造、变造、转让危险废物经营许可证的情况下,才可动用刑法手段进行规制。依据现行法律法规,经营废机油回收是否需要行政机关的许可本身就缺乏明确的规定,即使需要经营许可证,在未获得经营许可的情况下擅自开展经营行为也应由行政机关进行行政处罚,而不是直接动用刑法。因此,本案以非法经营罪定罪处罚是不恰当的,体现了司法实践中对非法经营罪适用的不当扩张。

第二,司法实践中对非法经营罪经营对象的不适当扩张。

有学者指出,“经营对象的扩张也指经营内容的扩张,主要是指经济活动中的经营主体生产、销售、提供的,具有违法内容的物品和服务种类的日渐多样化,逐渐超出了法律所规定的范围”[3]。目前,我国的商品种类和服务内容都在不断地扩展,商品种类已经不局限于衣食住行等传统领域,随着电子商务的快速发展,通过互联网开展经营活动已经非常普及。而且,互联网所能提供的服务范围越来越广泛。通过互联网开展的服务内容很多都游走于监管范围之外,但这并不等于要将从事相关服务或者提供相关产品的行为都认定为非法经营罪,否则,非法经营行为将覆盖到社会生活的方方面面,不利于相关行业的培育发展,完全依赖于刑法进行社会治理也超出刑法的承载范围。

---

〔1〕“肖某某、李某某非法经营案”,参见上海市宝山区人民法院(2014)宝刑初字2031号刑事判决书。

〔2〕该《管理办法》第15条规定,“禁止无经营许可证或者不按照经营许可证规定从事危险废物收集、贮存、处置经营活动。禁止从中华人民共和国境外进口或者经中华人民共和国过境转移电子类危险废物。禁止将危险废物提供或者委托给无经营许可证的单位从事收集、贮存、处置经营活动。禁止伪造、变造、转让危险废物经营许可证”。

〔3〕徐松林:《我国刑法应取消“非法经营罪”》,载《法学家》2003年第6期。

第三,司法实践中对非法经营罪经营方式的不适当扩张。

经营方式对于市场主体而言,具有非常重要的意义。市场主体的经营方式近些年来已经发生了巨大的变化,传统的经营方式很多已经滞后于时代发展的需要,市场主体在开展经营活动中运用不同的经营方式直接影响收益。市场主体为了进一步获得经济利益往往会采用多样化、符合社会发展趋势的经营方式,甚至会违背法律法规的明确规定。这其中,最为明显的变化趋势就是线下经营逐步向线上经营转变。随着互联网的发展,互联网与传统行业结合所产生的新形式被广泛运用,一些市场经营主体往往利用互联网监管的漏洞从事违规经营行为。面对互联网经济的爆炸式发展,实践中对违规经营行为的处理方式往往是:《刑法》分则中有具体罪名的,则依照具体罪名予以规制;没有具体罪名的,则全部放入“非法经营罪”这一“口袋罪”中。这种处理方式显然会造成非法经营罪适用范围的进一步扩大。如被告人李某长期通过网络从事淘宝店铺的刷信誉服务,建立了网站,并通过微信群、QQ 群等方式招纳人员,制定相关的操作规范和流程,以淘宝店铺为服务对象,通过虚构交易等方式为店铺快速提高信誉,提升店铺口碑。事发时,被告人李某通过该种手段共获利 80 余万元,审判机关认定本案被告人构成非法经营罪。[1] 但是,被告人李某的客观行为并不符合非法经营罪的客观构成要件,在具体的司法认定中存在经营方式的不当扩张。其一,非法经营罪的客观方面根本上在于实施了侵犯国家专营专卖、特许经营的行为。但是,本案被告人的行为并不需要国家的特许经营。有学者坦言,“根本就不存在特许经营的前提——政府从未将刷单行为定性为一种正常合法的经营行为,也不可能颁发营业执照让特定主体去经营此种业务”[2]。其二,《互联网信息服务管理办法》规定,“从事经营性互联网信息服务,应当向省、自治区、直辖市电信管理机构或者国务院信息产业主管部门申请办理互联网信息服务增值电信业务经营许可证”。从列举的条文表述看,该条只是要求从事互联网经营的

---

[1] 李某非法经营案,浙江省杭州市余杭区人民法院(2016)浙 0110 刑初 726 号刑事判决书。

[2] 高艳东:《信息时代非法经营罪的重生——组织刷单案评析》,载《中国法律评论》2018 年第 4 期。

主体应当获得行政许可,但是在本案中该许可证的获得与否与非法利益获取之间并不存在直接的因果关系。被告人李某的行为主要是利用注册会员,缴纳会员服务费的方式进行刷单,刻意作出好评评价的行为虽然违背了市场秩序,不利于同类商品店铺之间的公平竞争,但建立网站的行为并不违背市场秩序。其三,被告人虽然通过刷单行为虚构了交易和对淘宝商家的好评,但在平台中的信息是真实的。被告人李某的行为实际上是在商家和刷单者之间搭建了信息平台,他并不是发布虚假信息的行为主体。

二、非法经营罪司法扩张存在的问题

第一,非法经营罪的肆意扩张导致非法经营罪的认定标准超出立法旨意,背离了法益保护本质,给具体适用带来混乱。

非法经营罪的立法模式前文已经有所阐释,立法者采用的是列举和兜底条款相结合的模式。根据刑法解释的基本方法,本罪中兜底条款所包含的内容应当和本罪所列举的客观行为具有同质性,是违背了市场经济中国家对某一领域的特许经营而擅自开展的经营活动。但是,诸多的司法解释以及实践案例已经突破了立法规范的本意,不仅扩大了经营行为的范围,也扩大了经营主体、经营对象的范围。非法经营罪在司法层面的扩张使得刑法规范产生不稳定性,不符合刑法谦抑性的基本原则。司法机关往往会陷入认识上的误区,即将非法经营罪作为一种工具,只要是扰乱市场经济秩序,并无法通过其他罪名规制的经营行为,就倾向于考虑适用非法经营罪。至此,非法经营罪俨然已经成为一种"应急"的工具,以至于该罪被称为"罪名中的利维坦"。非法经营罪的司法扩张表现也与犯罪构成的定型性要求相违背,致使该罪的内涵和外延模糊,并不利于指导司法实践。

另外,非法经营罪司法层面的扩张与法益保护之间存在矛盾。判断刑法中个罪的成立应当结合构成要件,判断非法经营罪的成立同样要结合该罪的构成要件进行理论层面的分析。但是,实践中往往将非法经营罪的本质理解为"非法"和"经营",一旦符合这样的结构就认定构成非法经营罪。这种理解陷入了忽略法益保护实质的误区。非法经营罪的客观行为必须是"违反国家有关规定,没有市场准入资格而进行经营,严重扰乱市场秩序的行为”。本罪的法益实质是市场准入的秩序,司法层面的扩张恰恰忽略了本罪法益保护本质。例如,最高人民法院《关于审理非法出版物刑事案件具体应用法律若干问题的解释》(法释〔1998〕30 号)将“非法经营内容违法的出版物”纳入非法经营罪之中。这种规定混淆了出版物内容的违法和出版市场秩序的违反。出版物内容违反法律规定并不等同于违反了该行业的准入条件。该司法解释明显错误理解了非法经营罪所保护的法益,将“非法的经营”行为不适当的认定为非法经营罪。又如最高人民法院、最高人民检察院《关于办理利用信息网络实施诽谤等刑事案件适用法律若干问题的解释》(法释〔2013〕21 号)将“有偿提供删除信息服务,明知是虚假信息有偿提供发布信息等服务”认定为是非法经营罪。这种认定方式同样混淆了本罪法益侵害的本质。违法的互联网经营活动所侵害的是互联网经营秩序、社会秩序甚至人身权利等,但是并未侵害互联网的市场准入秩序。因此,这种扩大解释与非法经营罪所保护的法益存在冲突。

第二,非法经营罪的肆意扩张会导致各罪之间的界限模糊,将实质上并不是非法经营的行为纳入本罪的客观方面之中。

非法经营罪的客观行为在扩张之前比较清晰,但随着非法经营罪不断扩张,客观行为也随之扩大,导致本罪的客观行为与其他罪名客观行为之间存在交叉,甚至将很多不应由刑法规制的行为纳入本罪之中。此种现象所带来的消极后果是相关罪名之间的界限越来越难以界分,导致司法认定出现错误。例如,在实践中,非法经营罪与生产、销售伪劣产品罪,赌博罪中的开设赌场,买卖国家机关公文、证件罪,侵犯知识产权类犯罪等都存在一定的竞合关系。实际上,非法经营罪的扩张“挤占”了其他各罪的适用空间,破坏了罪名之间的均衡性。我国学者也指出,“非法经营罪的扩张看似是风险社会发展和刑法体系预防的必然结果,但是其将越来越多的犯罪行为纳入刑法规制的范围,纳入非法经营罪的范围,以至于逐渐将其自身范围延伸到了其他犯罪所规制的犯罪圈中,导致了本罪与其他犯罪的罪状重叠现象严重"[1]。本书也赞同这样的观点,刑法各个罪名有着自身规制范围,并形成相对稳定的犯罪圈。一旦非法经营罪的犯罪圈不断膨胀,将导致刑法各罪之间的严重失衡。

本罪客观行为的规定采用的是列举和概括并用的方式,其中第4项是概括性的规定。这种概括性规定极易导致司法实践中认定的混乱。例如,最高人民法院、最高人民检察院《关于办理妨害预防、控制突发传染病疫情等灾害的刑事案件具体应用法律若干问题的解释》(法释〔2003〕8号)规定,在妨害预防、控制突发传染病疫情等灾害期间哄抬物价、牟取暴利的行为认定为非法经营。但是这一规定并不是为了维护市场经济的准入秩序,而是为了特殊时期维护物价的稳定,与国家经营许可制度之间不具有关联性,因此并不是非法经营罪的客观行为。

第三,非法经营罪司法层面的扩张不断突破本罪"国家规定"的限制。

非法经营罪中的"非法"根据罪状表述,指的是违反"国家规定",那么这里的"国家规定"范围应只包含法律法规,否则就有类推解释之嫌。例如,最高人民法院、最高人民检察院、公安部《关于办理利用赌博机开设赌场案件适用法律若干问题的意见》规定,"非法生产、销售具有退币、退分、退钢珠等赌博功能的电子游戏设施设备及专用软件,情节严重的,依照刑法第二百二十五条的规定,以非法经营罪定罪处罚"。但是,涉及这一司法解释的"国家规定"只有一部规章,其他则是部门指定的规范性文件。部门规章的效力一般要低于全国人大及其常委会制定的法律法规,不应将其纳入"国家规定"的范畴。[2]

第四,非法经营罪的扩张与我国刑法严而不厉的变化趋势背道而驰。

严而不厉的刑法结构是发展方向,这一发展方向也与宽严相济的刑事政

---

〔1〕 李腾:《非法经营罪司法乱象及规范回归路径》,载《河南警察学院学报》2018年第5期。

〔2〕 其余4部国务院职能部门制定的规范性文件是:1996年国家工商行政管理局、公安部、文化部联合发布的《关于加强电子游戏机娱乐场所管理取缔有奖电子游戏机经营活动的通知》;2000年文化部发布的《关于电子游戏经营场所专项治理工作有关问题的通知》;2009年文化部、公安部、国家工商行政管理总局联合发布的《关于进一步加强游艺娱乐场所管理的通知的规定》;2010年文化部发布的《文化部关于改进和完善〈游戏游艺机市场准入机型机种指导目录〉使用管理工作的通知》。

策具有一致性。这就要求在具体犯罪的认定中不能仅考虑到惩治而用重典，更要严格遵循罪刑法定和罪责刑相适应的刑法基本原则。具言之，“严”指的是进一步严密刑事法网，做到让应当受到刑罚处罚的违法行为通过刑法这张“网”予以规制，并明确刑法分则中各个罪名的构成要件，以便司法实践的准确适用。“不厉”则表示刑法这张“网”并不是越大越好，不应该将所有的不法行为都认为是刑事犯罪。非法经营罪的过度扩张实际上体现了刑法法网的扩张，也体现了刑法对市场主体从事经营活动的过分干预。

三、非法经营罪司法扩张的限制路径

（一）构建完善的法律解释体系

非法经营罪的不断扩张既有立法层面缺乏明确性的原因，同时也有司法层面，甚至主要是司法层面的原因。司法机关在司法实践中充当了“立法者”的角色，不断地通过司法解释扩张非法经营罪的范围，这是非法经营罪成为口袋罪的最主要原因。有学者指出，“非法经营罪的扩张不仅仅是由于地方法院不合理的法律解释造成的，也是最高院出台大量司法解释的必然结果。因而必须建立健全的法律解释体系，合理运用各种法律解释的方式对非法经营罪进行全面、系统的解析，为行政权对法院判决的干预提供隐形的限制，才是解决非法经营罪过度扩张最根本的出路”。[1] 因此，在司法层面限制非法经营罪的首要途径，就是借助于法教义学的方法合理地进行法律解释。

1. 以文理解释为前提

文理解释是刑法解释学中最为基础的解释方法之一。所谓的文理解释，是指“根据刑法用语的文义及其通常使用方式阐释刑法意义的解释与方法”。[2] 罪刑法定原则为文理解释提供了指引。文理解释要求对刑法规范的解释必须立足于规范文本的字面含义，在文本的语义范围内进行解释。非

---

〔1〕 参见葛恒浩：《非法经营罪口袋化的成因与出路》，载《当代法学》2016 年第 4 期。

〔2〕 张明楷：《刑法原理》，商务印书馆 2011 年版，第 19 页。

法经营这一违法活动不仅在刑事立法中有所体现,而且在经济法规、行政法规中也大量体现。可以说,非法经营涉及的是经济法规、行政法规以及刑事法规的多重交叉。为了更好地维护市场经济秩序,刑事立法针对非法经营行为采取的是抽象、概括式的立法规定,这就使非法经营罪有了一定的变动空间,也会导致适用层面的模糊。由于非法经营罪自身的立法方式之特殊性,针对非法经营罪进行合理的文理解释也要与传统的文理解释相区别,不能过于局限于立法语言的字面含义,而是要将立法意图融合到文理解释之中。

2. 运用体系解释指导法律适用

体系解释是“刑法解释是根据具体条文在整个刑法典中的地位作用,并回归具体法条以阐明其规范意旨的方法”[1]。非法经营罪的立法采用“空白罪状+兜底条款”的模式,在此种模式之下,非法经营罪的外延比较模糊。从立法的规定上看,对于实施非法经营行为后果的严重性也欠缺明确的衡量标准。在这种情况下,要充分重视体系解释的突出作用。合理运用体系解释的科学之处主要体现在如下方面:第一,体系解释立足于刑事立法的体系,具有宏观视角。通过体系解释能够确保刑事立法的整体性和连贯性,与非法经营罪的立法本意相契合。第二,通过体系解释,可以合理限制兜底条款的延展范围,确保在国民预测可能性的涵摄范围之内对非法经营罪进行解释,以此来体现刑法的谦抑性,避免刑法触角的不当延伸。在体系解释具体运用中,非法经营罪中的“违反国家规定”,应当与《刑法》分则第三章破坏社会主义市场经济秩序罪相衔接。非法经营罪所侵害的法益是市场准入秩序,只有和市场秩序相关联的法律法规才是本罪所涉及的“国家规定”。这就要求运用刑法的体系解释,促使“国家规定”与刑法条文达成内涵和逻辑上的一致,以此限缩非法经营的适用范围。非法经营罪兜底条款的适用也应进行体系解释,参照非法经营罪的前3项内容的规定,只有侵犯特许经营行业的市场准入秩序才符合本罪的客观行为要件。

---

[1] 张明楷:《刑法学》,法律出版社2016年版,第41页。

3. 合理运用目的解释对非法经营进行司法限缩

目的解释的核心是探求刑事立法的规范性目的，在明确目的之后对相应条文的含义进行解释。我国刑法设立非法经营罪的根本目的在于维护市场经济秩序，建立规范、自由、竞争、有序的市场经济环境。在这样的立法目的之下，通过目的解释可以更好地将本罪运用于司法实践。

首先，以目的解释为基本方法，在此基础之上准确把握非法经营罪构成要件的含义，例如，对于非法经营罪罪状表述中“违反国家规定”的理解若完全依赖于我国《刑法》第96条的规定是远远不够的。[1] 应当从实质角度予以考量，将部门法的政治经济价值与刑事立法相衔接，刑法作为保障法，必须突出其最后手段性。

其次，通过目的解释，构建社会本位的基本立场。在调整市场经济关系中要充分考虑社会本位，并坚持以社会本位的基本立场为解释指导。在社会本位的指导下，社会法益的保护显得尤为重要。非法经营行为也是市场经济行为，具有市场经济行为的显著特性，从立法目的和社会本位出发，社会法益是非法经营罪的优先选择。

最后，以实质违法性作为基础进行目的解释。必须是在市场经济运行中，违背了公平、自由、诚实信用等基本原则的非法经营行为才能入罪。坚持实质违法性的观点更有助于判断行为的基本性质，并可以作为入罪的考量要素。同样，非法经营行为的出罪，也要充分考虑刑法实质违法性中的法益侵害、可罚性等相关内容，予以综合判断。

(二)进一步推动非法经营罪的司法出罪

伴随时代变迁，非法经营罪所包含的内容也发生了相当大的变化。市场经济千变万化，行业更替和交迭不断推动着市场经济发展。非法经营罪所规制的是特殊行业的市场准入行为，市场经济中的特定行业是处于不断变化中的。以往某一行业可能是特许经营，如今则可能放开市场准入门槛，引入市

---

〔1〕 我国《刑法》第96条规定：“本法所称违反国家规定，是指违反全国人民代表大会及其常务委员会制定的法律和决定，国务院制定的行政法规、规定的行政措施、发布的决定和命令。”

场经济的竞争机制,反之亦然。我国有学者指出,“尽管司法不能过分地扩张,以至于越俎代庖地将仅具有行政违法性的非法经营行为作为犯罪处理,但是完全可以遵循经济发展的多变规律,将应当纳入非法经营罪犯罪圈,但是已经不再具有实质危害性和刑事处罚必要性的行为做出罪化处理”[1]。对于上述观点应当持肯定态度,非法经营罪的出罪应当结合我国《刑法》第13条的“但书”规定,综合考虑行为情节、法益侵害结果以及行为人的人身危险等要素,推动司法出罪。

第一,对于非法经营行为符合《刑法》第13条“但书”中“情节显著轻微,危害不大的”,在司法认定中应更多援引“但书”规定,进一步推动非法经营行为的司法出罪。结合“但书”规定,非法经营行为出罪主要通过两种途径:其一,部分非法经营的行为虽然具有一定的法益侵害性,但是该行为并不符合非法经营罪的构成要件,这样的行为应适用“但书”规定出罪;其二,部分行为虽然符合非法经营罪的构成要件,但是造成的侵害结果比较轻微,危害不大,行为人的主观恶性较小,不具有较大的人身危险性,这样的行为也可以予以出罪。当然,在本罪的具体司法实践中,适用范围过度延伸已经是较为普遍的现象,这就需要司法实践部门准确理解“但书”的适用条件,在刑法的人权保障机能和法益保护机能之间寻找平衡点,运用“但书”规定将实践中情节轻微的非法经营行为排除在犯罪成立范围之外。

第二,对非法经营行为进行实质违法性判断。实质判断必须和法益侵害结果紧密衔接,只有在非法经营行为造成市场经济秩序混乱的情况之下才可进行刑法规制。非法经营行为的入罪必须造成实质的法益侵害,对正常的市场经济秩序造成了破坏;只有坚持实质判断才能更好地把握本罪的入罪条件,从而将形式上符合但并不具有实质违法性的经营行为排除在外。衡量行为对市场经济秩序的破坏,必须结合现实的社会经济大背景以及行业发展的动态过程,这就需要司法人员充分结合社会经济背景、行业发展现状客观评价行为,不能故步自封,否则,极易在司法认定中出现偏差。

---

[1] 于志刚:《口袋罪的时代变迁、当前乱象与消减思路》,载《法学家》2013年第3期。

第三,非法经营罪是刑法中的法定罪。非法经营罪的成立前提应是违反了国家行政法律法规以及刑法的规定。从刑法角度认定非法经营罪要更为审慎,在充分考察实质违法性的基础上,构成非法经营罪必须造成实质的法益侵害结果或者引起具体现实的法益侵害危险,而不能仅仅凭借抽象的危险就认定其具有法益侵害。

余　论

刑法的发动必须谦虚、抑制,必须重申作为现代刑法基本理念的谦抑性的重要地位,将刑法的谦抑理念贯穿于刑事立法、司法的全部过程和各个方面。

刑法谦抑性虽然在理论界已经达成共识,但是有关谦抑性的研究多是围绕谦抑性本体(如概念、地位、功能等)展开的,大都是一种宏大叙事。如何践行和贯彻谦抑性尤其是在司法中如何实现谦抑性的研究相对薄弱,不能为司法提供具体的指导规则;刑法谦抑性在犯罪论和刑罚论中缺乏发挥作用的机理和技术路径,导致谦抑性在司法中得不到有效贯彻。因此,本书从刑法谦抑性的基本理论出发,结合我国刑法关于犯罪的规定模式,针对刑法谦抑性在司法贯彻中存在的主要问题,对刑法谦抑性在犯罪论体系和刑罚论体系中如何实现进行了初步研究。

一、犯罪规定模式与司法中的刑法谦抑性

笔者认为,无论是采用“立法定性 + 司法定量”,还是采用“立法定性 + 定量”的犯罪规定模式,刑法谦抑性的实现都离不开司法。前一种犯罪规定模式,在立法上扩大犯罪成立的范围,而司法上限制犯罪成立的范围,刑法谦抑与否主要决定于司法。后一种犯罪规定模式,刑法谦抑性的实现也和司法密不可分,立法的规定只有通过司法的过滤和能动作用才能得到贯彻和体

现。尤其是在社会转型时期,公共安全、食品药品、环境污染等事关民众安全领域的犯罪多发,“在犯罪现象产生或者增长的时候,立法者、法学家和公众只想到容易但引起错觉的补救办法,想到刑法典或者新的镇压法令”[1]。刑事立法上犯罪圈的扩大、犯罪规定方式的变化以及罪刑结构的调整,对司法上刑法谦抑性的贯彻实现提出了更高的要求。

在我国“立法定性+定量”的犯罪规定模式中,看似刑法对犯罪的“量”也作出了规定,但是犯罪的“量”事实上仍是在司法中予以具体化并最终确认的。不仅如此,犯罪认定和刑罚裁量是否谦抑也和司法密不可分。犯罪论体系主要是围绕定罪展开的,要在定罪中贯彻谦抑性,就必须在犯罪论中寻找谦抑性发挥作用的机理。结合司法实践中存在的背离谦抑性较为严重和集中的问题,在犯罪论中实现定罪的谦抑,主要涉及规范的构成要件要素的理解、责任阻却事由以及客观处罚条件认定等方面。在规范的构成要件要素的判断中要秉持谦抑理念,对法律评价要素、经验法则评价要素和社会评价要素进行谦抑认定和评价。要注意基于期待可能性的责任阻却事由的适用,充分发挥正当化事由的出罪功能。本书将客观处罚条件分为中立性客观处罚条件和政策性客观处罚条件,在客观处罚条件的认定中,应严格区分中立性客观处罚条件与构成要件要素,从实行行为与客观处罚条件具有条件关系、行为人对客观处罚条件的发生具有一般人的经验认识、不得类推适用等方面限制对中立性客观处罚条件的司法认定。政策性客观处罚条件本身体现了刑法谦抑性的要求,要注意政策性客观处罚条件的优先适用地位。

刑法是否谦抑在量刑中体现最为明显,必须在刑罚论中寻找量刑谦抑发挥作用的机理和技术路径。以往有关刑法谦抑性的研究关注的往往是量刑谦抑的表现形式即轻刑化和非刑罚化等,关于谦抑性如何在刑罚裁量中发挥作用的研究成果较少。在量刑中实现刑罚谦抑性的关键在于将比例原则、并合主义和责任主义作为量刑指导原则,确立以消极责任主义为指导的量刑方

---

〔1〕 [意]恩里科·菲利:《犯罪社会学》,郭建安译,中国人民公安大学出版社2004年版,第167~190页。

法，明确预防刑和责任刑的区分，以责任刑限制预防刑。具体而言，在法定刑的选择中准确识别法定刑的升格条件，不能将不能归责于不法行为的结果作为法定刑升格条件，运用同类解释规则限制对兜底条款的解释。在责任刑的裁量中合理确定责任刑的点，不能将刑法保护范围之外的结果作为责任刑增加的根据，避免对同一情节的重复评价。将预防刑的裁量限制在责任刑的范围之内，在预防刑的裁量中重点考量特殊预防的需要，限制考量一般预防的需要，对影响预防刑的情节进行实质判断。只有这样才能防止刑罚的异化，在刑罚论中实现量刑谦抑。

本书侧重对刑法谦抑性在犯罪论和刑罚论中实现路径的规范性研究，试图引起理论界和实务界对刑法谦抑性在司法中贯彻有关问题的重视，使谦抑性摆脱抽象肯定具体否定，摆脱宏大叙事、缺乏作用机理的现状。当然，这一研究仅是相对粗浅的尝试，有关观点的论证未必透彻科学，还有待于进一步深入研究。

不可否认的是，定罪和量刑中对刑法谦抑性的背离与司法实践中开展的各种专项整治活动密切相关。这种背离显然并未带来社会秩序的明显好转，并且各种专项整治活动中较为明显的犯罪化和重刑化倾向，其正当性也受到质疑。对刑法和重刑的过度依赖，不仅没有达致规制犯罪的目的，反而导致相应的制度设计缺失，忽视了刑法之外的私法和其他社会治理手段的运用。因此，刑法谦抑性的司法实现，可能在更高层面上涉及国家治理体系和治理能力现代化的问题，涉及刑法在国家治理体系中的地位问题。当然，这一问题也涉及司法者的价值观和司法理念以及社会公众的刑法认同等多方面，但这都不是本书侧重关注的规范性问题。刑法的扩张到底是什么原因造成的，何种程度的扩张是被允许的，是否合理的判定标准如何确定，均是需要进一步深入研究的问题。

二、能动司法理念的补入

刑事司法中出现的犯罪扩张和重刑化倾向等背离刑法谦抑性的现象和能动司法密切相关，而刑法谦抑性在司法中的贯彻也离不开能动司法，这主要取决于能动司法以何种理念作为指导。在中国语境下的能动司法,应该是一种从实体、证据和程序以及自由裁量权等方面对案件的综合裁量。能动司法使在司法中贯彻刑法谦抑性成为可能,源于二者具有价值追求的契合性。应以刑法谦抑理念作为指导,明确刑法在社会治理中的地位,以轻刑化、非刑罚化和非犯罪化为路径,在刑法的补充性和刑事政策一体化的考虑中实现刑法谦抑性。在本书最后,我们可以从能动司法的界定、能动司法与刑法谦抑性的关系等方面进行初步探讨。

就能动司法的内涵而言。能动司法理念的提出可追溯至2009年8月时任最高人民法院院长王胜俊的讲话。在此之后,围绕能动司法的研究逐渐深入,能动司法成为理论界和司法实务界所探讨的重要问题之一,能动司法理念也成为近年来我国司法改革的选择路径之一。[1] 对能动司法内涵的探讨,不能脱离我国历史中的朴素观念。

我国长期以来所形成的传统诉讼模式是行政兼理司法模式,此种模式充分发挥了行政权的主动性,对诉讼结果的追求超过了诉讼过程。我国学者曾指出,"这实际上是一种经验性的判断过程,赖以进行判断的经验又是从已有的结果中而来,结果的正义成为继续判断的依据。因此,在行政兼理司法的诉讼模式下,诉讼的进行起始就具有明显的行政化色彩,而行政化本身就是权力的主动行使"[2]。在此种司法模式之下,司法官员和社会民众都会自发地产生心理暗示:司法的结果价值大于过程价值。[3] 我国长期以来奉行的

〔1〕 参见王胜俊:《坚持能动司法、切实服务大局》,2009年8月28日在江苏省高级人民法院调研座谈会上的讲话。转引自罗东川、丁广宇:《我国能动司法的理论与实践评述》,载《法律适用》2010年第z1期。

〔2〕 劳东燕:《能动司法与功能主义的刑法解释论》,载《法学家》2016年第6期。

〔3〕 这里涉及一个已经基本被学界肯定的命题:中国传统社会的"厌讼"或者"贱讼"心理,以此区别于西方社会的"好讼"心理。但是如果仔细分析,并不尽然。根据统计,"在清代后半期,县衙门每年处理五十至五百个民事案子,好些县可能每年在一百至二百件。平均而言,每县每年大概有一百五十件左右"。"而假设每县平均人口为三十万,每年约有一百五十个案子闹到县衙,那么一年当中每二千人就有一个新案子,一年当中每两百户就有一户涉讼。"参见[美]黄宗智:《民事审判与民间调解》,中国社会科学出版社1998年版,第171~173页。这就是说,并非"厌讼",而变成了"贱讼"。由此,将中国传统社会的诉讼概括为一种"厌讼"与"贱讼"心理并不贴切,准确地说,中国传统社会并不排斥诉讼,甚至有些期待诉讼,只是民众对诉讼怀有一种既期望又畏惧的心理,期望的是案件能够得到公正审判,畏惧的是案件无法得到公正审判,这种心理恰好反映司法权本身所存在的矛盾性。

行政兼理司法的模式产生了两对矛盾。其一,行政权具有主动性,而司法权具有被动性,主动性和被动性之间形成矛盾;其二,社会民众对司法过程消极抵触,但是对司法结果积极期待,消极抵触与积极期待之间形成矛盾。

当前,围绕能动司法,我国学者的研究逐渐深入,形成了不同理论观点的对立。学者的研究充分结合我国司法制度和本土司法运行实践,更多地加入了中国语境与中国社会现实状况的考量。当前,对能动司法含义的界定多是从其作用出发,主要形成了三种不同观点,即"法律解释兼适用说"、"事实查明说"和"综合裁量说"。

法律解释兼适用说主张,能动司法的本质是法官对法律适用的理性解释。这种理性解释的依据是"对法律产生影响的政策、习惯、风俗甚至是案件本身的性质;但是法官在对法律进行解释时内心参考的标准并非是法律作为一门科学本身的价值尺度,而是法律适用所应当考虑的社会效果"[1]。在这一观点中,能动司法以法律的实质主义目的为根本出发点,通过解释来实现法律的实质价值追求,从而力求实现法律效果和社会效果的统一。该说的观点也得到了认可,并成为当前我国学界的主流观点。这主要是因为:第一,该说与我国传统法制观念中的能动司法意识相契合,注重对中国传统法制中能动因素的深入挖掘;第二,目前,能动司法的适用实际上是在追求司法的社会效果,我国传统法律制度和文化中的"能动司法"因素将法律视为社会治理的工具,强调工具主义。因此,司法可以积极主动地参与到社会治理之中,但也极易破坏司法本来的被动性。

事实查明说认为,能动司法不应过于强调司法适用所达到的社会效果,而应更加关注法律的具体实施,尤其是具体的实施者法官在其中承担极为重要的事实查明作用。有学者指出"能动司法要求法官必须尽一切合理的手段保证案件事实真相的查明"。[2] 事实查明说扩展了能动司法的外延,提升了法律实施者法官的地位。比较而言,该说与前述的法律解释兼适用说最主要

[1] 胡君:《司法能动的边界》,载《湖南商学院学报》2008 年第 5 期。
[2] 陈光中、陈学权:《中国语境下的刑事证明责任理论》,载《法制与社会发展》2010 年第 1 期。

差别，体现在对“能动司法”因素的理解层面。该说主要的立足点类似于英美法系中法官对先例的选择性遵循，提倡法官的能动性和主动性，并要求法官应当通过各种合理化方式和手段查明案件事实，即将英美法系中的“法官造法”现象进行本土化改造，使其能够在中国的司法语境下发挥作用。客观地讲，事实查明说存在两个“症结”无法有效解释和说明，一直备受诟病。其一，该说忽视了我国司法环境与英美法系国家的巨大差异。实际上，法官查明案件事实与“法官造法”之间并不能画等号。法官尽可能地查明案件事实是积极主动的司法活动，而“法官造法”则是在判例法体系之下的特殊司法适用制度，是在判例法下形成的特殊制度。其二，该说将司法的能动性过分地依赖于法官自主查明案件，而法官所积极主动查明的事实未必能确保是真实情况，案件客观真实总会与所查明的事实存在偏差。因此，事实查明说具有明显的缺陷。

综合裁量说的核心主张是司法的能动性必须和时代发展相适应，能动司法实际上是法律适用不断发展的必然要求，应当在我国法律适用的大背景下对能动司法进行综合判断，避免片面性。有学者认为，“法官在面对新型权益纠纷时，在司法过程中秉承正义的法律价值和理念，遵循法律原则，并充分运用司法经验，正确地适用法律，在理性地对案件的事实问题和法律问题作出判断的基础上行使裁判权，以解决纠纷，维护社会公平正义和秩序”[1]。

综合裁量说具有一定的妥当性。该说从法律的发展视角出发，在相对宏观的视野下审视法律的发展，主张法律的适用必须与社会发展相协调。能动司法同样要适应时代背景，当前的社会形势需要多样化的纠纷解决机制，也需要多样化的纠纷解决方法，从而实现对社会秩序的有效维持。能动司法是综合判断的过程，不仅仅要考虑法律规则具体适用，“还要考虑具体案件的事实、法律原则、案件的社会影响、道德、伦理、政策等因素”[2]。只有将各种因素予以充分考虑，才能作出最恰当的裁判。因此，综合裁量说比较适合当前

---

〔1〕 王建国：《社会转型过程司法能动论》，载《金陵法律评论》2007年第2期。

〔2〕 周汉华：《论建立独立、开放与能动的司法制度》，载《法学研究》1999年第5期。

我国的司法运行现状,也契合我国社会发展的时代背景。

当然,以上三种关于能动司法内涵的不同理解,主要是从实然角度展开的。我们还应当从应然角度对能动司法进行解读,以更加全面准确地界定其内涵。

从实体与程序这一对范畴来讲,强调能动司法并不是对司法被动性的背离。启动诉讼程序,应坚持司法的被动性,遵循"不告不理"的原则。在诉讼程序启动之后,司法机关尤其是审判机关应当考虑可能影响案件审判结果的各种因素,推动案件的进展,如启动非法证据排除、主动调取证据等。这对更好地维护犯罪嫌疑人或者被告人的权利具有积极作用。能动司法要求审判机关在程序与实体的被动性和主动性两方面寻求更好的平衡点,通过赋予法官合适的自由裁量权来推动法官正确适用法律。

同时,对能动司法的应然性理解不能脱离我国现有的审级制度。当前,我国审级制度对能动司法具有深远影响。在中国的现实语境下,法院的审级对司法能动的影响力是毋庸置疑的。有学者认为,能动司法的首要实现条件是法院具有解释法律的权力,并且在当下中国的司法体系中,这一权力只属于最高人民法院;但是各级法院应在查明事实的思想指导之下灵活适用法律,以实现司法的社会功能。[1] 目前,对能动司法受审级制度影响的研究还有待扩展,不过该观点本身具有一定前瞻性。将能动司法的发展完全寄托于最高人民法院的司法解释显然是不现实的,需要各级审判机关联动,在刑事立法和司法解释允许的空间之内合理行使自由裁量权。实际上,自由裁量权合理行使本身就是对法律的第二次解释,具有重要作用。

三、能动司法与刑法谦抑性的关系

一方面,能动司法和刑法谦抑性具有价值追求的一致性。刑法谦抑性的价值追求是在保障人权和惩治犯罪之间寻找平衡,尽可能地通过刑法的谦抑性来降低刑罚适用,减少刑法给社会带来的消极影响,这种价值追求在一定

---

〔1〕 田力男:《刑事诉讼中能动司法初探》,载《中国刑事法杂志》2010 年第 3 期。

程度上与能动司法理念相契合。首先，刑法谦抑性和能动司法都追求刑法效益的实现。刑法效益需要从两个维度进行考虑：尽可能地降低刑法的适用成本，包括刑法本身的立法成本和司法成本；尽可能地扩大刑法对社会所产生的利益，包括社会民众对刑法的认同以及对刑法的遵从。刑法谦抑性为刑法效益实现提供了理论基础，而能动司法可以在现实层面实现刑法效益的最大化。其次，刑法谦抑性和能动司法都基于刑法供求关系的考量。我国学者提出，"刑法谦抑性在刑法的设定与民众的'购买'之间形成了一个中间地带，可以使刑法被作为一种'产品'向民众进行供给"[1]。伴随着刑事实体法和刑事程序法的不断完善，民众对于刑法适用的选择也有了一定的空间，如可通过自诉方式维护自身权益。另外，当刑事案件进入诉讼程序之后，当事人在部分案件中可以选择刑事和解、认罪认罚等方式获得从轻或者减轻处罚。随着社会的不断发展，这一范围呈现不断扩大的趋势。民众对刑事立法实施的影响显著提升，刑事立法的修改和完善也有社会公众参与的环节，司法机关也更为慎重地对待民意。由此可见，刑法谦抑性也在不断地影响刑法供给的变化，民众对待刑法的态度也越来越理性，在这种背景之下更有利于能动司法发挥自身功能。最后，能动司法可在刑法谦抑性的基础上进一步保障刑法均衡。刑法适用效果的提升需要以良性的供求关系作为保障，而刑法谦抑性恰恰在其中起到"催化"作用。能动司法同样可以在刑法谦抑性的基础上维系刑法均衡，避免过度滥用刑罚，能不动用刑法的尽量不动用，尽可能节省宝贵的司法资源，降低司法成本。同时，借助于能动司法可以更加有效地化解社会矛盾，促进社会和谐。

另一方面，刑法谦抑性的实现要借助于能动司法。刑法的谦抑包括罪之谦抑和刑之谦抑，要求将犯罪限定在必要的最小范围，将刑罚限定在必要的最小量。而能动司法本身也要求审慎适用刑罚，尽可能减少动用刑罚手段化解社会矛盾，两者的价值追求相契合。第一，能动司法可以更好地体现出刑法的谦抑性。社会治理需要完善的法律体系和健全的法律制度，而刑法本身

[1] 田力男：《刑事诉讼中能动司法初探》，载《中国刑事法杂志》2010年第3期。

必须是在其他部门法不能有效规制、无法实现社会治理目标的前提下才能启动，这就要求其他社会治理机制优先于刑法适用。维护社会秩序、保障公民权益不能仅仅依赖于刑法，刑法的适用成本比其他社会治理方式都高得多，此外，也要考虑刑法实施的效益。即使是必须通过刑法规制的问题，也完全可以借助于能动司法实现刑罚的轻缓化或非刑罚化。我国的刑罚体系由多种主刑和附加刑构成，同时也设置了缓刑等有利于犯罪人的刑罚适用方式。刑法完全可以通过缓刑和轻刑的适用等来缓和刑罚的报应刑，突出刑罚的预防作用，而这有赖于进一步发挥能动司法的作用。另外，刑法的谦抑性不仅体现在适用选择层面的限缩上，也体现在结果和社会效益方面，能动司法完全可以通过恰当的方式实现社会利益的最大化。例如，高校学生窃取少量财物的情形，完全可以运用法律所赋予的自由裁量权判处轻微的刑罚，甚至在审查起诉阶段酌定不起诉。刑罚是最为严厉的惩罚手段和制裁措施，一味地动用刑法手段会大大限制其他社会治理手段发挥作用，压缩其他部门法的适用空间。刑法的谦抑性正是要通过限制刑法适用来扩大其他部门法的空间。第二，有学者指出，“从刑法谦抑性的实现途径分析，能动司法可以被视为刑事诉讼领域的谦抑。能动司法的基本导向就是追求社会目标的实现，无论是刑法的补充性还是刑事政策一体化，都是基于社会目标的考虑”〔1〕。这是将刑事政策一体化纳入能动司法的涵摄范畴之内。刑事政策越来越深入地影响刑法适用，而能动司法恰恰是基于刑事政策这一宏观视角，进一步强化刑法的谦抑性，在合理的限度内解决社会纷争。

此外，刑事司法的诉讼成本远远高于其他诉讼。〔2〕 刑事诉讼的诉讼成本相较于其他诉讼更为昂贵，主要体现在：一是刑事诉讼从启动之初到形成生效裁决，周期漫长，需要不同的司法机关付出相当多的人力、物力和财力；

---

〔1〕 顾培东：《能动司法若干问题研究》，载《中国法学》2010 年第 4 期。

〔2〕 所谓刑事诉讼成本，是指在刑事诉讼领域，刑事诉讼参与人欲通过刑事诉讼来保障其法定权益，由于权利、义务的一致性或关联性，其在享有并实现法律赋予的诉讼权利的同时必须履行某些诉讼义务，如辩护、出庭等；国家为维护法定的社会秩序，通过刑事诉讼来准确认定、惩处某种违法犯罪行为也必须消耗一定的预算经费，如公、检、法机构建设费用等。这些预算经费在刑事诉讼上的使用和刑事诉讼的实施都必须消耗一定数量的社会资源，这些被消耗的社会资源就是刑事诉讼成本。

二是在不同的诉讼阶段中,还很有可能根据案件不同情况出现程序上的反复循环,如在审查起诉阶段退回补充侦查,这在无形之中又增加了成本;三是在刑事诉讼中,司法运行的独立程度也影响成本。降低刑事诉讼成本,必须紧紧围绕上述导致成本增加的因素,有针对性地进行完善。例如,进一步缩短诉讼周期,对不同的案件实现繁简分流,简化诉讼流程等。这些完善举措实际上与能动司法的内在追求契合。通过能动司法的相关举措有助于实现诉讼成本的降低,从而推动刑罚适用范围的限缩。

当然,不可否认的是,能动司法也是一把双刃剑,司法中开展的各种专项整治活动,以及由此出现的司法中的犯罪化和重刑化倾向,均是能动司法的典型表现。最高人民法院工作报告能够反映出我国刑法司法在价值取向上具有积极参与社会治安综合治理、回应社会关切、维护社会稳定、保护民生的倾向,反映出社会治安形势的变化。由此开展的各种专项整治活动是典型表现之一。如 2012 ~2013 年,随着《刑法修正案(八)》增设的危险驾驶罪的施行,最高人民法院明确"醉驾"的认定标准,各级法院审结危险驾驶罪 9 万件,仅一个罪名就占当年一审审结刑事案件的 9.43%。根据笔者的了解,某省会城市一个区 2019 年审结的刑事案件共计 1057 件,同比上升 38.3%,其中审结的危险驾驶罪案件就有 528 起,占全部刑事案件的一半左右。又如 2014 ~2015 年,环境污染、侵犯妇女儿童权益、食品药品安全和利用网络实施的各种危害行为较为突出。最高人民法院工作报告显示:2015 年严惩侵犯妇女儿童权益犯罪,各级法院审结拐卖、性侵妇女儿童等犯罪案件 5446 件;严惩网络犯罪,各级法院审结利用网络实施的诈骗、寻衅滋事等犯罪案件 6221 件。2014 年,始终保持对性侵未成年犯罪的高压态势,各级法院依法审结拐卖妇女儿童、性侵未成年人犯罪案件 1048 件,其中判处 5 年以上有期徒刑至死刑 876 人。[1]

各种专项整治活动中,往往存在刑法的扩张适用和重刑化的问题,尤其是对刑法规定的兜底条款和罪量要素的扩张解释,是造成司法背离谦抑性的主要原因。因此,可以认为,要通过能动司法达成刑法谦抑性适用,最重要的还是应当注意能动司法的指导理念问题。

---

〔1〕 详情参见最高人民法院历年工作报告。事实上,我国每年几乎都开展专项整治活动,如 2009 年,积极参与实施国家反对拐卖妇女儿童行动计划,审结拐卖妇女儿童犯罪案件 1636 件,判处罪犯 2413 人,同比分别上升 20.9% 和 11.7%。加大对集资诈骗、信用卡诈骗、制售假币和假发票等经济犯罪打击力度,净化市场环境,审结此类案件 5.5 万件,挽回经济损失 152.1 亿元,同比分别上升 6.3% 和 37.8%。会同有关部门制定办理利用互联网或手机制作、复制、传播淫秽信息案件的司法解释,依法打击淫秽电子信息犯罪,各级法院审结相关案件 1703 件,同比上升 47.5%。又如 2019 年,严厉打击非法集资犯罪,严厉打击“套路贷”诈骗,严惩通过“虚增债务”“恶意制造违约”等方式非法侵占财物犯罪,严惩“校园贷”犯罪。审结危害食品药品安全犯罪案件 7092 件,切实保障人民群众“舌尖上的安全”。加大对涉疫苗犯罪惩治力度,切实保障人民群众生命健康安全。

参考文献

一、中文文献

(一)专著

1.《马克思恩格斯全集》(第1卷),人民出版社1972年版。

2. 陈刚:《刑法司法解释问题研究》,中国政法大学出版社2014年版。

3. 高铭暄、陈璐:《〈中华人民共和国刑法修正案(八)〉解读与思考》,中国人民大学出版社2011年版。

4. 陈瑞华:《刑事诉讼的前沿问题》,中国人民大学出版社2016年版。

5. 陈兴良:《刑法的价值构造》,中国人民大学出版社2017年版。

6. 陈兴良:《刑法哲学》,中国人民大学出版社2015年版。

7. 陈兴良:《刑法的知识转型〈方法论〉》(第2版),中国人民大学出版社2017年版。

8. 陈兴良:《刑法的知识转型〈学术史〉》(第2版),中国人民大学出版社2017年版。

9. 陈兴良:《教义刑法学》,中国人民大学出版社2017年版。

10. 陈兴良:《规范刑法学》,中国人民大学出版社2018年版。

11. 陈兴良:《当代中国刑法新理念》,中国政法大学出版社2007年版。

12. 陈正云:《刑法的精神》,中国方正出版社1999年版。

13. 车浩:《刑法教义的本土形塑》,法律出版社2017年版。

14. 车浩:《阶层犯罪论的构造》,法律出版社 2017 年版。

15. 储槐植:《刑事一体化论要》,北京大学出版社 2007 年版。

16. 储槐植:《美国刑法》,北京大学出版社 2012 年版。

17. 童伟华:《法律与宽容——以中国刑政为视点》,社会科学文献出版社 2008 年版。

18. 甘雨沛:《比较刑法学大全》,北京大学出版社 1997 年版。

19. 高铭暄:《中华人民共和国刑法的孕育诞生和发展完善》,北京大学出版社 2012 年版。

20. 高铭暄、马克昌主编:《刑法学》,北京大学出版社、高等教育出版社 2019 年版。

21. 高绍先:《中国刑法史精要》,法律出版社 2001 年版。

22. 贾宇:《刑法学》(上册·总论),高等教育出版社 2019 年版。

23. 柯耀程:《变动中的刑法思想》,中国政法大学出版社 2003 年版。

24. 李步云、高全喜:《马克思主义法学原理》,社会科学文献出版社 2014 年版。

25. 李德顺:《价值论——一种主体性的研究》,中国人民大学出版社 2013 年版。

26. 李海东主编:《日本刑事法学者》(上),中国·法律出版社、日本国·成文堂 1995 年版。

27. 李海东主编:《日本刑事法学者》(下),中国·法律出版社、日本国·成文堂 1999 年版。

28. 李洁:《论罪刑法定的实现》,清华大学出版社 2006 年版。

29. 李洁:《刑法的目的理性批判》,法律出版社 2014 年版。

30. 李冠煜:《量刑基准的研究——以责任和预防的关系为中心》,中国社会科学出版社 2014 年版。

31. 梁根林:《刑事法网:扩张与限缩》,法律出版社 2005 年版。

32. 梁根林:《刑事政策:立场与范畴》,法律出版社 2005 年版。

33. 梁根林:《刑法总论问题论要》,北京大学出版社 2018 年版。

34. 梁治平:《法辨——中国法的过去、现在与未来》,中国政法大学出版社 2002 年版。

35. 林山田:《刑罚学》,新北,台湾商务印书馆 1985 年版。

36. 林山田:《刑法通论》,台北,三民书局 1986 年版。

37. 刘家琛:《当代刑罚价值研究》,法律出版社 2003 年版。

38. 刘远:《刑事政策哲学解读》,中国人民公安大学出版社 2005 年版。

39. 卢建平:《刑事政策与刑法》,中国人民公安大学出版社 2004 年版。

40. 马克昌:《近代西方刑法学说史》,中国人民公安大学出版社 2007 年版。

41. 马克昌:《犯罪通论》,武汉大学出版社 1999 年版。

42. 马克昌:《近代西方刑法学说史略》,中国检察出版社 1996 年版。

43. 邱兴隆:《刑罚理性导论》,中国政法大学出版社 1998 年版。

44. 时延安、王烁等:《〈中华人民共和国刑法修正案(九)〉解释与适用》,人民法院出版社 2015 年版。

45. 孙笑侠:《司法的特性》,法律出版社 2016 年版。

46. 苏惠渔、孙万怀:《论国家刑权力》,北京大学出版社 2006 年版。

47. 苏俊雄:《刑法总论 Ⅰ》,台北,台湾大地印刷厂股份有限公司 1998 年版。

48. 唐稷尧:《从文本中的刑法到司法中的刑法——定罪视野下犯罪成立要件确定机制研究》,法律出版社 2014 年版。

49. 童德华:《刑法中的期待可能性》,中国政法大学出版社 2004 年版。

50. 王晨:《刑事责任的一般理论》,武汉大学出版社 1998 年版。

51. 汪明亮:《"严打"的理性评价》,北京大学出版社 2004 年版。

52. 王明星:《刑法谦抑精神研究》,中国人民公安大学出版社 2005 年版。

53. 王勇:《定罪导论》,中国人民大学出版社 1990 年版。

54. 王兆鹏:《刑事被告的宪法权利》,台北,翰芦图书出版有限公司 1999 年版。

55. 吴富丽:《刑法谦抑实现论纲》,中国人民公安大学出版社 2011 年版。

56. 熊永明、胡祥福:《刑法谦抑性研究》,群众出版社 2007 年版。

57. 徐岱:《中国刑法近代化论纲》,人民法院出版社 2003 年版。
58. 许道敏:《民权刑法论》,中国法制出版社 2003 年版。
59. 许玉秀:《当代刑法思潮》,中国民主法制出版社 2005 年版。
60. 余振华:《刑法违法性理论》,台北,元照出版公司 2001 年版。
61. 俞宣孟:《本体论研究》,上海人民出版社 1999 年版。
62. 袁仁贵:《价值学引论》,北京师范大学出版社 1991 年版。
63. 杨春洗等:《刑法总论》,北京大学出版社 1981 年版。
64. 张明楷:《刑法的基本立场》,中国法制出版社 2008 年版。
65. 张明楷:《犯罪论的基本问题》,法律出版社 2017 年版。
66. 张明楷:《刑法分则的解释原理》,中国人民大学出版社 2011 年版。
67. 张明楷:《刑法学》,法律出版社 2016 年版。
68. 张明楷:《刑法格言的展开》,法律出版社 2013 年版。
69. 张明楷:《法益初论》,中国政法大学出版社 2000 年版。
70. 张明楷:《责任刑与预防刑》,北京大学出版社 2015 年版。
71. 张乃根:《经济分析法学》,上海三联书店 1995 年版。
72. 张文显:《法理学》,高等教育出版社 2018 年版。
73. 张小虎:《刑法的基本观念》,北京大学出版社 2004 年版。
74. 张小虎:《刑罚论的比较与建构》,群众出版社 2010 年版。
75. 张永红:《我国刑法第十三条但书研究》,法律出版社 2004 年版。
76. 张智辉:《刑法理性论》,北京大学出版社 2006 年版。
77. 周光权:《刑法诸问题的新表述》,中国法制出版社 1999 年版。
78. 周光权:《刑法学的向度》,中国政法大学出版社 2004 年版。
79. 宗建文:《刑法机制研究》,中国方正出版社 2000 年版。

(二)论文

1. 柏浪涛:《规范性构成要件要素的错误类型分析》,载《法商研究》2019 年第 1 期。
2. 蔡道通:《刑法谦抑论》,载《刑事法评论》1998 年第 2 期。
3. 蔡道通:《经济犯罪“兜底条款”的限制解释》,载《国家检察官学院学报》2016 年第 3 期。

4. 陈兴良:《“风险刑法”与刑法风险:双重视角的考察》,载《法商研究》2011 年第 4 期。

5. 陈兴良:《定罪之研究》,载《河南省政法管理干部学院学报》2000 年第 1 期。

6. 陈兴良:《宽严相济刑事政策研究》,载《法学杂志》2006 年第 2 期。

7. 陈兴良:《入罪与出罪:刑法法定司法化的双重考察》,载《法学》2002 年第 12 期。

8. 陈兴良:《投机倒把罪:一个口袋罪的死与生》,载《现代法学》2019 年第 4 期。

9. 陈兴良:《刑法谦抑的价值蕴含》,载《现代法学》1996 年第 3 期。

10. 陈兴良:《作为犯罪构成要件的罪量要素——立足中国刑法的探讨》,载《环球法律评论》2003 年第 3 期。

11. 陈兴良:《从归因到归责:客观归责理论研究》,载《法学研究》2006 年第 2 期。

12. 陈兴良:《违法性认识研究》,载《中国法学》2005 年第 4 期。

13. 陈兴良:《刑法中的责任:以非难可能性为中心的考察》,载《比较法研究》2018 年第 3 期。

14. 陈兴良:《犯罪构成的体系性思考》,载《法制与社会发展》2000 年第 3 期。

15. 陈兴良:《口袋罪的法教义学分析:以以危险方法危害公共安全罪为例》,载《政治与法律》2013 年第 3 期。

16. 陈兴良:《正当防卫的司法偏差及其纠正》,载《政治与法律》2019 年第 8 期。

17. 储槐植、何群:《刑法谦抑性实践理性辨析》,载《苏州大学学报》2016 年第 3 期。

18. 储槐植、李莎莎:《生产、销售假药罪若干问题研究——以〈刑法修正案(八)〉第 23 条为视角》,载《江西警察学院学报》2012 年第 1 期。

19. 储槐植、汪永乐:《再论我国刑法中犯罪概念的定量因素》,载《法学研究》2000 年第 2 期。

20. 储槐植、薛美琴:《刑法谦抑——由一则建议稿引发的思考》,载《云南大学学报》2005 年第 3 期。

21. 储槐植、张永红:《刑法第 13 条但书与刑法结构——以系统论为视角》,载《法学家》2002 年第 6 期。

22. 储槐植:《我国刑法中犯罪概念的定量因素》,载《法学研究》1988 年第 2 期。

23. 程岩:《风险规制的刑法理性重构》,载《中外法学》2011 年第 1 期。

24. 陈志军:《轻微犯罪立法的反思与完善》,载《国家检察官学院学报》2018 年第 3 期。

25. 陈璇:《正当防卫、维稳优先与结果导向——以"于欢故意伤害案"为契机展开的法理思考》,载《法律科学》2018 年第 3 期。

26. 戴长林:《量刑方法及其应用》,载《法律适用》2009 年第 8 期。

27. 段晖、周卫军:《缓刑的刑罚谦抑性考察——兼缓刑的发展趋势探究》,载《当代法学》2001 年第 7 期。

28. 童德华、张斯珂:《轻刑化及其时代向度》,载《净月学刊》2018 年第 4 期。

29. 傅建平:《刑法谦抑的理论根基与价值》,载《华东刑事司法评论》2003 年第 3 期。

30. 冯军:《量刑概说》,载《云南大学学报》2015 年第 3 期。

31. 高一飞、陈海平:《"从技术到制度":我国量刑程序改革述论》,载《政法论丛》2006 年第 6 期。

32. 高绍先:《重刑考》,载《现代法学》2003 年第 4 期。

33. 高其才:《现代立法理念》,载《南京社会科学》2006 年第 1 期。

34. 高艳东:《诈骗罪与集资诈骗罪的规范超越:吴英案的罪与罚》,载《中外法学》2012 年第 2 期。

35. 顾培东:《公众判意的法理解析——对许霆案的延伸思考》,载《中外法学》2009 年第 1 期。

36. 顾培东:《能动司法若干问题研究》,载《中国法学》2010 年第 4 期。

37. 韩春光:《中国传统的“慎刑”思想及其现代价值》,载《当代法学》2002 年第 4 期。

38. 韩德明:《刑法谦抑性——新自由主义法学语境中的考察》,载《江苏警官学院学报》2004 年第 3 期。

39. 何荣功:《预防刑法的扩张及其限度》,载《法学研究》2017 年第 4 期。

40. 何荣功:《社会治理“过度刑法化”的法哲学批判》,载《中外法学》2015 年第 2 期。

41. 胡学相、周婷婷:《对我国重刑主义的反思》,载《法律适用》2005 年第 8 期。

42. 胡君:《司法能动的边界》,载《湖南商学院学报》2008 年第 5 期。

43. 黄太云:《〈刑法修正案(八)〉解读(三)》,载《人民检察》2011 年第 8 期。

44. 贾学胜、孙春雨:《司法上的非犯罪化的基本问题》,载《法学杂志》2013 年第 11 期。

45. 贾学胜:《非犯罪化与中国刑法》,载《刑事法评论》2007 年第 2 期。

46. 简爱:《一个标签理论的现实化进路:刑法谦抑性的司法适用》,载《法制与社会发展》2017 年第 3 期。

47. 姜涛:《行为不法与责任阻却:“于欢案”的刑法教义学解答》,载《法律科学》2019 年第 1 期。

48. 贾银生、何汶洋:《交通肇事罪与危险驾驶罪量刑均衡实证研究——以 W 市两基层法院近五年刑事案件统计数据为例》,载《西部法学评论》2015 年第 6 期。

49. 俞可平:《马克思的市民社会理论及其历史地位》,载《中国社会科学》1993 年第 4 期。

50. 孔祥参、刘芳:《论销售假药罪的重刑化倾向及其司法消解》,载《政治与法律》2013 年第 8 期。

51. 赖修桂、赵学军:《从许霆案看刑法的谦抑性》,载《法律适用》2009 年第 2 期。

52. 黎宏、王龙:《论非犯罪化》,载《中南政法学院学报》1991 年第 1 期。

53. 黎宏:《终身监禁的法律性质及适用》,载《法商研究》2016 年第 3 期。

54. 李洁:《定罪量刑情节若干问题研究》,载《北华大学学报》2001 年第 1 期。

55. 李洁:《罚金刑适用若干问题研究》,载《吉林大学社会科学学报》2000 年第 5 期。

56. 李洁:《论量刑规范化应当缓行——以我国现行刑事立法模式为前提的研究》,载《吉林大学社会科学学报》2011 年第 1 期。

57. 李双元、蒋新苗、沈红宇:《法律理念的内涵与功能初探》,载《湖南师范大学社会科学学报》1997 年第 4 期。

58. 李唯:《浅析民意与死刑存废的命运》,载《法制与社会》2007 年第 1 期。

59. 骆多:《规范化量刑方法构建基础之检讨》,载《法商研究》2016 年第 6 期。

60. 李翔:《论刑事司法政策司法解释过度话的弊端及其反思》,载《法治研究》2014 年第 8 期。

61. 李翔:《刑事政策视野中的情节犯研究》,载《中国刑事法杂志》2005 年第 6 期。

62. 李本森:《刑事速裁程序试点实效检验——基于 12666 份速裁案件裁判文书的实证分析》,载《法学研究》2017 年第 5 期。

63. 李剑弢、唐建秋:《法定刑以下判处刑罚的特殊情况和量刑》,载《人民司法》2015 年第 14 期。

64. 劳东燕:《以危险方法危害公共安全罪的解释学研究》,载《政治与法律》2013 年第 3 期。

65. 梁根林:《非刑罚化——当代刑法改革的主题》,载《现代法学》2000 年第 6 期。

66. 梁根林:《从绝对主义到相对主义》,载《法学家》2001 年第 2 期。

67. 梁根林:《论犯罪化及其限制》,载《中外法学》1998 年第 3 期。

68. 梁根林:《防卫过当不法判断的立场、标准与逻辑》,载《法学》2019 年第 2 期。

69. 梁根林:《但书、罪量与扒窃入罪》,载《法学研究》2013 年第 2 期。

70. 郎胜:《我国刑法的新发展》,载《中国法学》2017 年第 5 期。

71. 刘淑珺:《日本刑法学中的谦抑主义之考察》,载《刑事法评论》2008 年第 1 期。

72. 刘思萱:《论政策回应型司法解释》,载《法学评论》2013 年第 1 期。

73. 刘为波:《可罚的违法性论》,载《刑事法评论》2002 年第 1 期。

74. 刘晓莉:《降低入罪门槛的当代价值探究——以〈刑法修正案(八)草案〉对生产销售假药罪的修正为视角》,载《政治与法律》2011 年第 1 期。

75. 刘艳红:《"风险刑法"理论不能动摇刑法谦抑主义》,载《法商研究》2011 年第 4 期。

76. 刘艳红:《情节犯新论》,载《现代法学》2002 年第 5 期。

77. 刘艳红:《刑事立法应力戒情绪——以〈刑法修正案(九)为视角〉》,载《政治与法律》2017 年第 3 期。

78. 刘艳红:《目的二阶层体系与"但书"出罪功能的自洽性》,载《法学评论》2012 年第 6 期。

79. 黎宏:《论"客观处罚条件"的若干问题》,载《河南省政法管理干部学院学报》2010 年第 1 期。

80. 马登民、张永:《德国刑事政策的任务、原则及司法实践》,载《政法论坛》2001 年第 6 期。

81. 马克昌:《我国刑法也应以谦抑为原则》,载《云南大学学报》2008 年第 5 期。

82. 马克昌:《危险社会与刑法谦抑原则》,载《人民检察》2010 年第 3 期。

83. 梅象华:《继承与超越:刑法不得已原则之于谦抑原则》,载《河北法学》2014 年第 10 期。

84. 梅象华:《刑法不得已原则研究——以界分不法行为为视角》,载《湖南社会科学》2014 年第 1 期。

85. 莫洪宪、王树茂:《刑法谦抑主义论纲》,载《中国刑事法杂志》2004 年第 1 期。

86. 欧爱民:《我国犯罪概念的宪法学透视》,载《法商研究》2006 年第 4 期。

87. 邱兴隆:《有利被告论探究——以实体刑法为视角》,载《中国法学》2004 年第 6 期。

88. 曲新久:《醉驾不一律入罪无需依赖于"但书"的适用》,载《法学家》2011 年第 7 期。

89. 曲新久:《正当防卫制度适用现状与困境》,载《中国检察官》2018 年第 18 期。

90. 任海伦:《论刑法谦抑性》,载《社科纵横》2006 年第 4 期。

91. 冉巨火:《经验而非逻辑:责任主义量刑原则如何实现》,载《政治与法律》2015 年第 6 期。

92. 沈琪:《解析超法规违法阻却事由理论》,载《江苏警官学院学报》2004 年第 5 期。

93. 石聚航:《刑法谦抑性是如何被搁浅的?——基于定罪实践的反思性观察》,载《法制与社会发展》2014 年第 1 期。

94. 时延安:《刑法的谦抑还是刑罚权的谦抑——谦抑观念在刑法学场域内的厘清与扬弃》,载《刑法论丛》2008 年第 1 期。

95. 苏永生:《变动中的刑罚结构——由〈刑法修正案(九)〉引发的思考》,载《法学论坛》2015 年第 9 期。

96. 孙国祥:《WTO 语境下刑法观念重构》,载《江海学刊》2002 年第 5 期。

97. 孙国祥:《论非刑罚化的理论基础及其途径》,载《法学论坛》2003 年第 4 期。

98. 孙万怀、卢恒飞:《刑法应当理性应对网络谣言——对网络招摇司法解释的实证评估》,载《法学》2013 年第 11 期。

99. 孙万怀:《论民意在刑事司法中的解构》,载《中外法学》2011 年第 1 期。

100. 孙万怀:《以危险方法危害公共安全罪何以成为“口袋罪”》,载《现代法学》2010 年第 5 期。

101. 石家慧:《德国刑法中的正当防卫制度》,载《中国应用法学》2018 年第 6 期。

102. 石经海、骆多:《量刑过程视角下量刑方法分段构建研究》,载《中国刑事法杂志》2015 年第 1 期。

103. 童春荣:《刑法不得已原则之提倡——与刑法谦抑性比较的选择》,载《湖北社会科学》2015 年第 7 期。

104. 田宏杰:《立法扩张与司法限缩:刑法谦抑性的展开》,载《中国法学》2020 年第 1 期。

105. 童德华、张斯珂:《轻刑化及其时代向度》,载《净月学刊》2018 年第 4 期。

106. 王强:《罪量因素:构成要素抑或处罚条件?》,载《法学家》2012 年第 5 期。

107. 王明星:《刑法谦抑精神的概念分析》,载《河南师范大学学报》2009 年第 2 期。

108. 王瑞君:《刑事司法解释和理性评析——以罪刑法定原则为基点》,载《山东社会科学》2003 年第 5 期。

109. 王昭振:《论规范构成要件要素的刑法内涵与类型》,载《法学评论》2009 年第 2 期。

110. 王尚新:《关于刑法情节显著轻微规定的思考》,载《法学研究》2001 年第 5 期。

111. 王世洲:《刑法的辅助性原则与谦抑原则的概念》,载《河北法学》2008 年第 10 期。

112. 王树茂:《有关刑法谦抑性的理性思考》,载《西安政治学院学报》

2003年第2期。

113. 王志祥:《数额犯基本问题研究》,载《中国刑事法杂志》2007年第2期。

114. 王莹:《情节犯之情节的犯罪体系性定位》,载《法学研究》2012年第2期。

115. 王志远:《〈刑法修正案(九)〉的犯罪控制策略视野评判》,载《当代法学》2016年第1期。

116. 王昭振:《论规范构成要件要素司法诠释的标准与方法》,载《刑事法评论》2008年第2期。

117. 王良顺、汪洁:《实现量刑均衡之路径研究——兼析〈人民法院量刑指导意见(试行)〉》,载《湖南社会科学》2019年第1期。

118. 王建国:《社会转型过程中的能动同法论》,载《金陵法律评论》2007年第3期。

119. 王崇青:《抢帽子交易的刑法性质探析——以汪建中操纵证券市场案为视角》,载《政治与法律》2011年第1期。

120. 王安异:《对刑法兜底条款的解释》,载《环球法律评论》2016年第5期。

121. 王霖:《寻衅滋事罪司法适用的限定——以最高法相关司法解释为视角》,载《云南警官学院学报》2014年第2期。

122. 肖世杰:《从吴英案看我国民间金融的监管困局与改革路径》,载《法学论坛》2012年第6期。

123. 谢杰:《"但书"是对抽象危险犯进行适用性限制的唯一根据》,载《法学》2011年第7期。

124. 熊永明:《论刑法谦抑性宜为刑法的基本原则》,载《河南省政法管理干部学院学报》2006年第6期。

125. 熊永明:《亲告犯的谦抑价值之解读——兼论"亲告罪"范围的扩大》,载《中国刑事法杂志》2004年第3期。

126. 徐岱:《刑法解释学的独立品格》,载《法学研究》2009年第3期。

127. 徐岱、沈志民、刘余敏:《犯罪本质与实质违法性的判定》,载《吉林大学社会科学学报》2009 年第 6 期。

128. 徐宗胜:《量刑情节并存时的适用根据与方法——兼评〈量刑指导意见(2017)〉中的同向相加、逆向相减方法》,载《时代法学》2018 年第 5 期。

129. 徐建锋:《犯罪构成理论:刑法谦抑精神之载体——以德日刑法学犯罪论体系为例》,载《中国刑事法杂志》2009 年第 8 期。

130. 徐卫东、李洁等:《刑法谦抑在中国——四校刑法学高层论坛》,载《当代法学》2007 年第 1 期。

131. 徐昕:《司法过程的性质》,载《清华法学》2010 年第 2 期。

132. 叶亚杰:《论刑法谦抑性的价值与整合》,载《河北法学》2016 年第 6 期。

133. 杨凯:《论刑法规范谦抑原则》,载《北方法学》2008 年第 3 期。

134. 杨兴培:《刺杀辱母者案的刑法理论分析与技术操作》,载《东方法学》2017 年第 3 期。

135. 游伟:《重刑化的弊端与我国刑罚模式的选择》,载《华东政法学院学报》2003 年第 2 期。

136. 张明楷:《风险社会若干刑法理论问题反思》,载《法商研究》2011 年第 5 期。

137. 张明楷:《简评近年来的刑事司法解释》,载《清华法学》2014 年第 1 期。

138. 张明楷:《论刑法的谦抑性》,载《法商研究》1995 年第 4 期。

139. 张明楷:《避免将行政违法认定为刑事犯罪:理念、方法与路径》,载《中国法学》2017 年第 4 期。

140. 张明楷:《司法上的犯罪化与非犯罪化》,载《法学家》2008 年第 4 期。

141. 张明楷:《许霆案的刑法学分析》,载《中外法学》2009 年第 1 期。

142. 张明楷:《许霆案减轻处罚的思考》,载《法律适用》2008 年第 9 期。

143. 张明楷:《防卫过当:判断标准与过当类型》,载《法学》2019 年第

1 期。

144. 张明楷:《规范的构成要件要素》,载《法商研究》2007 年第 6 期。

145. 张明楷:《论以危险方法危害公共安全罪——扩大适用的成因以限制适用的规则》,载《国家检察官学院学报》2012 年第 4 期。

146. 张明楷:《正当防卫的原理及其运用——对二元论的批判性考察》,载《环球法律评论》2018 年第 2 期。

147. 张明楷:《"客观的超过要素"概念之提倡》,载《法学研究》1999 年第 3 期。

148. 张明楷:《责任主义与量刑原理——以点的理论为中心》,载《法学研究》2010 年第 5 期。

149. 张明楷:《新刑法与并合主义》,载《中国社会科学》2000 年第 1 期。

150. 张明楷:《犯罪常态与量刑起点》,载《法学评论》2015 年第 2 期。

151. 张明楷:《责任主义与量刑原理——以点的理论为中心》,载《法学研究》2010 年第 5 期。

152. 张德军:《短期自由刑执行机制改革研究——以社区矫正制度的完善为视角》,载《法学论坛》2014 年第 4 期。

153. 张远煌:《论刑法调控与犯罪生成》,载《法学》2004 年第 6 期。

154. 张德军:《短期自由刑执行机制改革研究——以社区矫正制度的完善为视角》,载《法学论坛》2014 年第 4 期。

155. 钊作俊、刘蓓蕾:《犯罪化与非犯罪化论纲》,载《中国刑事法杂志》2005 年第 5 期。

156. 赵秉志、袁彬:《刑法与相关部门法关系的调适》,载《法学》2013 年第 9 期。

157. 赵秉志、张心向:《刑事裁判不确定性现象解读——对"许霆案"的重新解读》,载《法学》2008 年第 8 期。

158. 周汉华:《论建立独立、开放与能动的司法制度》,载《法学研究》1999 年第 5 期。

159. 赵兴洪:《缓刑适用的中国图景——基于裁判文书大数据的实证研

究》，载《当代法学》2017 年第 2 期。

160. 赵运锋、赵亚梅：《“口袋罪”的背景分析、价值探讨及应对机制》，载《河南警察学院学报》2015 年第 3 期。

161. 张向东：《从量刑基准到基准刑：量刑方法的革新》，载《中国刑事法杂志》2011 年第 3 期。

162. 周安平：《许霆案的民意：按照大数据法则的分析》，载《中外法学》2009 年第 1 期。

163. 周光权：《公众认同、诱导观念与确立忠诚》，载《法律科学》2004 年第 1 期。

164. 周光权：《论常识主义刑法观》，载《法制与社会发展》2011 年第 1 期。

165. 周光权：《阶层犯罪论及其实践展开》，载《清华法学》2017 年第 5 期。

166. 周光权：《论量刑上禁止不利评价原则》，载《政治与法律》2013 年第 1 期。

167. 周光权：《论持续侵害与正当防卫的关系》，载《法学》2017 年第 4 期。

168. 周光权：《论内在的客观处罚条件》，载《法学研究》2010 年第 6 期。

169. 周详：《民生法治观下“危险驾驶”刑事立法的风险评估》，载《法学》2011 年第 2 期。

170. 郑勇：《非法经营罪的扩张：原因及其对策》，载《中国刑事法学杂志》2018 年第 1 期。

（三）译著

1. [意]贝卡利亚：《论犯罪与刑罚》，黄风译，中国大百科全书出版社 1993 年版。

2. [德]拉德布鲁赫：《法律智慧警句集》，舒国滢译，中国法制出版社 2002 年版。

3. [美]博登海默：《法理学：法律哲学与法律方法》，邓正来译，中国政法大学出版社 2017 年版。

4. [英]边沁:《立法理论——刑法典原理》,孙力等译,中国人民公安大学出版社 1993 年版。

5. [日]城下裕二:《量刑理论的现代课题:增补版》,黎其武、赵姗姗译,法律出版社 2016 年版。

6. [日]大谷实:《刑法总论》,黎宏译,中国人民大学出版社 2008 年版。

7. [日]大谷实:《刑事政策学》,黎宏译,中国人民大学出版社 2009 年版。

8. [日]大塚仁:《刑法概说》,冯军译,中国人民大学出版社 2009 年版。

9. [日]大塚仁:《犯罪论的基本问题》,冯军译,中国政法大学出版社 1993 年版。

10. [意]戴维·奈尔肯:《比较刑事司法论》,张明楷等译,清华大学出版社 2004 年版。

11. [英]丹尼斯·罗伊德:《法律的理念》,张茂柏译,台北市联经出版事业公司 1984 年版。

12. [意]杜里奥·帕多瓦尼:《意大利刑法学》,陈忠林译,法律出版社 1998 年版。

13. [意]恩里科·菲利:《犯罪社会学》,郭建安译,中国人民公安大学出版社 2004 年版。

14. [德]恩斯特·贝林:《构成要件理论学》,王安异等译,中国人民公安大学出版社 2006 年版。

15. [美]房龙:《宽容》,迮卫、靳翠微译,北京三联书店 1985 年版。

16. [美]富勒:《法律的道德性》,郑戈译,商务印书馆 2005 年版。

17. [意]菲利:《实证派犯罪学》,郭建安译,商务印书馆 2016 年版。

18. [德]费希特:《自然法权基础》,谢地坤等译,商务印书馆 2004 年版。

19. [德]考夫曼:《法律哲学》,刘幸义等译,法律出版社 2004 年版。

20. [苏联]П. С. 格拉齐安斯基等:《世界著名思想家评传》,颜品忠、梁建兴等译,商务印书馆 1993 年版。

21. [日]松原芳博:《刑法总论重要问题》,王昭武译,中国政法大学出版社 2014 年版。

22. [英]哈特:《法律的概念》,许家馨、李冠宜译,法律出版社 2018 年版。

23. [英]哈耶克:《法律、立法与自由》(第 1 卷),邓正来等译,中国大百科全书出版社 2000 年版。

24. [英]哈耶克:《自由秩序原理》,邓正来译,三联书店 1997 年版。

25. [德]汉斯·海因里希·耶塞克、托马斯·魏根特:《德国刑法教科书(总论)》,徐久生译,中国法制出版社 2001 年版。

26. [德]黑格尔:《法哲学原理》,范扬、张企泰译,商务印书馆 1961 年版。

27. [法]基佐:《欧洲文明史》,程洪逵、沅芷译,商务印书馆 1998 年版。

28. [德]卡尔·拉伦茨:《法学方法论》,陈爱娥译,商务印书馆 2003 年版。

29. [德]卡尔·恩吉施:《法律思维导论》,郑永流译,法律出版社 2004 年版。

30. [德]康德:《纯粹理性批判》,李秋零译,中国人民大学出版社 2004 年版。

31. [德]康德:《法的形而上学原理——权利的科学》,沈权平译,商务印书馆 2015 年版。

32. [德]罗克辛:《德国刑法学总论》(第 1 卷),王世洲译,法律出版社 2005 年版。

33. [美]克里斯托弗·沃尔夫:《司法能动主义——自由的保障还是安全的威胁?》,黄金荣译,中国政法大学出版社 2015 年版。

34. [美]理查德·A. 波斯纳:《法律的经济分析》,蒋兆康译,中国大百科全书出版社 1997 年版。

35. [美]罗斯科·庞德:《普通法的精神》,唐前宏等译,法律出版社 2001 年版。

36. [英]洛克:《政府论》,瞿菊农等译,商务印书馆 1964 年版。

37. [法]孟德斯鸠:《论法的精神》,张雁深译,商务印书馆 1993 年版。

38. [美]庞德:《法理学》(第 1 卷),邓正来译,中国政法大学出版社 2004 年版。

39. [日]松原芳博:《刑法总论重要问题》,王昭武译,中国政法大学出版社 2014 年版。

40. [德]韦伯:《社会科学方法论》,杨富斌译,华夏出版社 1999 年版。

41. [日]小野清一郎:《犯罪构成要件理论》,王泰译,中国人民公安大学出版社 2004 年版。

42. [日]西原春夫:《刑法的根基与哲学》,顾肖荣等译,中国法制出版社 2017 年版。

43. [日]西田典之:《日本刑法总论》,刘明祥、王昭武译,中国人民大学出版社 2007 年版。

44. [德]亚图 · 考夫曼:《类推与事物本质——兼论类型理论》,吴从周译,台北,学林文化事业有限公司 1999 年版。

45.《德国刑法典》,徐久生、庄敬华译,中国方正出版社 2004 年版。

46.《日本刑法典》,张明楷译,法律出版社 2006 年版。

47.《最新法国刑法典》,朱琳译,法律出版社 2016 年版。

(四)学位论文类

1. 邓钢:《醉酒型危险驾驶罪的法律适用实证研究——以桂林市检察机关办理的案件为例》,广西师范大学法学院 2016 年硕士学位论文。

2. 杜雪晶:《中国非刑罚化论纲》,吉林大学刑法学 2005 年博士学位论文。

3. 龚义年:《刑法宽容论》,西南政法大学刑法学 2011 年博士学位论文。

4. 黄华生:《论刑罚轻缓化》,中国政法大学刑法学 2004 年博士学位论文。

5. 吴富丽:《刑法谦抑实现论纲》,吉林大学刑法学 2007 年博士学位论文。

6. 万选才:《刑法谦抑的司法实现》,武汉大学刑法学 2012 年博士学位论文。

7. 叶慧娟:《试论刑法的谦抑性》,郑州大学法学 2003 年硕士学位论文。

(五)网络资料

1. 邱兴隆:《死刑的价值之维——邱兴隆教授讲座记录》,载东方法眼,http://www.dffyw.com/faxuejieti/xs/200311/20031116213431.htm。

2. 屈学武:《正确理解刑法的谦抑性原则》,载人民网,http://www.people.com.cn/GB/guandian/1035/2168803.html,最后访问日期:2020 年 1 月 4 日。

3.《最高人民检察院检例第 47 号:于海明正当防卫案》,载中华人民共和国最高人民检察院网,https://www.spp.gov.cn/xwfbh/wsfbt/201812/t20181219_402919.shtml#2。

4.《最高人民检察院副检察长孙谦就第十二批指导性案例答记者问》,载新华网,http://www.xinhuanet.com/legal/2018-12/19/c_1123877285.htm。

5.《丈夫为救妻私刻医院公章骗取医疗费续:廖丹获缓刑》,载凤凰网,http://news.ifeng.com/gundong/detail_2012_12/08/19972162_0.shtml。

二、外文文献

1. 曽根威彦:《刑法総論》(第 4 版),弘文堂 2008 年版。

2. 城下裕二:《量刑基准の研究》,成文堂 1995 年版。

3. 宫本英脩:《宫本英脩著作集》(第 6 卷),成文堂 1990 年版。

4. 浅田和茂:《刑法総論》,成文堂 2007 年版。

5. 松原芳博:《犯罪概念と可罰性——客観的処罰条件と一身的処罰阻却事由について》,成文堂 1997 年版。

6. 山口厚:《刑法総論》(第 2 版),有斐閣 2007 年版。

7. 丸山治、本间一野、长井长信、城下裕二、中空寿雅:《刑法の大原則特集》,載《法学 seminar》2001 年第 6 期。

8. 冈上雅美:《責任刑の意義と量刑の事実に関する問題点》,載《早稲田法学》1993 年第 4 期。

9. 本庄武:《刑罰論から見た量刑基準》,載《一橋法学》2002 年第 1 期。

后　记

古人云:“一鼓作气,再而衰,三而竭。”诚不我欺,本书的写作持续了近3年时间。前些年在授课过程中了解到一个案例,被告人以30元的价格销售标识“Vigour”的药片一片,该药片经鉴定为假药,被告人认罪态度较好,被判处拘役4个月,并处罚金人民币2万元。这样的案例在我看来似乎可以不作为犯罪处理,即便必须作为犯罪处理,其刑罚裁量也明显过重。司法实践中销售假药这一犯罪的实际运行样态如何?我进行了一定范围内的调研,发现这种现象并非个例,涉及的罪名也不仅局限于销售假药罪,危险驾驶罪等犯罪的司法运行中也存在这类刑罚过重的现象。这种刑法的运行样态虽然不是主流,但也绝非罕见、不需要给予关注的个别现象。于是我开始思考,如何用一个刑法上的理论来回应这些现象?从刑法谦抑性这个角度对这类现象进行分析较为妥当,这样的问题显然不仅仅是立法造成的,甚至主要的原因不是立法而是司法,尤其是,即便是谦抑的立法,其立法意图的实现也有赖于谦抑的司法。由此,我决定研究刑法谦抑性的司法实现问题,并以此作为博士论文选题。

由于研究生毕业后进入党校工作,工作性质决定了很难将主要精力放在刑法学研究上;加之惰性使然,一拖再拖,中间几次推翻原稿,迟迟不能完稿,写作成为心头沉甸甸的负累。我多次萌生放弃的念头,以至于将本书的写作当成对自己决心和毅力的检验。终于在大雪纷飞的腊月完成本书的初稿,看着午夜窗外飘飞的大雪,感慨万千。

知识改变命运,于我可能是一个最好的验证。我出生在山东一个偏远的农村,村里七十多户人家。记得那时候还没有实行九年义务教育制度,小学五六十个学生中考入初中的不过十几人。初中的时候每周回家一次,大约一周有两三元钱作为零花钱,主要吃煎饼和咸菜,那时传说中的山东煎饼其实并不像今天城市里被当作小吃的菜煎饼那样的美味。每逢周末回家时都要翻山越岭,记得那时有座山叫黄连树口,有一次因为下雪路滑,年幼的我没有力气将自行车推上山坡,只能把车子一扔,回家让父亲去推。现在想来,那时虽然很辛苦,却也无忧无虑,乐在其中。2001 年,我考入吉林大学法学院,并不知道它是中国法学教育的重镇。可以说,吉林大学法学院浓厚的学术氛围和脚踏实地的学术作风,深深影响了我,改变了我的生活。

本书即将出版之际,首先要感谢我的导师李洁教授。从硕士研究生开始跟随老师学习刑法以来,老师渊博的学识、严谨的治学态度,对学生的深深关爱,让我受益良多。后来,有机会跟随老师攻读博士学位,乃是我最大的幸运。每每面临写作的难题、生活中的种种困难,想放弃写作时,都感觉对不起老师的教诲,这促使我咬牙坚持写作。

感谢张旭教授、徐岱教授、闵春雷教授、李韧夫教授、王志远教授、李立丰教授、陈劲阳教授对我的关怀和指导以及体谅。王志远教授和李立丰教授、王充教授对我写作给予的指导和帮助让我受益匪浅。感谢我的同学徐启明博士、于阳博士、谭堃博士、佘博通博士、王鑫磊博士、洪易博士百忙之中抽出宝贵时间阅读我的论文,并提出富有价值的修改意见和建议。感谢我的师父孙政教授以及同事曹洋副教授、徐晓冬副教授在论文写作过程中提供的校对等帮助。

感谢我的父母,是他们含辛茹苦养育了我,不论再苦再累,都坚持让我读书,从而改变了我的命运,而他们却日渐衰老。龙应台在《目送》里有言,"所谓父女母子一场,只不过意味着,你和他的缘分就是今生今世不断地在目送他的背影渐行渐远"。唯愿他们身体健康,安享晚年。

感谢我的爱人和岳父岳母。与爱人相识十多年以来,她对我的包容,对家庭的付出,尤其是在博士论文写作期间,她独自承担起看护两个孩子的重负,让我感动莫名。我们也将践行结婚时的誓言“执‘紫’之手,与‘紫’偕老”,共度这平淡的一生。感谢我的岳父岳母,他们将全部的精力和爱放在了对家庭和对他人的关爱中,勤俭节约,不辞劳苦,从不计较个人得失,让我永远铭记于心。

读书确实苦,但可能是此生承受的最轻的苦。直到今日,我仍然对刑法理论的研究抱有满腔的热情,也希望这种热情一直延续下去,成为我人生的一个标签,激励我不断努力,不断学习。

孔祥参

2020 年 5 月 5 日